中传学者文库编委会

主　任： 廖祥忠　张树庭

副主任： 蔺海波　李　众　刘守训　李新军　王　晖
　　　　　杨　懿　柴剑平

成　员（按姓氏笔画排序）：

　　　　王廷信　王栋晗　王晓红　王　雷　文春英
　　　　龙小农　付　龙　叶　龙　刘东建　刘剑波
　　　　任孟山　李怀亮　李　舒　张绍华　张　晶
　　　　张根兴　张毓强　林卫国　郑　月　金　炜
　　　　金雪涛　周建新　庞　亮　赵新利　徐红梅
　　　　贾秀清　高晓虹　隋　岩　喻　梅　熊澄宇

中传学者文库

1954-2024

主编／柴剑平
执行主编／龙小农
副主编／张毓强　周建新

视听的诗学

丁亚平自选集

丁亚平　著

中国传媒大学出版社
·北京·

图书在版编目（CIP）数据

视听的诗学：丁亚平自选集 / 丁亚平著. -- 北京：中国传媒大学出版社，2024.8.

（中传学者文库 / 柴剑平主编）.

ISBN 978-7-5657-3712-1

Ⅰ. G229.2-53

中国国家版本馆CIP数据核字第20248JT431号

视听的诗学：丁亚平自选集
SHITING DE SHIXUE: DING YAPING ZIXUANJI

著　　者	丁亚平	
责任编辑	于水莲	
特约编辑	张斯琪	
封面设计	锋尚设计	
责任印制	李志鹏	
出版发行	中国传媒大学出版社	
社　　址	北京市朝阳区定福庄东街1号	邮　编　100024
电　　话	86-10-65450528　65450532	传　真　65779405
网　　址	http://cucp.cuc.edu.cn	
经　　销	全国新华书店	
印　　刷	北京中科印刷有限公司	
开　　本	710mm×1000mm　1/16	
印　　张	20.5	
字　　数	314千字	
版　　次	2024年8月第1版	
印　　次	2024年8月第1次印刷	
书　　号	ISBN 978-7-5657-3712-1/G·3712	定　价　99.00元

本社法律顾问：北京嘉润律师事务所　郭建平

总　序

　　媒介是人类社会交流和传播的基本工具。从口语时代到印刷时代，再经电子时代至今天的数智时代，媒介形态加速演变、融合程度深入发展，媒介已然成为现代社会运行的基础设施和操作系统。今天，人类已经迈入媒介社会，万物皆媒、人人皆媒，无媒介不社会、无传播不治理。今天，无论我们怎么用力于信息传播的研究、怎么重视信息传播人才的培养都不为过。

　　中国传媒大学（其前身为北京广播学院）作为新中国第一所信息传播类院校，自1954年创建伊始，即与媒介形态演变合律同拍、与国家发展同频共振，努力探索中国特色信息传播人才培养模式、构建中国信息传播类学科自主知识体系，执信息传播人才培养之牛耳、发信息传播研究之先声，被誉为"中国广播电视及传媒人才摇篮""信息传播领域知名学府"。

　　追溯中传肇始发轫之起源、瞩望中传砥砺跨越之未来，可谓创业维艰而其命维新。昔日中传因广播而起，因电视而兴，因网络而盛，今天和未来必乘风破浪、蓄势而上，因人工智能而强。在这期间，每一种媒介兴起，中传均吸引一批志于学、问于道、勤于术的

学者汇聚于此,切磋学术、传道授业,立时代之潮头,回应社会需求,成为学界翘楚、行业中坚,遂有今日中传学术研究之森然气象,已历七秩而弦歌不断,将传百世亦风华正茂。

自新时代以来,中传坚守为党育人、为国育才初心,励精图治、勠力前行,秉承"系统治理、创新图强、交叉融合、特色发展"的办学理念,牢牢把握高等教育发展大势、传媒业态发展趋势,瞄准"智能传媒"和"国际一流"两大主攻方向,以世界为坐标、以未来为向度,完成了全面布局和系统升级,正在蹄疾步稳、高质量推动学校从传统高等教育向未来高等教育跨越、从传统传媒教育向智能传媒教育跨越、从国内一流向世界一流跨越,全力建设中国特色、世界一流传媒大学。

中国特色、世界一流,在于有大先生扎根中国大地,汇聚古今、融通中外;在于有大先生执教黉门,学高为师、身正为范;在于有大先生躬耕杏坛,敦品积学、启智润心。习近平总书记更强调,高校教师要立志成为大先生,在教书育人和科研创新上不断创造新业绩。中传广大教师素来以做大先生为毕生职志,努力成为新时代"经师"与"人师"的统一者,做真学问、立高品行,践履"立德树人"使命。

2024岁在甲辰,欣逢中传建校70华诞,学校特邀约部分学者钩玄勒要、增删批阅,遴选已公开刊发的论文汇编成集,出版"中传学者文库",意在呈现学校在学科建设、科学研究、服务行业实践等方面的最新成果,赓续中传文脉,谱写时代新声。

文库汇聚老中青三代学者,资深学者渊渟岳峙、阐幽抉微;中年学者沉潜蓄势、厚积薄发;青年学者踌躇满志、未来可期。文库与五十周年校庆所出版的"北广学者文库"相承接,大致可勾勒中传知识生产薪火相传、三代辉映之概貌，反映中传在构建中国特色新闻传播类、传媒艺术类、传媒技术类学科体系、学术体系和话语体系方面的耕耘与收获，窥见中国特色信息传播类学科知识体系构建的发展脉络与轨迹。

这一构建过程，虽筚路蓝缕，却步履铿锵；虽垦荒拓野，亦四方辐辏。一批肇始于中传，交叉融合、具有中国特色的学科，如播音主持艺术学、广播电视艺术学、传媒艺术学、数字媒体艺术学、政治传播学等，从涓涓细流汇入滔滔江河，从中传走向全国，展现了中传学者构建中国自主知识体系的学术想象力和创新力。文库展示的虽然是历史，实则是呈现今天；看似是总结过去，实则是召唤未来。与其说这套文库的出版，是对既有学术成果的展示，毋宁说是对未来学术创新的邀约。

回首过往，七秩芳华。我们深知，唯有将马克思主义基本原理与中华优秀传统文化相结合，才能推动中华学术创造性转化和创新性发展，推动中国自主知识体系的构建。我们深知，唯有准确把握媒介形态演变的脉动、深刻认知媒介形态变革所产生的影响，才能推动中国信息传播类学科自主知识体系的构建与时俱进。

展望未来，星辰大海。我们深知，以人工智能为代表的产业和科技革命正迅疾而来，媒介生态正在加速重构，教育形态正在全面重塑，大学之使命与价值正在被重新定义；我们深知，唯有"胸怀国之大者"、面向世界科技前沿、面向经济主战场、面向国家重大需求，才能确保中传始终屹立于中国乃至世界传媒教育发展之潮头。

如何应对人工智能带来的深刻变革，对中传而言是一场要么"冲顶"、要么"灭顶"的"兴亡之战"。我们坚信，不管前方是雄关漫道，还是荆棘满途，唯有勇敢直面"教育强国，中传何为？"这一核心命题，奋力书写"智能传媒教育，中传师生有为！"的精彩答卷，才能化危为机，奋力开创人工智能时代中传智能传媒教育新纪元。

功不唐捐，芳华七秩；风帆正举，赓续创新。

是为序。

第十四届全国政协委员，中国传媒大学党委书记、教授、博士生导师

目 录

第一部分 学术视野：意义和价值

中国电视金鹰奖的设立：电视史上新篇
　　——"金鹰奖"的多重缘起与历史定位 ·············· 003
影视学的定义、研究内容及发展趋势 ·············· 018
何以为"大"：大视听的四重逻辑 ·············· 035
新时代中国电视剧的文化逻辑、建构策略与价值选择 ·············· 044
想象力重构：粤港澳地区影视的历史认知与创新路径 ·············· 055
改革开放 30 年中国电视剧的自我特征及其价值选择 ·············· 061
参与性·屏幕诗篇·叙述美学
　　——电视文学的美学特征 ·············· 068

第二部分 视与听：复杂而开放的交响

影像叙事呈现山乡巨变 ·············· 087
记录美好生活 书写时代华章
　　——荧屏中的 70 年 ·············· 092

论改革开放40年中国历史题材电视剧的审美观照及其历史观演变
　　——电视剧的"祛魅"与历史正剧 ················ 098

"一带一路"与商业题材电视剧的发展 ················ 106

中国主旋律影视创作的发展 ················ 117

抗战剧与当代中国的文化趋向 ················ 125

全球文化视野中的中国军事题材电视剧及走向 ················ 131

"红色题材"电视剧的现代审美趋向 ················ 147

传媒时代的赵宝刚现象 ················ 152

纪录片：眺望真实的窗口
　　——近年纪录片创作一瞥 ················ 164

第三部分　作品：世界的共生

"心灵现实主义"创作新景观
　　——关于近期热播电视剧的再思考 ················ 171

新时代具有突破意义的影视书写 ················ 176

与时代同行：发现春晚的新"魔棒" ················ 179

近年来青年题材电视剧的演变与突破
　　——从《北京青年》到《小儿难养》 ················ 183

电视电影与国家形象塑造
　　——评第12届电影"百合奖"获奖影片 ················ 190

挑战宏大话语模式：纪实的现实主义之路
　　——评40集电视剧《五星红旗迎风飘扬》 ················ 194

创新性的思想维度与形态
　　——电视节目《论道》及其启示 ················ 198

突破与建构：电视春节晚会发展之路 ······ 204
永不褪色的颜彩
　　——评电视连续剧《西圣地》 ······ 212
《一介书生》：托起明天的太阳 ······ 217
叙述与对话：从历史走进心灵
　　——论8集电视系列片《穷则思变》 ······ 222

第四部分　言说：理念生产

融合与突破：认识自己与他人，走向中国电视的文化自觉
　　——近年来的中国电视学研究 ······ 231
发掘大众传媒的文化与教育意义 ······ 255
国家话语、知识建构与学科共同体
　　——论"戏剧与影视学"一流学科建设 ······ 258
关于戏剧影视历史剧相关观念认识的问答 ······ 271
艺术：守正创新与扩展界域的探索 ······ 287
以理性思想的持久力量照亮晦暗的角落 ······ 299

后记 ······ 311

第一部分
学术视野：意义和价值

中国电视金鹰奖的设立：电视史上新篇[*]

——"金鹰奖"的多重缘起与历史定位

"金鹰奖"的诞生和发展，肇始于"文化大革命"结束后的时代转折，彰显并发扬着改革开放精神，时历新时期、20世纪90年代、新世纪、新时代。"金鹰奖"的设立足以证明中国电视的持续繁荣和蓬勃发展，以及广大观众对电视艺术的喜爱，虽不能说是一鸣惊人，但以其近40年的跨越、不断探问和发掘的大众立场与专业取向，竭其智能，发挥作用，为中国当代电视行业发展与理论建设注入动力与观念，并成为我们自己的历史的一部分。

文艺发展和时代政治的演变以及思想文化氛围的变化过程密切地相配合，是艺术发展必然要走的路径。如果我们把新时期和"文化大革命"来做比较的话，我们可以说新时期无疑代表一个新的艺术与文化的开始，对于改革开放后的中国电视艺术发展而言，它展现的是一种整体性的意识自觉。改革开放语境下"大众电视金鹰奖"的诞生，关涉到20世纪70年代末80年代初中国的现实文化状况和新时期电视艺术创作的初兴及其思考与把握，反映了"金鹰奖"对时代建构的一面。《大众电视》杂志设立"大众电视金鹰奖"，立足于创作实践和群众参与的评选立场，为新时期以来的中国电视艺术发展奠定了一个重要基础。

---

[*] 本文系2021年度国家社会科学基金特别委托项目《中国电视金鹰奖评奖研究》（批准号：21@ZH014，首席专家：丁亚平）阶段性成果。

一、时代转折、思想解放与文艺勃兴

1979年,《上海文学》4月号发表评论员文章,彻底否定文学工具说,认为长期以来创作中存在的公式化、概念化的主因是"作者忽略了文学艺术自身的特征",主张"反正"到文学艺术的基本规律上去,具体地说,就是"反正"到"用具有审美意义的艺术形象来反映社会生活"上去。1979年10月30日,邓小平在中国文学艺术工作者第四次代表大会上发表《祝词》,提出对文艺与政治的关系做出重大调整,确立文艺的审美属性以及文艺在改革开放时期的新任务为"满足人民精神生活方面的需要,提高整个社会的思想、文化、道德水平",从而奠定了改革开放时期文艺政策制定的基本原则和文艺发展的基本方向。20世纪80年代,自70年代末延续而来的"星星画会""无名画会""12人画展""伤痕美术"等引起强烈反响,"85美术新潮""89中国现代艺术展"席卷全国,开始了"反传统"的"现代性"探寻与实验。艺术之春降临大地,百花终于齐放,推动了中国当代艺术的狂飙突进。

1979年1月,《电影艺术》《大众电影》《电影技术》复刊[①],复刊后的《大众电影》单期发行量为50万册。1980年4月,中国艺术研究院(当时名为文化部文学艺术研究院)电影研究所主办的理论研究刊物《电影文化》创刊。同时,《中国银幕》复刊,《电影作品》创刊。1981年,中国电影评论学会成立;同年,中国电影出版社再版《中国电影发展史》。春风已经被唤醒,人们对"左"倾文艺思想进行坚决的否定,"中国知识分子从'文化大革命'的噩梦中醒来,重新恢复他们对西方的兴趣"[②],对于文化、出版、创作与理论的热衷,让人与艺术互融联系在一起。电影、戏剧、音乐、美术、诗歌、小说作品及其创作理论、艺术表现方法被大量译介引进,令人目不暇接。"改革

---

① 1976年3月下旬,《人民电影》《人民戏剧》《人民音乐》《舞蹈》《美术》等5种期刊创刊,双月刊7月起转为月刊。《人民电影》自创刊至1978年12月停办,共出版32期29册(包含两册合刊)。在此之后,《大众电影》始复刊。

② 史华慈(B.I.Schwartz)语,转见甘阳.80年代文化意识[M].上海:上海人民出版社,2006:8.

开放是新时期中国社会最鲜明的时代特征。"① 中外文化交汇和转型，多元化取向与选择，确实可以说是当时社会大众特别是知识分子们的普遍倾向和经验。

伴随着对"文化大革命"进行的反省与批判的继续和深入，影视等文艺形式开始摆脱束缚，激情横溢，出现缤纷多彩的趋向，要求纠正绝对化倾向，文化情绪和前卫意识的感性文化领域的大众趋向实际上要求的是超越社会政治性。社会上各种文艺演出十分活跃，文艺领域逐渐呈现百花齐放的繁荣景象。邓丽君的歌让人百听不厌，让人感慨它的通俗与亲和。大众从中能欣赏邓丽君的歌声，更能聆听近似齐泽克所谓的"快感大转移"②的声音。过于刚性的文化从开始的"犯禁"到后来的正大光明的"解辖域化"，逐渐满足了时代的需要、人民的心声，展现了时代意识和包含其中的那些大众的真切的愿望。

二、新时期中国电视艺术创作的新气象

粉碎"四人帮"之后，政治禁锢被打破，大批优秀的戏剧、音乐、歌舞、曲艺、杂技节目重新上演，走出"文化大革命"桎梏及阴影，电视文艺节目的来源不断扩大，显示着新鲜与活力。1976 年 12 月 21 日，北京电视台转播了诗刊社主办的诗歌朗诵音乐会，艺术家王昆、郭兰英、王玉珍、常香玉等登台表演。一批禁演多年的歌曲，如《绣金匾》《洪湖水，浪打浪》《兄妹开荒》《夫妻识字》被深情演唱，场面十分感人，演员和观众都热泪盈眶。北京电视台转播的几次大型文艺晚会，在全国观众中引起了强烈反响，显示了电视文艺的巨大作用。1977 年 10 月 18 日，北京电视台开始播出传统戏曲剧目，其中包括花鼓戏《十五贯》、京剧《闹天宫》《打渔杀家》、昆曲《天门阵》等③。1978 年 5 月 22 日，中央电视台制作了粉碎"四人帮"后的第一部电视

---

① 柏柳.20 世纪中国的艺术研究：从中西文化交汇的背景上所作的考察：中、下 [J].文艺研究，2005（6）：51.
② 齐泽克.快感大转移 妇女和因果性六论 [M].胡大平，译.南京：江苏人民出版社，2004.
③ 赵化勇.中央电视台发展史（1958—1997）[M].北京：中国广播电视出版社，2008：101.

剧，即由许欢子、蔡晓晴根据同名锡剧改编导演的《三家亲》，这成为新时期电视艺术走向复苏的重要标志。新时期是一个思想解放的时代，包含伦理本位的文化的传统戏曲更富人情味和大众性，随着传统文化和"社会道德规范"走向复归，情感因素的强化实际上是某种"反叛"。

新时期中国电视的发展和电视机的快速普及是同步的。1958年5月，中国的电视事业诞生，自此之后，中国电视节目的信号，正式在首都北京的上空传播。① 当北京电视台［中央电视台（后改名为中央广播电视总台）前身］开始向首都地区正式播出电视节目时，北京仅有几十台黑白电视接收机。20世纪70年代中期，彩色电视诞生。"1973年彩色电视的试播，提升了电视文艺的表现效果……1973年以后，北京电视台引进了彩色录像设备和彩色转播车，使电视文艺节目的制作能力产生了一次飞跃，文艺节目制成录像，得以保存和交流。"② 20世纪70年代末，北京电视台仅能正式播出两套电视节目，其中只有第一套节目能通过微波线路覆盖全国。20世纪80年代，中国电视更是站在了一个分界线上，电视机开始大规模进入寻常百姓家，由黑白到彩色，由高塔到卫星，中国电视的传播技术迅速发展③。电视机也迅速普及，到1987年，中国电视机拥有量达1.2亿台，拥有电视机的家庭占全国总户数的

---

① 新华通讯社为此发出电讯："中华人民共和国第一座电视台——北京电视台已在5月1日起开始试验广播。"参见赵化勇.中央电视台发展史（1958—1997）[M].北京：中国广播电视出版社，2008：4-5.

② 刘习良.中国电视史[M].北京：中国广播电视出版社，2007：105. 1973年5月1日，北京电视台开始试播彩色电视节目，同年10月1日正式播出。有研究者认为，对于观众来说，此时此刻让他们感到震撼的不是节目的内容，也不是黑白电视时的"光"和"声"，而是这种首次出现的"色彩"。德勒兹在阐释电影时曾经引用戈达尔的"这不是血，这是红色"来说明"纯声光情境"。他的意思是说此时的"红色"是一种"纯粹红色"，而不是承载了某些"确定性内容"的红色。参见徐辉.电视艺术新概念：中国电视艺术大事记[M].北京：中国广播电视出版社，2016：132.

③ 20世纪80年代中期，北京电视台播出第二套节目，采用卫星传送方式覆盖全国部分地区，又增播了第三套覆盖全国的节目；跨入90年代，又增播了面向世界的第四套国际频道节目；至1997年，通过卫星传送的节目已增至八套。继西藏、云南、贵州等边远地区的省级电视台开始利用卫星传送之后，全国多数省级电视台都纷纷"上星"，面向全国。参见仲呈祥.改革开放中的中国电视文艺[N].人民日报，1998-11-07（6）.

47.8%。1978年，中国电视观众仅有8000万人，到1987年7月，电视观众达到6亿人，占全国总人口的56%[①]。经历了文化生活单调、贫乏的年代，有了新的条件，电视人口迅速增多，广大观众特别喜爱电视艺术。《巧入敌后》《大西洋底来的人》[②]《加里森敢死队》等译制电视剧于电视荧屏上涌现，犹如强烈的"飓风"一般，给中国观众打开了一个新奇的领域，带来了一股从来没有人感受过的崭新、生动的气韵。

1980年，中央电视台拍摄了中国第一部八集电视连续剧《敌营十八年》（王扶林导演）。作品力图以一种创新的方法讲述一个信仰坚定的英雄人物的故事，获得了大众的喝彩。《敌营十八年》的拍摄和播出虽不能说是一件多么有影响力的事件，但是，电视机越来越普及，看电视的人多了起来，甚至在那个时代引起了言人人殊的众声喧哗，观众的爱好、兴趣和思想不同，展开热烈的讨论和争议是好事。有观众直言问题，指责该剧存在缺陷，如1981年，在《新闻战线》第3期上，高筱发文指出："这部电视片同有的电视片一样，也是热衷于对谈情说爱的描写，并且渲染得更露骨。该片第三集《将计就计》中的一些镜头最为突出……剧中的这场戏，在处理上是有严重缺陷的。电视上对罗茂莉这个'女妖'如何使尽全身解数勾引江波，作了淋漓尽致的渲染。她挤眉弄眼，卖弄风骚，撒娇献媚，挑逗调情，丑态百出，看了令人作呕。在罗茂莉的步步紧逼面前，主人公江波却显得呆板，对罗茂莉的美人计险些招架不住。最糟的是罗茂莉和情人何贤私通的那一幕，当江波突然闯进房间时，何贤和罗茂莉慌忙从被窝里坐起的几个镜头。这样露骨描写的镜头，在我国电视片中恐怕是首次出现吧？！"批评者认为"制作电视片时要重视社会效果"。这样的批评，和1979年《大众电影》第5期刊登英国影片《水晶鞋与玫瑰花》的男女主角吻戏剧照受到的指斥相似，代表了那个年代从"社会道德""社会效果"出发，对影视作品中出现的"谈情说

---

① 参见中国广播电视年鉴编辑委员会.中国广播电视年鉴（1987）[M].北京：中国广播电视出版社，1988；尹鸿.中国电视剧文化50年[J].电视研究，2008（10）：9.

② 美国17集电视连续剧《大西洋底来的人》，自1980年1月5日至4月19日，每周六晚在央视播出1集。

爱""庸俗低级"的一种批评的声音。尽管这是一种易使问题简单化的做法，但它展现了当时社会上一部分人的基本态度，而且，这并不意味着它的出现没有任何价值，不能说它不包含积极、进步的意义。对《敌营十八年》这样激烈的批评，本身就代表了一种时代的进步；这种带有强烈的社会政治性的批评，却又恰恰意味着新时期电视艺术"重估一切价值"，将包括"谈情说爱"的"过火"表现融入电视剧叙事，正是时代赋予的合法的、正当表达的权利，而且它明显回归了电视剧作为艺术的本来的意义，批评者所批评的"谈情说爱""何贤和罗茂莉慌忙从被窝里坐起"的镜头其实并非过分，对它们的表现，未必就不利于"青少年的身心健康"。从哲学和思想意义上看，情色作为"神圣的兽性"，作为"被改造的性和被改造的'自然'，包含着人类的喜悦和不安、恐惧和战栗"①，其实恰恰反映了"世俗世界"的解构，反映了对"文化大革命"及其历史根源的批判反省。

电视机普及、国门重新打开与社会大变动时期结合，为国产电视剧走向广阔天地、获得创作新气象提供了一种前所未有的新意义。电视剧选择什么样的题材、其编造的概念表现为何种形态不再重要，更重要的是如何拍、拍得好看与否，是否带来了一股新鲜气息、让人们感觉到耳目一新，能否引人关注并受到当时主流观众的喜爱。

在"文化大革命"刚刚结束的时候，电视剧发展的条件还很艰苦，电视剧《三家亲》和电视连续剧《敌营十八年》努力摒弃"革命样板戏"中的"高大全""红光亮"，不愿落入典型形象完美无缺的旧的藩篱，力争保持一种审视的、批判的眼光，表现对"文化大革命"政治的拒绝。对电视剧的规律和道路的摸索，确实是电视艺术工作者包括当时年轻一代的基本趋向。"电视"诚然是国家意识形态的工具，属于一种国家机器，应传达国家观念，反映政治策略和各项政策法规，但是电视剧作为艺术也需要在重新理解中走向开放、追求创新。电视艺术工作者在制造"新事件"时，既追求叙事宏大，又追求"创新"效果，彰显了电视艺术观念的更新。

---

① 汪民安.巴塔耶的神圣世界[J].外国理论动态，2003（4）：43.

从《凡人小事》《蹉跎岁月》《上海屋檐下》《赤橙黄绿青蓝紫》《今夜有暴风雪》《夜幕下的哈尔滨》《寻找回来的世界》到《红楼梦》《四世同堂》《努尔哈赤》《雪野》，从单本剧《新岸》《喜鹊泪》《家风》《明姑娘》《第五家邻居》《新闻启示录》到儿童剧《新来的班主任》《小不点儿》，从《鹊桥仙》《武松》《还愿》到《西园记》，80年代的中国电视剧在时间流逝和艰苦条件中勇于探索，在改革开放的春风吹拂中努力实践，取得了重要的成就。中国电视剧发展脱离僵化的体制而融入现实，按照电视剧的发展规律和市场的需要，它终于获得摸索与创作的自由，电视剧产量几乎达到一天一部，数量急剧上升，而且出现了一些大家公认的较好的电视剧，彰显着电视作为产品生产必然趋向多样化的审美、走向艺术道路，我们从中也确实可以看到新时期电视艺术的本质和状貌。80年代的中国电视剧获得广大观众的喜爱，这一具有广泛群众性的新兴艺术品种，展现了强大的生命力，开始"昂首阔步于视听艺术之林"[①]，这是件了不起的事情。

在政治、市场与经济的作用下，新时期以来的中国电视方兴未艾，电视工作者怀着极大的热情反思"文化大革命"并呼唤"大写的人"，追求类型多样化和艺术上的突破与自我觉醒，不断地面对新情况而自我调整、更新。在本质上，不妨说，如果电视艺术工作者不为改革开放寻求现实依据，没有克服人力、物力、财力各方面的困难去为电视剧的创作出力；如果他们没有拔地而起，开创新的道路，新时期的中国电视艺术就不能展现崭新的时代精神和艺术风貌。

三、《大众电视》与"大众电视金鹰奖"的诞生

20世纪七八十年代，在互联网和融媒体兴起前，人们对影视的关注都是通过《大众电影》和《大众电视》这样发行量大的纸媒杂志进行的，电影电视与人们的文化生活的紧密联系，和影视报刊也有着极为普遍而深刻的内

[①] 曹禺.热烈的祝贺 真诚的希望[J].大众电视，1983（5）：2.

在关联。《大众电影》由新时期复刊之初的发行50万份,很快蹿升至发行数百万份。1980年10月,我国第一本电视期刊《大众电视》应运而生,在西子湖畔创办。《大众电视》的主编,由时任浙江电视台台长林辰夫担任。《大众电视》创刊号发行量即达到30万,第2期60万,第3期的发行量突破了百万①。与订阅《大众电影》相似,订阅一份《大众电视》成为喜爱电视艺术的人们乐此不疲的事情。1983年,在林辰夫的主持下,《大众电视》同仁以巨大的热忱拟议创办群众性的电视剧奖项"大众电视金鹰奖"。这也迎合了来自读者/观众的呼声。《大众电视》1983年第1期在《观众园地》专栏中刊发《向读者汇报——读者意见综述》,其中写道:读者呼声最高的,是要求《大众电视》举办电视剧评奖活动,让群众来评优秀电视剧、编剧、导演和演员。

1983年第2期,《大众电视》刊出《为举办"大众电视奖"给读者的一封信》,"为了繁荣电视剧艺术,提高电视质量,并根据广大读者的要求,本刊决定于1983年春季举办第1届'大众电视奖'。采取读者直接投票的办法,评选出1982年度(1982年3月1日至1983年2月28日)优秀电视和优秀男、女演员('大众电视奖'的具体评选办法见本期17页)。评选揭晓后,由本刊分别发给获奖者优秀奖证书和金像奖。对参加这次投票评选的所有读者,本刊也发给纪念品。"《为举办"大众电视奖"给读者的一封信》具有较为重要的现实意义与实践价值。其一,该信指出创办此奖项的目的是繁荣电视剧艺术,提高电视质量,这也是发起此奖的重要缘起。后来的事实证明,每年一届的金鹰奖,都是当年电视剧艺术收获的一声礼炮,对电视剧的艺术发展和产业发展有重大推动之功。其二,该信提出广大读者(观众)是创办此奖项的创意、思路的来源与重要驱动力。当时创办《大众电视》杂志已属不易,

---

① 参见林辰夫."金鹰"回眸:纪念"金鹰奖"创办20周年[J].当代电视,2002(9):7;肖向云.1980年在杭州创刊的〈大众电视〉曾经风靡全国[N].杭州日报,2008-06-18(22).林辰夫之子曾回忆道:"创刊时,只有两三个人,父亲是主编,没有一分钱拨款,父亲想尽办法,总算为创刊号拉来两个电视机广告。""编辑部的桌椅板凳和办公用品,就是靠登这两个广告的5000元收入买的。第一期出版后,反响很好。到第三期,《大众电视》发行量已超过一百万,这种情况今天已很难想象了。"本报记者.80年代火爆刊物《大众电视》是他办的,电视金鹰奖由他首倡[N].都市快报,2006-12-26(12).

开创全国性的金鹰奖更是不容易。严格来说,当年的思想解放还不彻底,由一个地方杂志办全国性奖项可谓阻力重重。据相关业内人士回忆,那时除了浙江台的林辰夫,北京台的汪小为、山东台的金钊、四川台的卢子贵(均为台长)都为此作出过重要努力。当时的广电部门领导吴冷西、李连庆和后来的艾知生、孙家正等对电视剧艺术包括金鹰奖也一直予以重视。其三,该信明确提出,评选具体拟采取的方式与路径,是读者直接投票。它希望所有参加投票的读者,采取认真负责的态度,力求评选出的年度优秀电视剧在思想性和艺术性上都是有一定高度的,而不应相反。

同时,该期刊登了《评选办法》《选票》和《分项候选名单》。这个电视剧奖项的设立,受到大众电影百花奖的启发,但它一经推出就受到电视业内人士的广泛欢迎。时任《大众电视》驻京记者徐锦军回忆:编辑部征求了当时全国电视剧生产单位主要领导们的意见,包括中央台、北京台、上海台等,"有些领导是我们杂志的顾问,平时联系就很多。业内的一些导演、编剧、演员们也都支持《大众电视》设立一个群众性的电视奖项"[1]。在此之前,他们以电视剧生产数量为标准,还设立了"繁荣电视剧飞天奖",基于专家评选,给产量较高的电视剧制作单位颁发"繁荣奖"。林辰夫后来在一篇题为《"金鹰"回眸:纪念"金鹰奖"创办20周年》的重要文章中回忆说:"我们创办这个奖项的目的,是想看看观众对我国新兴的电视剧是怎样评价的?我们通过'飞天奖'可以看到领导和专家对我国电视剧的评价,通过'金鹰奖'又可以看到观众对我国电视剧的评价,这样才能够更全面地测评我国电视剧的质量和问题,使两个独立的奖项互助互补、相辅相成。"[2]

20世纪70年代末至80年代末,我国广播电视成为新兴的事业,中国电视剧艺术走向崛起与复兴,那时电视虽然还没有由城市扩展到农村,没有能做到户户、人人都能看到电视,但在时代大背景与产业萌芽发展的背景下,包括电视剧在内的电视业展现了乐观的发展前景。1983年3月31日至4月

---

[1] 张渝英."金鹰奖"与《大众电视》[N].大众电视,2021-07-22(1).
[2] 林辰夫."金鹰"回眸:纪念"金鹰奖"创办20周年[J].当代电视,2002(9):6.

10日，第十一次全国广播电视工作会议在北京举行。会议要求在三至五年内，除特殊有困难的地区以外，要做到县县、社社、队队都通广播，户户、人人能听到广播，全国大多数县能看到电视，到20世纪末，分几个步骤，做到户户、人人都能看到电视。① 数据显示，1985年，仅仅一年时间，电视台数量从1984年的93座增加到202座，节目套数从104套增加到219套，每周播出时间从3977小时增加到7698小时。到1985年底，全国电视人口覆盖率达到60%。1979年8月全国第一次电视节目会议召开，要求全国各电视台凡是有条件的都要大力制作电视剧。电视剧的制作生产开始呈全面开花之势。电视剧制作数量可观，仅中央电视台从1980年1月到1981年3月底，就播出了131部电视剧。"1982年度的电视剧创作，出现了更上一层楼的喜人景象：在数量上，从1981年度的约200部，增加到1982年度的300多部，是个大丰收；在品种和质量上，也有了新的发展和提高。1982年度，在电视喜剧方兴未艾向前发展的同时，电视连续剧的比例有所增长，电视短剧和小品以及电视戏曲片也多了起来，电视表现现实生活和历史题材的能力都有了很大提高，不少电视剧受到了广大观众的好评。"② 据统计，1983年全国合计制作电视剧291部，共502集，其中中央电视台制作7部16集，地方台制作285部487集；到1985年，全国合计制作电视剧627部1997集，其中中央电视台99部296集，地方台528部1701集。尽管多并不意味着好，但是，"文艺要满足群众的需要，包括对数量的需要"。所以，说设立以调动电视剧创作生产积极性为宗旨的飞天奖和以质优取胜的金鹰奖并行不悖，不是没有道理的。"'金鹰奖'就是以质优取胜。把'飞天奖''金鹰奖'结合起来……就全面了，也就是'多'与'好'相结合了。""大众电视金鹰奖"的创办，着意于电视剧在'好'字上狠下功夫，多下功夫。""观众口味的提高往往超过艺术实践本身的发展，这个矛盾今后会更突出，观众希望好的电视剧多一些，

---

① 葛娴.以宣传为中心 改革广播电视：记第十一次全国广播电视工作会议[J].新闻战线，1983（5）：18.
② 林辰夫.在第1届"大众电视金鹰奖"、第2届"繁荣电视剧飞天奖"颁奖大会上的讲话[J].大众电视，1983（5）：7.

更多一些,这个希望更该引起注意。"① "应该说,在这一时期,电视剧的严肃性、历史和现实批判性、审美的经典性、艺术的探索性仍然与那个思想解放的大时代一起,是电视剧创作的真正主流,直接影响和参与了改革开放的思想建设和观念传播。"② 在《大众电视》印上候选名单和选票,由《大众电视》的读者直接投票:"凡是以多数票当选的电视剧,一律尊重投票结果,按照原定的规格给奖,有不同看法以后可在《大众电视》上展开讨论。"③ 一张小小的选票,反映着读者/观众的意见和愿望,牵动着观众的心,也蕴含着中国改革开放的精神走向。

"一个选票的背后不仅代表了一个人的肯定,也有可能是一个家庭和团队商讨填写的结果,意义非凡。而且这些选票中还附有很多热情洋溢的来信,既有对电视剧的赞同,也有对演员的欣赏。"④ 一拿到还带有油墨香的印有"大众电视金鹰奖"选票的《大众电视》,人们就开始对一年来所看过的电视剧反复讨论,对候选作品和优秀男女演员等作逐个的排队和评论,有时还会发生激烈的争论和争吵。三代同堂的家庭展开了热烈讨论,由于年龄、爱好不同,讨论的结果很难统一,直到统一了投票评选的意见,才写好了选票;福建某部守岛战士,经过充分酝酿,才将心中的"优秀"填入选票,寄给评选组;有的观众在查阅有关资料,反复推敲,郑重投上一票后表示,希望评选以后每年都办下去;还有的观众则建议今后举办"大众电视金鹰奖",应再增加优秀编剧、导演、男女配角演员以及优秀录像、音乐等单项奖。

《大众电视》创办仅仅几年时间,人手很少,却能举办这样的全国性的电视剧评选活动,他们的辛苦劳动获得了大家的承认与肯定。1983年3月,第1届"大众电视金鹰奖"、第2届"繁荣电视剧飞天奖"颁奖大会在昆明拉开

---

① 曹禺.热烈的祝贺 真诚的希望[J].大众电视,1983(5):2.
② 尹鸿,杨慧.时代碑铭与民族史诗:改革开放40年的中国电视剧[J].中国电视,2018(12):7.
③ 林辰夫.在第1届"大众电视金鹰奖"、第2届"繁荣电视剧飞天奖"颁奖大会上的讲话[J].大众电视,1983(5):7.
④ 张渝英."金鹰奖"与《大众电视》[N].大众电视,2021-07-22(1).

帷幕，全国三十多家省、市电视台的代表，包括中央电视台的著名导演都奔赴云南，中国戏剧家协会主席、著名戏剧家曹禺也从上海专程赶到云南，在大会上发表贺词。

读者投票选举的结果是：《武松》《蹉跎岁月》《赤橙黄绿青蓝紫》获优秀连续剧奖；《周总理的一天》《家风》《继母》《喜鹊泪》《明姑娘》获优秀单本剧奖；《多棱镜》第一集、《第五家邻居》《人与人》小品集获优秀短剧、小品奖；《西园记》获优秀电视戏曲片奖；《武松》中武松的扮演者祝延平、《蹉跎岁月》中柯碧舟的扮演者郭旭新、《赤橙黄绿青蓝紫》中刘思佳的扮演者陈宝国同时获优秀男演员奖；《蹉跎岁月》中杜见春的扮演者肖雄、短剧《第五家邻居》演员王馥荔、《上海屋檐下》中杨彩玉的扮演者秦怡获优秀女演员奖。此外，考虑到有的电视剧思想性、艺术性确实很高，但没有得到足够数量的选票，另设"大众电视特别奖"，以示肯定和鼓励，其中《鲁迅》（1-4集）、《上海屋檐下》获特别奖；《还愿》获荣誉奖。

无论是"繁荣电视剧飞天奖"还是"大众电视金鹰奖"，首先都是将目光聚焦于电视剧本身，希望每年能够多出众口皆碑的、高水平的、更接地气的电视剧，对电视剧发展和提高起积极的作用。其次是以电视剧生产与创作为本位，意在营造"艺术创作第一"的氛围，无论是电视连续剧、单本剧、短剧还是小品、儿童剧、电视戏曲片，通通有所覆盖。这样的全国性评选，鼓励、引领电视工作者勇于探索创新、努力实践、及时总结，以更全面地把握电视剧创作的内在机制和根本方向。最后是电视剧的评选也在间接地反思中国电视剧今后的走向，希望尽快摸索出电视剧的规律和美学特点，建立自己的艺术理论体系。金鹰奖的提出与构想，离不开当时改革开放、思想解放的社会、思想、文化的发展。但更直接的是，此奖项的设立是从电视艺术实践考虑出发的。进入新时期，中国电视艺术迎来一个新的时代。反映了那时的"林辰夫"们对新时期社会人生和影视艺术的观察、研究和思考。走群众路线，往往意味着一种气势和气魄。电视艺术工作者们有了创新的使命感，尽一个电视艺术工作者的责任，通过一种形式、留下一点对电视行业发展有益的东西，成了他们最向往的。在任何环境下，他们都能直面现实和电视艺术发展的真实状况，不降志，不辱身，不追赶时髦，也不回避矛盾和问题，舍我其谁。

从某种意义上讲，"大众电视金鹰奖"最重要的意义就是创造了"更具有广泛的群众性"①的评奖的"新概念"。也许，两者的比附未尽合适，但"金鹰奖"从酝酿到持续组织，为电视剧呼吁、为电视剧的创作出力，融进了实践感和使命意识，显现了它所具有的一种不无热忱乃至激进性的根本性格，而且，它凭借传播力强这一特性，在多方合力的过程中，持续组织、风生水起，影响遍及全国各地。

四、群众性评奖与"大众电视金鹰奖"的历史定位

伴随着改革开放的步伐，中国发生了巨大的转变，一个时代的精神转向蕴含在历史自身的丰富性之中，在这时，广大人民群众登上了历史舞台。长期以来，不少文化过于刚性，《文艺报》在50年代也曾收到一些读者来信。"当时的读者意见就认为所谓的'工农兵文艺'单调、粗糙、缺乏艺术性，而且太紧张，即使工人也不喜欢看，甚至认为'这些书只是前进分子的享乐品'。他们需要'看点轻松的书''喜欢巴金的书，喜欢冯玉奇的书，喜欢张恨水的书，喜欢刀光剑影的连环画'……"②到20世纪80年代初，这个问题并未解决，但是，恰在此时，电视机走入了千家万户，过去对通俗的排斥在越来越趋于强大的看电视兴趣以致对快感的追求面前相形见绌，大众对或高雅或通俗的文化的浓厚兴趣未尝不是一件好事，这将观众牢牢地吸引到电视机前，使每一个观众随电视艺术心潮起伏，让他们在获得快感、惊讶并喝彩叫好的同时进入"纯粹"或"忘我"的境界，这也代表了新时期电视艺术新势

---

① 林辰夫.在第1届"大众电视金鹰奖"、第2届"繁荣电视剧飞天奖"颁奖大会上的讲话[J].大众电视，1983（5）：7.
② 丁玲.跨到新的时代来：谈知识分子的旧兴趣与工农兵文艺[N].文艺报，1950-08-25（11）；蔡翔.70年代：末代回忆[M]//北岛，李陀.70年代.北京：生活·读书·新知三联书店，2009：342.

力新的的登场。《大众电视》杂志社之所以能以地方刊物之力,举办起"大众电视金鹰奖"这样的全国性的活动,而且搞得红红火火,深得人心,说到底,大概是因为其从投票群众中来,包含着读者和观众殷切的希望和无以称量的重托,是顺应时代潮流和我国电视发展趋势的结果。

由观众投票来评选电视剧,如果不采取行政手段,就必须依托一个有广泛群众基础的传媒单位。"需要有个评论电视剧的通俗刊物来配合推动。""这种群众性评奖是政府奖、专家奖所不能替代的,它可以从广大读者群众的角度来评价全国的电视剧,借以透视出广大观众,尤其是青年观众对各种电视剧的不同爱好和欣赏情趣。这个奖项类似《大众电影》的'百花奖'。它对我们录制什么样的电视剧、如何提高电视剧的质量、怎样给广大电视观众以正确引导等,都有相当重要的参考价值。"①曹禺说他很赞成"大众电视金鹰奖"这样的群众性评奖活动:"群众性的评选活动是促进艺术繁荣的好办法。戏剧、电影、电视剧都是演给观众看的,归根到底,人民是评价一部作品价值的最高权威。这次评奖,以群众选票作依据,同时设立特别奖和荣誉奖,这样的考虑很周到、很必要,而且与群众性评选在总的精神上是一致的。"②以群众为评选的本位区别于以精英评选、精英文化为本位。以精英为本位认为艺术实践的主体由独立的个体所组成,整体以个体的发展为基础,表现为创作个体对影视"艺术自律"与"审美自觉"的双重追求。以群众为本位并不意味着把精英与专业的主张统统扔光,更不意味着不强调艺术个体的主体性地位和专家判断的眼光。相反,"金鹰奖"后来拓宽了评选机制与所依赖的路径,从中即可看出,它的创办和组织者实际上早就相当清醒地意识到,"金鹰奖"在艺术实践和社会发展中未必带有强烈的一元单维特性。

"大众电视金鹰奖"采用群众性评奖机制,采用大众投票的方式评选电视奖项,这在当时意味着一种新型评奖方式和活动的诞生,或者说一种"评奖新机制"的呈现。文艺评奖不再是自上而下或关起门来脱离日常事务的行

---

① 林辰夫."金鹰"回眸:纪念"金鹰奖"创办20周年[J].当代电视,2002(9):7.
② 曹禺.热烈的祝贺 真诚的希望[J].大众电视,1983(5):2.

为或理论，相反它时刻立足于群众的立场展开"思考"，抓住机遇，深入电视艺术及其观赏自身的"潜在"，体现着它的一种全新的广泛性理解、评判与认知。自第15届"金鹰奖"起，评选从聚焦电视剧逐渐拓展到更多类型的电视节目，先后增加了电视纪录片奖、电视文艺奖、电视动画片奖等，之后还加入了更多细分奖项①。尽管从第16届起，"金鹰奖"由《大众电视》主办升格为由中国文联、中国视协主办，全名也变更为"中国电视金鹰奖"②，但它以大众投票为主的核心定位没有完全改变。

从最终的定位看，"金鹰奖""几经变迁，主办机构由地方传媒机构发展为人民团体，从相对比较市场化的操作模式演变为由主流机构主办的'官方'评选"，体现着"中国电视剧从萌芽状态进入大发展大繁荣的实际需求"③，这不是拒绝抑或迎合、屈服于趋势、流行及大众观点，而是推开窗子，与跌宕的新时期中国当代史紧密相连，立于大众、文化与思想文化氛围的变化过程及发展路向，解放思想、实事求是，"扬独家之优势，汇天下之精华"，④终而形成了某种关于大众化的电视艺术特别是多样性的电视剧的瞻望，并彰显一飞冲天、飞得像鹰一样高的"奖"的概念、品牌和品格。

---

① 杨伟光.辉煌的20年：为中国电视金鹰奖20周年而作[J].当代电视，2003（12）：4.自第15届起，"金鹰奖"由《大众电视》《工人日报》《解放军报》《农民日报》《中国妇女报》《中国青年报》等多家报刊的读者投票来共同评选，并陆续开设电话、短信、网络等多渠道投票。参见众视.第15届"中国电视金鹰奖"拉开帷幕[J].当代电视，1997（10）：5.
② 1990年，《大众电视》改由中国电视艺术家协会和浙江省广播电视厅合办，但"大众电视金鹰奖"的名称、性质以及奖项未变。1997年，经中宣部批准，"大众电视金鹰奖"改为由中国文学艺术界联合会和中国电视艺术家协会主办的一年一度的全国性电视艺术综合奖，名称也随之改为"中国电视金鹰奖"。金鹰奖历史悠久、影响广泛，是国家级的唯一一个以观众投票为主、中国视协会员与观众投票和专家评选相结合的全国性电视艺术大奖。
③ 尹鸿，杨慧.中国电视剧发展的一面镜子：中国电视金鹰奖评析[J].当代电视，2020（10）：13.
④ 仲呈祥.改革开放中的中国电视文艺[N].人民日报，1998-11-07（6）.

影视学的定义、研究内容及发展趋势*

一、影视学的定义、概括与特征

影视学是关于电影与电视这一对年轻而不断发展的姊妹艺术的概括性学科。作为20世纪以来较为重要的文化现象，电影与电视的出现得益于现代科学技术的发明和发展，是产生于现代科技进步的艺术。电影、电视的意义来自多向度的文化形塑、公众领域的历史想象和社会空间。电影、电视观念的变化与时代社会和经济的条件及其嬗变之间存在比较紧密的联系。对电影、电视的本体性认知与跨学科和多维度历史语境发展的过程相符，它使从业者的审美能动性不断变化，并逐渐构成特殊的历史内涵。

影视学是对影视现象及其特征进行多学科、全方位的系统研究和全面概括。电影诞生于19世纪末，在摄影的基础上产生，是现代科学技术的产物。它以技术为手段，通过动态的图像和声音传达故事内容、感受情绪、认知思想、反映社会等。电视被认为是20世纪较为重要的发明之一，是重要和普遍的信息传播工具，它的外延与内涵较广泛，既包括电视技术，又指涉接受电子信号的设备或装置，还特指一种社会文化现象。

影视的特征之一是综合性，主要体现在三个层面：第一，影视是其他各门艺术的综合，吸收了多门艺术的元素，综合了戏剧、音乐、绘画、雕塑等

---

* 本文原载于《中国大百科全书·影视学》，中国大百科全书出版社，2022年版。

艺术的特性；第二，影视伴随着技术变革的发展应运而生，在不断探索本体的过程中形塑并确认了艺术的特性，是科学与艺术的综合；第三，影视既具有艺术的属性，又是特殊形态的商品，既是一种媒介形态，又肩负传播文化的职责，是将艺术、文化、媒介、商品集于一身的综合体。

影视的特征之二是视听性。在电影的发展历史中，有声电影的出现将画面与声音相结合，电影由此成为视听艺术，表现力较之无声时期有极大的提高。电视出现伊始即以声画结合的形态呈现。声音与画面的有机结合是影视区别于其他艺术的典型表征，主要有声画合一和声画分立两种表现方式，体现了影视的视听性。

影视的特征之三是运动性。电影与电视主要依靠运动的画面来传达内容、情绪和思想，与绘画、雕塑等艺术的静态性不同，影视是运动的艺术和媒介，并不是通过瞬时来传达内容、情绪和思想，而是以运动的画面直接反映生活的某些过程或传达对某种感觉、思想的体验。

电影与电视是深受大众喜爱的文艺形式，也是国家文化软实力的重要标识，伴随着社会、经济、技术与艺术的演进，影视技术、艺术和市场实践以及作为整体性和概括性的科学研究的影视理论，都得到了长足发展。

二、影视发展简史

（一）电影发展简史

自诞生以来，电影历经无声电影时期（1895—1927）、有声电影时期（1927—1935）、彩色有声片（1935—）、电子计算机特效等发展阶段。在一个多世纪的时间中，电影由无声而至有声又至立体音响，由黑白而至彩色又至电子计算机特效，放映形式由单一趋于多元。这种技术上的变革使得电影在艺术上不断变化，在媒介上具有丰富的表现力及较大的可塑性。

电影的诞生将人类对艺术的思考提升到一个新的层次，打开了人类文化艺术的新视野。人类的艺术思维从此进入了一个新阶段——影像阶段。1895年12月28日被视为电影诞生的日子。法国的卢米埃尔兄弟（Auguste

Lumière，Louis Lumière）在巴黎卡普辛路14号咖啡馆举行了电影公映活动，采取收费形式，放映了《工厂大门》（*La sortie de l'usine Lumière à Lyon*）、《火车到站》（*L'arrivée d'un train à La Ciotat*）、《水浇园丁》（*L'arroseur arrosé*）等短片，真实的生活场景、运动的画面让观众叹为观止。与此同时，乔治·梅里爱（Georges Méliès）把戏剧的叙事手法引入电影，最早在影片中使用了特技效果。梅里爱的影片虽然对电影进行了一系列的探索，使电影向艺术迈进了一步，但由于其对戏剧美学的恪守，他未能找到电影独特的、包含着某种本质性的艺术表达手段。

当卢米埃尔兄弟和梅里爱就电影的表现内容各执一端而进入死胡同的时候，美国著名导演大卫·W.格里菲斯（David. W. Griffith）汲取各家之长创作出的《一个国家的诞生》（*The Birth of A Nation*）、《党同伐异》（*Intolerance：Love's Struggle Throughout the Ages*）等影片，兼具卢米埃尔的纪实风格和梅里爱戏剧电影的元素，形成了独具魅力的电影艺术语言。《一个国家的诞生》所开创的蒙太奇叙事方法被世界公认为电影成为艺术的标志。格里菲斯对电影艺术作出了杰出贡献，是电影艺术的奠基人，被誉为"现代电影之父"。

蒙太奇作为电影的叙事语言在苏联的蒙太奇学派中得到进一步的发展和开拓。20世纪二三十年代，苏联一批活跃的电影家认为蒙太奇原则是电影创作的基础，被称为"蒙太奇学派"，代表人物有列夫·库里肖夫（Lev Kuleshov）、吉加·维尔托夫（Dziga Vertov）、弗谢沃洛德·普多夫金（Vsevolod Pudovkin）、谢尔盖·M.爱森斯坦（Sergei M. Eisenstein）。库里肖夫通过"库里肖夫实验"揭示了不同镜头加以组接可以获得新的影像释义。普多夫金强调蒙太奇可以表现现实生活中的内在联系，并创造出"联想蒙太奇"等电影形式技巧，使影片充满抒情意味。维尔托夫提出摄影机应当像眼睛一样去观察和表现世界，其所拍摄的"新闻片"及其理论对纪录电影产生了深远的影响。爱森斯坦强调蒙太奇不再是单纯的艺术表现手法，而是一种思维方式，并在《罢工》（*Стачка*）、《战舰波将金号》（*Броненосец Потёмкин*）等影片中践行了这一理念。

与以蒙太奇作为叙事语言为核心的电影表现方式不同，先锋派电影运动是无声时期电影活动的另一重维度。20世纪20年代，一批艺术家和知识分子在法国开展了先锋派电影运动，其后这一运动的影响遍及欧洲其他国家。先锋派电影运动强调电影的视觉特性，反对传统的戏剧类叙事结构，其电影流派包括印象派电影、达达主义电影、超现实主义电影等，电影作品以《幕间休息》（Intervals）、《一条安达鲁狗》（Un chien andalou）为代表。

1927年在电影历史上具有划时代的意义，《爵士歌王》（The Jazz Singer）的出现标志着电影的历史从"伟大的哑巴"进入有声时期，电影从此成为视听的艺术。有声电影极大地推动了电影的表现力，挖掘了电影的本性，促进了类型片的发展和延伸。1933年后，由于技术的进一步发展，后期录音得以在电影制作中实现，突破了以往只能同期录音的桎梏。1935年，世界上第一部公认的彩色电影《浮华世界》（Becky Sharp）面世，标志着电影由黑白向彩色的重要转变。

第二次世界大战后，电影的发展进入新的历史时期，在世界各地呈现了多元并进的特点。法国电影、意大利电影、德国电影发展迅猛，相继出现了法国新浪潮电影、左岸派电影、意大利新现实主义电影、新德国电影等电影流派，这些电影运动及电影思潮不仅宣示了对传统电影观念的反抗，标志着电影美学的革命，也是世界电影中民族电影运动的重要组成部分。美国电影在战后受到其他国家民族电影和电视业的先后冲击，曾在一段时间受到冷遇。20世纪60年代中期到70年代，美国出现新好莱坞电影运动，美国电影再次崛起和兴盛。此外，中国、日本、印度等国家和地区的电影业都取得了长足的发展。

电影如今是遍及全球的大众艺术，它在现代大工业生产比较发达的国家中首先兴起并迅速发展。不同国家、地区和不同民族的电影，经过短暂的对外来电影的单纯模仿阶段之后，进入将电影本土化移植的阶段，即实现电影本体与本土的结合，使电影与本民族的政治、经济、文化相适应，与本民族民众的生活风俗、伦理道德、文化积累、欣赏习惯相一致。由此，电影在本土的文化土壤中寻求到被社会容纳、被大众认同的必要条件。一百多年过去了，各个国家、地区和各个民族的电影工作者，经过一代又一代人的努力，从本民族文化传统中汲取精华，创作出具有本国、本民族特色的电影，敏感于时代的脉动和变化，积极融入开放性、即时性、互动性的特点，构成了世界电影丰富多样的景观，并以多点散射的方式相互渗透、广泛交流，使得数字时代电影发展呈现着多元、开放的格局。

（二）电视发展简史

电视随着世界各国的科研人员对光电转换技术的不断探索而逐步兴起，经历了从基础研发到机械电视、电子电视再到数字电视的发展过程。1900年8月，俄罗斯科学家康斯坦丁·伯斯基（Constantin Perskyi）在巴黎举办的第一届国际电子技术会议上宣读了《电与电视》一文，文中首次出现"电视"（television）一词。1881年到1936年是电视的基础研发时期，机械电视和电子电视的研发同步交叉进行。在这一时期，世界各国的科学家在光电机械扫描盘、阴极射线管发明的基础上，为电视的发射和接收系统不断进行技术攻关。

1925年4月，苏格兰科学家约翰·洛吉·贝尔德（John Logie Baird）在伦敦一家塞尔福里奇百货商店门前进行了商业表演，这也是世界上第一次公开的电视表演。1925年10月2日，贝尔德再次进行实验，首次实现了电视真人图像的即时传送。随后，贝尔德成立了"贝尔德电视发展公司"，进一步发展和完善了机械电视技术，被誉为"电视之父"。

1929年，俄裔美国工程师弗拉基米尔·佐利金（Владимир Козьмич Зворыкин）受聘担任美国无线电公司的电视研究所主任，推出了电视的电子图像显示器，并进行了远程直播展示。经过几年的实验，直至1933年，佐利金研制出可供实际应用的电子电视的完整设备，实现了电视的全电子化，开辟了电视发展的新阶段，被称为"现代电视之父"。

在电视经过基础研发时期后，随着电视技术的进一步发展，电视机开始批量生产销售，世界各国相继开始建立电视台、定期播放节目，电视成为一种大众传播媒介。

1936年11月2日，英国广播公司在伦敦市郊的亚历山大皇宫正式建立了世界上第一座电视台，向公众播放了歌舞节目，标志着世界电视业的诞生。

1937年，美国德福雷斯特无线电公司的总工程师杜蒙（Allen B. DuMont）在改进阴极射线管，研制出可供批量生产的商用电视接收机后，第一批以其名作为品牌的"杜蒙"电子电视成功投放市场，进入普通民众家庭。从此，电视从基础研发阶段转入了实际应用阶段。然而，正值电视业兴起之时，第二次世界大战爆发，战火毁掉了许多国家的电视台，电视节目也中断播放。

第二次世界大战结束后，世界各国逐渐恢复了电视业，电视发展进入繁荣阶段。苏联、法国、英国、美国、日本、德国等国家陆续开启电视业。其后，电视从欧美主要发达国家延伸到亚非拉美等国家和地区，进入全球电视阶段。中国、澳大利亚、尼日利亚、摩洛哥等国家的电视业开始起步，获得长足的发展。

随着微电子技术和数字技术的不断革新，电视传播方式出现了卫星电视、数字电视、交互式网络电视、三维立体电视等。电视从模拟电视进入数字电视发展的新阶段。当下，电视已经成为通过电子技术和数字技术将声音和图像转化为电信号，以电视塔、电缆、光缆、卫星传播器、互联网等有线和无线方式进行传输，并由电视机、电脑、手机等信号接收终端设备重现的一种信息传播系统。

（三）电影、电视在中国的发展

电影是19世纪末由西方传入中国的。一开始是外国人在中国放映、摄制影片。1905年，北京丰泰照相馆摄制京剧舞台纪录片《定军山》，此举被视为揭开了中国人摄制影片的历史序幕。

1905年到1931年是中国早期电影人将诞生在西方的电影艺术移植到中国，并在已被西方电影以绝对优势占领的中国电影市场上取得立足之地的拓荒时期。1913年，中国的第一部短故事片《难夫难妻》问世。之后，相继有电影摄制机构出现，进行国产影片摄制与经营，但均为小规模的、时断时续的、收效甚微的尝试。1923年，明星影片公司的《孤儿救祖记》以巨大的成功证明了国产影片在中国市场具有较大的成长空间，吸引了一批投资者对民族电影业的关注和参与，众多电影企业相继成立。经过一段时间的迅猛发展，

中国形成了以明星影片公司、联华影业公司、天一影片公司、这三个初具规模的电影公司为主的制片工业，并经历了家庭伦理片、社会言情片、古装片、神怪武侠片等类型片创作热潮的起起伏伏。其中，神怪武侠片以展示中国传统道德中"侠义精神"为主，将中国武术、中国戏曲中的武打及电影特技巧妙地融为一体。这一时期的中国电影，多迎合城市市民观众趣味以保证票房收入，在内容上往往呈现并宣扬传统道德，在形式上多采用中国戏曲及文明戏以适应观众的欣赏趣味。拓荒时期的中国电影带有浓厚的娱乐色彩和商业性。早期中国电影与五四运动后文学、戏剧、音乐、美术等诸多艺术领域中蓬勃兴起的新文化运动相一致，呈现了积极、开放的发展局面，在被外国电影垄断的中国电影市场上争出了一席之地，使中华民族电影成为中国都市文化生活的一部分，也为中华民族电影业的进一步发展提供了物质方面、人才方面、舆论方面的基础。

1932 年到 1949 年是民族电影的探索时期。1931 年 9 月，日本帝国主义侵占东三省，翌年又发生"一·二八事变"，国难当头，民族矛盾尖锐。电影积极地举起反帝反封建的旗帜，确立了大众化的路线方针，汇入民族解放运动、民主革命运动的洪流，发生了与社会时代发展相一致的历史性变革。在 1932 年到 1937 年的"全面抗战"中，中国左翼电影运动蓬勃兴起，推动形成了这一历史性转折，制作了《三个摩登女性》《春蚕》《大路》《神女》《渔光曲》《新女性》《十字街头》《马路天使》等比较优秀的影片，中国电影在拓荒时期的基础上产生了质的变化。这一时期，战乱使中国的电影发展几乎陷于停顿。由于摄制基地被毁和胶片来源中断，上海几家规模较大的电影公司被迫停产。上海沦陷后，除一部分电影人在香港、重庆、武汉、延安坚持很少的故事片和纪录片摄制外，大部分电影工作者参加了救亡工作，一部分人转入戏剧等其他领域。抗日战争结束后，经历了多年离乱之苦的广大电影工作者，与社会实际有了更多的接触，对底层社会的生活有了更多的体会，思想、艺术均较前成熟，长期的生活积累与被压抑的创作热情结合，迸发出可贵的艺术火花，很快就推出了《八千里路云和月》《一江春水向东流》《丽人行》《万家灯火》《乌鸦与麻雀》等优秀影片。这些影片表达了中国人民在民族压迫、阶级压迫下的痛苦呻吟和强烈愤怒，反映了中国人民追求解放的正义要求和革命呼声，尽管在历史条件的限制下，它们只能被用比较隐蔽的手法来表现，但仍然与广大观众产生了思想感情上的共鸣。与此相应，中国共产党领导的根据地与解放区也建立了电影摄制机构，以拍摄纪录片为主，为中国革命历史保留了丰富而珍贵的电影资料。这一时期，是中华民族电影发展历史上的重要阶段，电影不仅在中国的土地上立足，而且通过与人民、与时代、与社会进步的联系获得自身发展的活力。电影在社会生活中的影响更为广泛，在文化生活中的地位也大大提高。

1949年到1966年是中国人民电影的振兴时期。中华人民共和国成立后，东北、华北、东南、中南、西北、西南相继成立了电影制片厂。1966年以前，全国列入国家生产计划的生产故事片的制片厂规模不一，共7个，它们分别是：长春电影制片厂、北京电影制片厂、上海电影制片厂、珠江电影制片厂、峨眉电影制片厂、西安电影制片厂和八一电影制片厂。过去，只有生产故事片的电影厂，中华人民共和国成立后，相继成立了新闻纪录片厂、科教片厂和美术片厂，品种更齐全；过去，没有国产胶片、电影机械制造工业，中华人民共和国成立后，电影胶片和电影机械基本可以自己制造；过去，电影的放映发行只局限在都市，中华人民共和国成立后，电影普及到乡镇、农村、工矿、部队，形成了遍布全国的发行放映网；过去，没有全国性的电影专业学校、电影专业团体、电影出版和电影科研机构，中华人民共和国成立后，建立了北京电影学院、中国电影工作者联谊会（后更名为中国电影家协会）、中国电影出版社、中国电影科学技术研究所等。

由于社会条件的改变，电影工作者获得更直接、更深入地了解社会生活和社会实际的便利，这一时期的电影创作继续坚持并发扬中国电影与时代、社会发展相联系的良好传统，反映了中华人民共和国成立后的社会发展和经济建设。革命历史题材成为首先吸引电影创作者的领域。同时，中国人民投身社会主义建设的实践活动迅速地出现在银幕之上，出现了《桥》《钢铁战士》《中华儿女》《白毛女》《翠岗红旗》《渡江侦察记》《祝福》《李时珍》《青春之歌》《上甘岭》《林则徐》《老兵新传》《林家铺子》《红色娘子军》《早春二月》《舞台姐妹》《农奴》等影片,这些作品不仅在题材内容上较之前有了新的开拓,而且在艺术构思上也独具特色。这一时期,老一辈电影工作者及中华人民共和国成立后培养起来的新一代电影工作者结合起来,形成了一支可观的电影专业队伍。1966年到1976年是中国电影发展的荒芜时期。许多影片和电影人遭到批判,电影制片厂被迫停产,电影相关机构解散。这一时期,只生产了少量的故事片和所谓"样板戏"电影,中国电影出现了前所未有的停顿和倒退。

1977年以后,是中国电影恢复创伤、重新振兴的时期。1977年到1979年,由于电影领域仍处在"文化大革命"的余悸之中,影片生产处于徘徊、踏步的状态。广大观众对电影的需求越来越迫切。为了适应新的发展形势,1978年,国家批准成立内蒙古电影制片厂、天山电影制片厂、广西电影制片厂和潇湘电影制片厂,使列入国家生产计划的故事片厂增加到11个。

改革开放时代背景下的广大电影工作者在荒芜的废墟上重建家园、医治创伤的同时,积极解放思想,不断突破禁区,努力开拓,吸收世界电影艺术、技术的新成果,恢复了电影与时代、社会相结合的优秀传统,在创作界先后出现伤痕电影、反思电影和改革题材电影创作的热潮,影坛出现了崭新的风貌。一批与现实联系紧密、思想内容深刻、艺术上有所创新的电影作品深受观众的欢迎。其中《归心似箭》《巴山夜雨》《天云山传奇》《西安事变》《人到中年》《野山》《黑炮事件》《芙蓉镇》《黄土地》《红高粱》《血战台儿庄》《孙中山》等,不论是思想上还是艺术上都达到了前所未有的水平。相当一批中、青年电影工作者在实践中成长起来,脱颖而出,显示着中国电影发展较为广阔的前景。这一时期,青年电影制片厂、中国儿童电影制片厂、深圳影业公司、云南民族电影制片厂、福建电影制片厂相继成立。截至1988年,中国列入国家生产计划的故事片厂共有16个。

20世纪80年代,随着全国政治、经济、文化领域改革的深入发展,电影领域的体制改革方兴未艾,电影领域释放出蓬勃的活力。

20世纪90年代以来,中国电影市场逐步打破封闭的态势,市场化语境下电影业的重要选择与发展构成中国电影演进进程中新的历史时期。2002年,张艺谋导演的《英雄》，开创了中国商业大片之路，电影产业持续走在快速发展的轨道上。

随着电影生产制作、发行和放映各个环节的产业化发展，中国电影产业呈现着庞大的体量和规模，展现着爆发式增长和跨越式发展的态势。《马背上的法庭》《三峡好人》《香巴拉信使》《盲山》《钢的琴》《我不是药神》《无名之辈》《找到你》等电影，时代气息浓厚，创作特色鲜明，与传统题材的表述方式有较大不同。从《建国大业》《建党伟业》《辛亥革命》《建军大业》到《战狼2》《红海行动》《流浪地球》等，影片内容表现融入主流价值观，形式上更加类型化，描绘人物时也有了视点转换。2012年，中国电影市场成为全球第二大电影市场。2018年第一季度，中国电影票房一度超过北美市场，成为全球第一大电影市场。2019年，中国电影市场保持不断增长的势头，全国电影票房642.66亿元，较2018年同期增长5.4%，其中国产片份额达64.07%。2019年新增银幕9708块，全国银幕总数达到69,787块。2021年，中国内地一共上映697部电影，银幕总数达到82,248块，全年总票房和银幕总数继续保持全球第一，电影票房达427.58亿元，其中国产电影票房占84.49%，中国电影以当代视角反映时代发展新变化，呈现了新时代的精神气象。

中国电影在发展历程中继往开来，成就巨大。然而，总的来说，百余年来的电影发展也是步履艰难的，最初是白手起家，起点不高，基础较为薄弱，一边模仿、学习，一边实践、创造。再加上社会动荡和战争的特定环境，电影发展条件极其有限，这就使中国电影只能摸索前进。中华人民共和国成立以后，从制片到发行、放映，从影片的题材、产量到工作人员的培养任用，都变得规范统一。

改革开放以来，电影发生了历史性的变革。中国电影为40年来的改革开放作出了重要的注解。21世纪之后，中国正式加入世界贸易组织（WTO）、电影产业化、《内地与香港关于建立更紧密经贸关系的安排》（CEPA）签署、院线制建立、民营资本成为制片行业的支柱、引进政策进一步开放。更重要的是，网络时代的电影制作营销手段发生了重要变化。综合外部因素影响着

国产影片的创作与题材表现形态。视听效果的震撼与感官刺激的爆发浸染主导着多类型、多样化的创作与市场格局，创作题材和类型也明显变得多元。

与欧美国家和地区的电视业相比，中国电视业起步较晚。20世纪50年代末到60年代中期是中国电视的起步和探索时期，在计划经济体制下，中国电视属于非营利性的事业单位，是国家宣传事业和社会公益事业的重要组成部分。1958年3月17日，天津无线电厂试制成功中国第一台黑白电视机，并在当晚试播动画片《小猫钓鱼》。1958年5月1日19时，中央电视台的前身北京电视台开始试播，标志着中国电视的诞生。1958年6月1日，中国第一部电视剧《一口菜饼子》播出。同年9月2日，北京电视台开始正式播放节目。此后，上海、哈尔滨、天津、广东、陕西、辽宁等省、市也陆续成立电视台或实验电视台。

20世纪60年代末至70年代初，中国电视的制作与传播技术获得了初步的发展。1973年4月14日，北京电视台彩色节目第一次试播。同年10月1日，北京电视台彩色节目正式播出，中国电视实现了从黑白电视向彩色电视的转型，并建立了以北京为中心的全国性的基本播出格局。整体而言，处于起步和探索时期的中国电视主要承担宣传教化和社会动员功能，是一种借助新兴技术产生的意识形态的象征物。

20世纪70年代末到80年代是中国电视发展进程中的黄金时期。1979年，上海电视台播出了中国电视史上的第一则商业广告。同年8月，第一次全国电视节目会议召开，明确提出电视台要独立自主办节目的要求。1980年5月，中央电视台首次播出美国系列片《大西洋底来的人》。1983年，中国第一个电视节目市场成立，中国电视人的市场观念从这里起步。同年，首届中央电视台春节联欢晚会播出，电视作为大众媒介的魅力被进一步激发和强化。与此同时，中国电视剧迎来了创作高峰，推出《西游记》《红楼梦》《渴望》等经典作品。这一时期的中国电视无论在机构建设还是电视节目内容等方面，都趋向丰富多元的发展态势，改革开放带来的社会思潮直接推动了电视在文化传播中的重要作用，电视文化也在这一时期形成了一个专门、独立的社会文化领域。

20世纪90年代是中国电视的持续发展时期。随着改革的逐渐深入和社会主义市场经济体制的确立，中国电视加快了改革的步伐。1992年，电视台实行"事业单位、企业化管理"。1996年，中央电视台实行了"栏目带广告、广告带栏目"的广告运作机制。1999年，电视的产业性质被进一步明确，并向着集团化方向发展。与经济转型同步出现的是电视节目的兴盛，《快乐大本营》《幸运52》等电视节目陆续开播，电视的"大众文化"气质和潜能被进一步发掘。这一时期的中国电视实现了国家、电视机构与市场的协商，完成了从"事业"到"产业"的身份转型。

21世纪以来，中国电视进入全面市场化时期，并参与全球化的进程。2001年中国加入世界贸易组织，全球化的浪潮对中国电视产生了深远的影响。在体制机制的层面，中国电视的商业性质在这一时期被持续激发和开拓，出现了一批合资性质的电视制作公司，推出了一系列高质量的电视节目。在传播层面，越来越多的中国电视作品走出国门，进入世界市场，同时引进其他国家或地区的优秀电视作品，实现了"走出去"与"引进来"的全球化路径。当下，面对新兴媒介的兴起和冲击，中国电视需要对自身的内容、平台、效果进行有效的调整和转型，以实现在新的时代、社会与文化语境中的生存与发展。

三、学科分支和研究内容

影视学包括电影学、电视学、影视编剧、影视导演、影视表演、影视摄影、影视美术、影视声音、影视技术等学科分支。

电影学，是关于电影的科学，主要从艺术现象、社会文化现象和大众传播媒介的角度来研究电影。作为一门新兴的学科，它的含义和界定在不同的时期是不同的。在传统的分类中，电影学主要指涉电影理论、电影史和电影批评三个部分。第二次世界大战后，电影在发展的过程中与社会学、心理学、美学等产生联系并互相影响，电影学的含义被延伸和扩展。20世纪50年代以来，随着跨学科研究领域的持续开拓，电影学与其他学科的关系更加紧密，研究内容更加丰富和多元。电影学突破了传统的分类框架，旨在建立一种对电影的跨学科、综合性的观照，出现了电影社会学、电影心理学、电影符号学、电影美学、电影诗学、电影产业学、电影媒介学、电影哲学等新的分类。

电视学，是关于电视的科学，它的研究范围很丰富，主要研究电视的性质、功能、节目制作、经营、管理、技术、制作者、受众及社会影响等。作为一门新兴的学科，电视学主要从电视作为大众传播手段、社会文化现象的角度来进行观照。20世纪60年代，西方学者开始将电视置于主流人文社会科学领域予以关注和研究。从20世纪80年代开始，电视学成为一个专门的研究领域。它的体系搭建主要借鉴了经典大众传播学、媒介社会学与文化研究三种较为成熟的理论体系，形成了统一的历史与逻辑、科学的理论与方法、联系紧密的观念与实践的学科体系。[①] 一方面，电视学通过对电视作为媒介的特性的研究，考察电视的运作方式及其发展规律；另一方面，电视学将电视看作一种文化现象，将它置于社会结构的宏观语境中去研究，进而展开文化功能的分析和批判。

影视编剧，通常指创作影视文学剧本的工作以及从事创作影视文学剧本的人员。影视编剧创作的剧本包括电影剧本和电视剧剧本，可由一人独立或多人共同完成。电影剧本主要指电影文学剧本，需要标识出场景的时间、地点、事件、人物对白及动作等。电视剧本一般由编剧首先创作故事大纲，之后根据故事大纲创作分集梗概，最后进行分集剧本的具体写作。作为影视艺术作品制作的重要环节，影视编剧承担着重要的功能，不仅需要掌握创作影视作品的艺术技巧和专业修养，还需要拥有较高的思想理论素养和综合知识储备。

影视导演，指制作电影作品和电视作品的影视团队中整体负责作品的艺术思想、风格特征、技巧表现的掌舵人。一般而言，影视导演参与影视作品制作相关的所有事项，负责调动并掌握各部门的积极性和创造性，与它们协同完成影视作品的制作。在拍摄前，影视导演参与作品的选定和剧本的构思及创作。在拍摄阶段，影视导演负责演员的选定，运用演员的表演，综合灯

---

① 常江.广播电视学导论［M］.北京：北京大学出版社，2016：24.

光、摄像、摄影、录音、剪辑、美术、音乐等，将剧本呈现于大银幕、电视荧幕和其他屏幕上。影视工业是多元专业性技术的综合体，因此要求导演精通各项专业技能，一部影视作品的质量很大程度上取决于影视导演的专业素质和修养。

影视表演，指演员根据剧本和导演的意图，在摄影机或摄像机前通过技艺或专长进行艺术创作的过程。在这一过程中，演员不仅要再现剧本的内容、完成导演的要求，而且要根据自我的理解补充扮演的剧作形象，在再现的基础上创造形象。影视作品分段拍摄的形式与蒙太奇的剪辑手法造成影视表演的非连续性特点，使演员需要在非连续性的"镜头表演"中保持所塑造形象的完整性和一致性。不同于戏剧表演的夸张性，追求生活化是影视表演的基本特征，这要求演员在表演时将技巧隐藏在生活中，融入生活实感。总体来说，体验派和表现派是影视表演中两大代表性流派，它们从舞台表演理论中汲取营养，后来极大地影响了影视表演。在实际表演中，体验派与表现派并非完全泾渭分明，许多人主张两者的结合。

影视摄影，指影视摄影师运用摄影机和光学镜头等专门设备，通过创造性劳动进行影像的获取，将客观对象及其动态的活动记录在胶片或数码存储介质的过程。影视摄影按技法进行分类，可分为普通摄影、动画摄影、特技摄影、特殊摄影、立体摄影等；按片种进行分类，可分为故事片（电视剧）摄影、新闻片摄影、科教片摄影、纪录片摄影、美术片摄影等。就表现手段而言，影视摄影主要分为技术与艺术两种。技术性的表现手段包括摄影机、光学镜头等，艺术性的表现手段包括构图、运动、色彩、光线等。在影视摄影中，电影摄影师或电视摄像师是影视作品创作过程中的主要参与人员，他们的工作贯穿影视作品的制作过程。拍摄前，他们根据剧本对影视作品进行摄影构思，写作"摄影阐述"。拍摄过程中，他们负责定角度、布光、构图等工作，完成银幕影像或屏幕影像的造型处理。后期阶段，他们的主要工作是补拍、配光等。

影视美术，指电影美术师或电视美术师根据剧本内容和拍摄的具体要求，运用造型手段和技术制作手段对影视作品进行总体造型设计。美术师的创作在影视作品的制作中占据着重要的位置，作为主创之一，其所承担的造型任务直接关系到最终作品的质量。一位高水平的美术师，一般需要丰富的知识储备、经验和较高的专业素养。影视美术设计的具体工作主要包括外景的选取、内景的设计及服装、化妆、道具的选择和设计等。影视美术设计通常是综合创作的结果，美术师需要与导演、摄影师等主要创作人员共同商讨影视作品的镜头运用、造型设计、影调风格等，根据统一的艺术构思确定美术设计的方案。

影视声音，一般指通过声音手段来建构影视作品的叙事体系，体现为一种听觉层面的体验。[①]影视中的声音既可以直接参与作品中的叙事，对叙事活动或叙事节奏产生影响，也可以间接地对叙事起到渲染或烘托的作用。一般而言，影视声音根据制作工艺的不同，可以被分为语言、音乐、音响三类。语言是三类声音中最直接的声音，包括影视表演者的台词、内心独白、画外音及解说词（旁白），可通过同期录音或后期配音完成。音乐既具有抽象性和主观性，又富于情绪感染力，在影视作品中起着关键的作用。音响是塑造影视作品环境效果的重要元素，是观众最不易察觉又必不可少的声音，能够营造真实可信的感受。

影视技术，指电影电视拍摄时使用的各种技术，以期达到电影电视所需要的艺术效果。影视技术包括电影技术和电视技术。电影技术主要指电影摄制、电影放映及电影器材制造技术等；电视技术是实现电视传输的科学原理与技术手段的总称。[②]影视技术是在照相学、光学、机械学、物理学、声学、电子学、电信技术、计算机科学技术等相关科学技术的基础上发展起来的，不断推动着影视艺术的进步。

需要指出，在工业网络化和智能化快速发展的环境下，电影创作、生产发挥技术优势，整合资源，提升效率，所对应的工作流程发生了重要变化，所产生的变革和艺术自觉远超想象。

---

① 姜燕.影视声音艺术与制作［M］.北京：中国传媒大学出版社，2008：1.
② 马守清.现代影视技术辞典［M］.北京：中国电影出版社，1998：2.

四、影视学的趋势与展望

在百余年的历史中,电影、电视发展的主流始终与时代、社会进步相结合。不论是电影艺术还是电视艺术的发展,都是在时代不断前进中腾起的一个个浪潮。在这一主流中,影视几乎与百余年来人类生活的政治、经济、科学、文化等诸多领域都有着密切而重要的联系。

作为大众传播媒介的一种,电影电视能够以声画结合的影像语言进行社会、政治、经济等信息的有效传播,甚至可以跨越地域、种族、阶级、语言等各种社会隔阂。影视具有最广泛的受众群体,其产生的传播影响力是巨大的。电影电视既反映了人类社会的变革,又在一定程度上影响着人类社会的变革,成为人类社会生活中的一个组成部分。20世纪90年代以来,随着数字技术的普及,相机、手机及其他摄影工具越来越多,用数字技术制作的电影、电视短片日渐增多,数字影像采集、处理、传输与互联网结合,成为现代技术和影视产业不断发展的产物,影视焕发了新的生机。因互联网的兴起而诞生的网络影视,与传统影视走向融合,相互补充,相辅相成。电影电视已与时代、与社会生活高度结合,产生了新的发展活力。当下,正处于新的影视变革阶段,一系列快速发展的新技术挖掘了影视的潜能,使影视拥有了无限发展的潜力。电影电视与新媒介的关系不仅止于外部的融合,更指向新媒介与影视艺术本体的亲密及对影视身份的重新界定和一种新的交互式的、参与式的影视载体的出现,虚拟现实、人工智能、元宇宙等技术与影视的交互是未来影视发展的重要趋势。当然,随着科学技术和互联网的不断发展,电影电视在挑战中仍需在寻求年轻一代的认同中汲取生命的活水。

中国影视在长期的演进过程中,始终与世界影视的发展保持着一定的联系。20世纪20年代,中国电影主要受到美国电影的影响,同时受英国、法国电影的影响。1930年前后,在苏联电影的影响下,左翼电影运动得以蓬勃兴起。20世纪30年代的中国电影,在电影艺术——特别是叙事手法、结构、电影语言等方面受西方电影的影响颇深,学习、模仿大卫·格里菲斯、约翰·福特、金·维多乃至恩斯特·刘别谦、查理·卓别林的影片时有出现。接触到苏联电影之后，中国电影也受到弗谢沃洛德·普多夫金、谢尔盖·爱森斯坦、亚历山大·杜甫仁科等人的影响。1949年以后，中国电影界派电影实习团赴苏联学习，聘苏联专家指导工作和任教，从体制管理、创作、艺术教育上照搬苏联的模式，虽然学到了许多理论知识和实践经验，但在吸收与借鉴外国电影艺术方面难免出现"一边倒"的现象。"文化大革命"时期，除上映少量朝鲜、阿尔巴尼亚影片外，中国电影曾一度与世界电影隔绝。1978年改革开放以后，中国再次对世界电影打开大门，电影工作者又接触到世界各国的影片和电影理论，从而开阔了视野。进入21世纪以后，中国电影进一步拓展与世界电影的交流和联系，吸收借鉴，推动了全球化空间下中国电影的新发展。

20世纪50年代末到70年代，中国电视在特定的我们的历史和文化环境以及以意识形态为主导的力量中诞生与发展，确立了中国电视区别于同时期其他国家和地区电视业的独特发展轨迹。改革开放后，在多元开放的社会思潮的影响下，中国电视进入全新的发展时期，实现了真正意义上的自主性增长，形成了一个专门、独立的社会文化领域。20世纪90年代，中国电视完成了从"事业"到"产业"的转变，并积极参与世界电视的进程，实现了向市场化、商业化的转型。21世纪以来，在全球化时代中，中国电视的发展与世界电视的进程更趋紧密，电视作为一种软实力的象征在全球化时代中提示着"中国声音"的在场。

无可否认，中国影视正处于科技与文化结合的前所未有的高速发展态势中，在肯定发展成绩的同时，我们应承认，中国影视面临着原创动力不足、过度依靠IP、人才队伍不够健全等问题。在全球化的语境中，新一轮科技浪潮席卷全球，机遇与挑战并存，中国影视应以更大的勇气与热忱，共同努力，吸收借鉴世界影视科学的积极成果，在纵向继承与横向吸收的交叉点上，积极奋进，擘画新的蓝图，实现中国影视新的腾飞。

何以为"大":大视听的四重逻辑*

当我们谈论视听时,我们在谈论什么?视听作为一个专业性的概念,因应自身变革和客观语境的发展调整自身的阐释要义。在广播电视的传统视野里,视听被认为是一种相对独立的媒介形式,从生产层面到传播层面再至接受层面有一套较为固定的制度和结构,通向某种特定的媒介表达。随着网络的崛起和技术的迅速发展,网络视听走入人们的生活,提示着新的视听维度的在场,传统的牢固结构被打破,新的生产、传播、接受系统开始建立起来。近年来,数字技术再次冲破了已有的结构,作为一种"元基底"张扬了具有变革性和想象力的全新可能,构建了视听层面的制度性转型和结构性升级。由此,基于技术逻辑存在的视听文化形成了新的媒介逻辑,制造了新的社会话语结构。尤其引人注意的是,这种全新的社会话语结构为产业逻辑里的加速迭代提供了无限空间,不同的视听业态在这一背景下呈现出"我中有你,你中有我"的新格局,大视听产业链成为可能。此外,作为一种新兴的视听生态革命,相关支持政策法规的及时出台将从治理逻辑上确保大视听的有序管理和高质量发展。

一、数字重构:大视听的技术逻辑

毫无疑问,我们所置身的"眼花缭乱"的当下以一种持续加强的丰富性、

---

* 本文原载于《中国电视》2024年第1期,与王婷合作。

交互性和快速变化为表征，改写着大众的日常生活方式，形塑着现在进行时的社会文化形态，而其背后发挥作用的正是数字技术。从数字介入到数字在场，再到数字重构，数字技术扮演着越来越重要的角色。作为基础性的力量，它是大视听得以构建的根本。

近年来，伴随着互联网、大数据、人工智能、区块链、云计算、5G、4K/8K、物联网等新技术的加速创新发展，数字技术浸润于视听生产、传播、消费等实践环节中。在传统广播电视层面，数字技术驱动下的广电生产是转型升级过程中的总体方向。比如，2022年北京冬奥会的速滑比赛转播采用了自主研发的超高速4K轨道摄像机系统"猎豹"，可以捕捉高速运动中的生动瞬间，实现对运动员的追赶、跟随，甚至超越。另如，2019年，由迪士尼制作的原创剧集《曼达洛人》（*The Mandalorian*）上线，虚拟制作技术引发了广泛关注。它运用的是一种虚拟场景与现实制作相结合的制片方式，其显著特性表现为将后期前置，制作思维从"在后期中解决"转向"在制作中解决"，予以视听生产更大的自由空间。2022年，河南卫视"中国节日"系列节目通过"5G+XR"，将舞台与虚拟场景特效结合在一起，呈现了一场集河南地域性历史文化元素与舞蹈、戏曲等艺术形式于一体的视听盛宴。

在数字技术的持续赋能下，网络视听文艺也在内容及形式上产生革新发展。首先是互动剧的开发与制作。2019年，爱奇艺推出互动剧《他的微笑》；次年，腾讯推出《拳拳四重奏》。这两部剧作为互动类作品的新尝试，以爱情为主题，通过互动的方式选择与操作，令观众感受到与"喜欢的人"恋爱的效果。2020年，《龙岭迷窟》的衍生互动剧《龙岭迷窟之最后的搬山道人》上线，让观众化身为鹧鸪哨开启新的探险之旅，该剧也受到观众一定的肯定。与此同时，优酷等网络视听平台也陆续入场，探索互动剧的新形态与新模式。其次是依赖新技术的"云演出"作为一种全新的视听内容生产模式，呈现着新的文化形态和消费模式。2022年，崔健的首场视频号线上演唱会"继续撒点野"、刘德华的抖音线上歌友会"把我唱给你听"、陈奕迅的"孤勇者"全球首场LIVE版……种类多样、主题多元的"云演出"在沉浸感、交互性和实时性中形成了新的消费场景和消费体验。值得指出的是，AI视频修复技术给予经典作品重生的"超"能力。2022年，微信视频号联合腾讯多媒体实验室、TME live共同推出了张国荣《热·情》演唱会，采取智能修复引擎技术使演唱会视听内容的分辨率提升了6倍。除此之外，在AI技术的诸多层次里，生成式AI为AIGC（人工智能生产内容）注入了新营养，扩延了媒介变革、交互范式与大众日常生活的边界。2022年，由游戏设计师杰森·艾伦（Jason Allen）使用Midjourney模型生成的AIGC绘画作品《太空歌剧院》在美国科罗拉多州举办的新型数字艺术家竞赛中获一等奖，成为首个获奖的AI生成艺术作品。

概而言之，数字技术是大视听成为可能的前置条件，并清晰标识着其自身变革进程中所具备的推动引擎功能。基于此，涉及媒介的知识难以化约到某类媒体的层次上，传统定义中的媒介面临着新的识别坐标，进而形成了大视听的媒介逻辑。

二、边界消失：大视听的媒介逻辑

所谓媒介，"就是将我们在社会经验世界中的技术面和意义面同时媒合中介；透过技术与意义的中介，个别的媒体装置与编制才成为可能，技术也才能与意义、论述、解释等相接触，而成为指向社会实践的结构性场域"[1]。在这个意义上，技术可供性发掘了具有解释力的理论维度。"可供性"（affordance）最早出现于詹姆斯·J.吉布森（James J.Gibson）的《视知觉生态论》（*The Ecological Approach to Visual Perception*）。该著作从生态学的角度阐释了它的含义，指出"一个具体环境的可供性，就是它为动物提供的东西，它准备或供应了什么，无论是好是坏……它在某种程度上涉及环境与动物两方面……它意味着动物与环境之间存在着互补性"[2]。21世纪初，可供性

---

[1] 吉见俊哉.媒介文化论：给媒介学习者的15讲［M］.苏硕斌，译.新北：群学出版有限公司，2009：3.

[2] GIBSON J J.The ecological approach to visual perception［M］.Boston：Houghton Mifflin Harcourt，1979：127.

被引入传播学领域,进入寻常生活的研究范畴。要强调的是,可供性提供了一种新的观察视角,它没有局限于"接受"与"拒绝"的二元对立,在指出技术的有效性的同时强调了人的主体性,以一种建构的方式指向了能动的重要性——"技术与社会文化实践共同演化,互相反馈……新兴技术暗示特定社会在特定时期赋予了它的技术意涵和人类事务的目的"[1]。换言之,技术并非媒介生态中的工具,而是一种流动的资源和动力,旨在"形塑新的文化地理学"[2]。在视听内容层次上,数字技术的可供性体现为一种"连接"的创造,通过新的内容生产、交换及交流方式来重新想象视听并塑造媒介生态机制,从而构建整体文化结构。由此,基于技术可供性,大视听不同于明确的、清晰的媒介生态中的产物,指涉一种具有超越性的媒介阐释。

"世界容纳进一个媒介"[3]是克劳斯·布鲁恩·延森(Klaus Bruhn Jensen)对媒介融合产生的构想。如今,在数字技术的加速进程中,这一构想似乎渐趋成形。数字技术广泛覆盖了人们的日常生活,犹如空气隐于无形之中,形塑了"媒介化生存"的基本样态。莫说作为传统媒介的电影、广播电视,即便是曾经被认为具有交互性的互联网媒介如今也逐渐成为一种复合性的媒介生态。也就是说,媒介的边界渐渐消失,打破了传统媒介格局里的单向线性结构,呈现为无数个点和点之间联结、交织、互渗的新秩序。

以短视频、网络直播、直播电商、有声书、播客等为代表的新的媒介生态促进了用户的强势崛起、持续在场。用户以相当的规模化、集群性彰显出其在视听文化中的话语力量,昭示了大视听中的权力框架。基于此,视听内容的生产机制发生变革,广义上的短视频、"二创"、Vlog、直播等UGC(用户生成内容)拥有越来越高的声量。要强调的是,这种机制并不是一个严密的闭环,而是一个开放性的结构,体现着共同参与、共同创作的典型特征。

---

[1] 孙凝翔,韩松."可供性":译名之辩与范式/概念之变[J].国际新闻界,2020,42(9):128.

[2] LOBATO R.Netflix nations: the geography of digital distribution[M].New York: University Press,2019:13.

[3] 延森.媒介融合:网络传播、大众传播和人际传播的三重维度[M].刘君,译.上海:复旦大学出版社,2012:86.

同时，新的生产方式、接受方式促进形成新的"观看"方式，并在"观看"中以"鬼畜"、弹幕、连线等形式再次被生产和接受。生产、接受和观看在开放性的结构中"我中有你，你中有我"，成为视听内容实践获得创新发展的全新依托。在这个过程中，正如约书亚·梅罗维茨（Joshua Meyrowitz）所指出的，人们交往的性质并不由物质本身决定，而取决于信息流动的模式。① 媒介消除了地域的界限和差距，建立起新的模式，形成了新的场景。同时，在大视听的媒介逻辑里，算法作为一种强大的中介力量，以区块链、大数据等为表征，对用户的媒介偏好、个人使用时间、运动轨迹等进行动态分析，用以建立用户模型、描绘用户画像，从而推送与用户个人特质更为契合的内容。由此，以数据为核心、算法为中介、场景为环境的大视听则指向加速迭代升级的产业逻辑。

三、加速迭代：大视听的产业逻辑

何以为"大"？基于技术逻辑和媒介逻辑而走向完善的产业逻辑揭示了大视听的核心要义。《2023年广电全媒体蓝皮书数据报告》显示，"大视听产业创新驱动发展态势明显，广播电视和网络视听核心层产业结构持续优化、稳定增长，实际创收收入首次超过万亿元，大视听产业外围层——'视听+'产业规模和边界不断扩大，逐步融入经济社会发展各领域各方面，形成另一个万亿级产业新版图，大视听产业正成为数字文化产业中最具显示度和增长性的新兴产业之一"。② 换言之，随着大视听产业的能见度越来越清晰，作为传统层面和核心层面的"广播电视+网络视听产业"已难以囊括大视听的所有内容并解释大视听的产业逻辑。"视听+"指向一种外围层面，正逐渐成为这一新兴产业的主要动能。

---

① 梅罗维茨.消失的地域：电子媒介对社会行为的影响［M］.肖志军，译.北京：清华大学出版社，2002：38-39.
②《2023年广电全媒体蓝皮书数据报告》：大视听产业实际创收收入首次超过万亿元［J］.全媒体探索，2023（6）：142.

在"视听+"的产业层次里,"视听+文旅"作为最具声量的探索方向,显现着视听内容与文化旅游之间的共生效应。其中,"拟态环境"的建构在这一共生效应中发挥了重要功用。2019年,根据小说改编的电视剧《长安十二时辰》在高收视和好口碑中获得普遍性关注。剧集的热播令大众将注意力与好奇心投向古都西安。该剧开播一周后,西安的旅游热度上涨超过20%。与此同时,作为国内首个沉浸式唐风文化生活街区,西安专门打造的"长安十二时辰主题街区"是视听内容与商业消费结合的典型例证,其以对唐风文化的高度还原和场景沉浸式体验而成为西安文旅的新标志。2022年,文化和旅游部公示了年度文化和旅游最佳创新成果,"长安十二时辰+大唐不夜城"唐文化全景展示创新实践位列其中。与《长安十二时辰》对唐文化的展示相似,2022年,古装剧《梦华录》的热播效应联动了宋韵文化的流行风潮。伴随剧集的"出圈",长沙推出了线下《梦华录》古风沉浸展。此展以《梦华录》为背景,复刻了剧中的大宋街市场景和市井文化的繁华,成为视听维度中"沉浸城市"的又一成功经验。同时,短视频、旅行视频日记、直播等视听形式一同深度参与了"视听+文旅"的产业逻辑,呈现了以视听带文旅的产业引擎价值。

"视听+助农"也是至关重要的一个方向。"东方甄选"在这个维度上凭借其知识型助农的直播形态而产生广泛影响。直播电商作为一种新兴的传播方式,拥有在场感、互动性、即时性等特点,通过内容的多重升级与用户建立"亲密感"和"信任感",进而形成某种品牌效应。不同于直播领域中常见的"流水型"带货模式,"东方甄选"的主播团队以幽默风趣的直播风格、带有知识文化营养的直播内容和专业的产品介绍而获得较大流量,显示了助农直播的新模式。针对助农的产业面向,综艺节目也在持续挖掘新的动能。2023年播出的劳作纪实互动真人秀《种地吧》成功"破圈",延伸了"视听+助农"的边界。作为一档以种地为主题的综艺节目,《种地吧》的特点是"劳作纪实",包含了农业科普、田园生活、个人成长等内容。这样的设定使其在一众热闹喧哗的综艺节目中显得尤其"慢热"。节目让10个年轻人用190天的时间在142亩土地上种出5万斤粮食,"真种地"的创意使得《种地吧》在

"真实"的基础架构中传递了最朴素、真挚的价值观念。更值得称道的是，节目以"长综艺+短直播"的形式拓展了"视听+助农"的新兴产业形态，于粮食安全、农业议题等关乎现实问题的人文关怀中有效结合商业探索，扩容了视听内容的商业化空间。

伴随着互联网的升级发展、社交媒体的日常化和内容营销的模式流变，以知识付费为表征的知识服务经济也进入"视听化"的新阶段。"视听+知识/教育"成为大视听产业逻辑中的重要一环。根据"艾媒咨询"（iiMedia Research）的相关数据，对知识付费行业而言，2020年至2022年是"变革的三年"，用户的付费求知习惯在这三年的时间中被逐步培育起来。2022年，中国知识付费市场规模达1126.5亿元，较2015年增长约70倍，预计2025年市场规模将达2808.8亿元。2022年的知识付费中，短视频类的付费学习人次占比75.7%，直播类、图文类付费内容则分别占比25.6%、22.0%。[1] 由此可见，有别于传统的图文形式，"视听+知识/教育"通过有趣、生动、直观的视听体验推动了知识经济的发展，正在以一种强势的姿态拓展着大视听产业领域。

另外，大视听的产业逻辑还涵盖了"视听+社交""视听+智慧医疗""视听+体育""视听+健身""视听+数据服务""视听+金融"等更多可能性和全新空间，体现着大视听的时代性、前瞻性和灵活性。比如，颇受关注的网络综艺《明星大侦探》掀起了年轻世代里的"推理热"。鉴于此，2021年，芒果TV推出线下实景推理馆M-City，高度还原了节目中的海报及其他标志性物品。实景推理馆建立了线上综艺节目与线下剧本杀结合的模式，召唤了其中的社交属性，也在网络流量中实现了商业性目的。总之，产业格局和产业生态正在依循着技术逻辑中的新特征、媒介逻辑中的新场景而不断扩展，在调适中更新、在更新中迭代，形成了良性发展的大视听产业链条。

---

[1] 艾媒咨询|2023年中国知识付费行业现况及发展前景报告［EB/OL］.（2023-03-27）［2023-01-02］. https://www.zgswcn.com/article/202303/20230327142822109 9.html .

四、政策保障：大视听的治理逻辑

何以为"大"？大视听产业链的高质量发展有赖于相关政策的支持和有关法律法规的规范，呈现了一种健全的综合治理逻辑。

首先，及时有效的国家政策为大视听提供发展规划和发展动能。2019年，国家广播电视总局印发《关于推动广播电视和网络视听产业高质量发展的意见》，就加快推动我国广播电视和网络视听产业高质量发展，从总体要求、加速升级新型产业体系、大力优化产业布局、大力完善市场体系、加强政策支撑五个方面提出了具体指导意见。① 文件的出台与新的发展思想和理念相一致，符合新时代发展的客观要求。2021年，国家广播电视总局发布《广播电视和网络视听"十四五"发展规划》，明确提出了"十四五"时期广播电视和网络视听发展的指导思想、基本原则和主要任务。② 一系列相关文件的出台从多个面向切实发挥规划统筹作用，在顶层设计中体现指导功能，为大视听生态的繁荣提供强大动能。

其次，相关产业指导为大视听产业链的高质量发展予以支持。《4K超高清电视节目制作技术实施指南（2020版）》《超高清视频标准体系建设指南（2020版）》《关于进一步加快推进高清超高清电视发展的意见》《全国广播电视和网络视听"十四五"人才发展规划》等指导文件出台，共同推动大视听产业链的迭代升级，为大视听产业链的高质量发展保驾护航。

最后，随着大视听产业格局的渐趋壮大，一些衍生问题也陆续出现。以正在强劲发展的直播、短视频领域为代表，主播虚假宣传、直播数据造假、数据安全等问题迫在眉睫。因此，完善相关的法律法规是大视听治理逻辑的应有之义。相关指导文件和法律法规的修订与发布从法律政策的高度，加强

---

① 总局印发《关于推动广播电视和网络视听产业高质量发展的意见》的通知［EB/OL］.（2019-08-19）［2023-01-02］.https: //www.nrta.gov.cn/art/2019/8/19/art_113_47132.html.
② 广播电视和网络视听"十四五"发展规划［EB/OL］.（2021-10-08）［2023-01-02］.http: //www.nrta.gov.cn/art/2021/10/8/art_113_58120.html.

了对网络直播行业的监督管理；将网络游戏、电竞赛事直播画面纳入受著作权法保护的"视听作品"范围，为网络游戏直播、电竞直播的规范合理提供了保障；进一步细化了网络短视频内容审核标准，对代表性问题，如"饭圈"乱象等进行针对性治理；在各个环节对未成年人网络服务作出更为细致明确的规定和指引，推进大视听产业格局健康有序发展。总之，大视听产业生态是一个流动变化的动态系统，正处于快速的创新发展阶段，因此行之有效的治理显得尤其必要。

结　语

从单向度的"广电中国"到多向度的"视听中国"，概念流变的背后关涉着技术逻辑、媒介逻辑、产业逻辑和治理逻辑的更新。它们共同拓展大视听的阐释疆界，持续释放新的能量、拓展新的空间、发挥新的优势、探索新的模式，推动大视听产业链的高质量发展。

新时代中国电视剧的文化逻辑、建构策略与价值选择*

新时代以来,中国电视剧日益在艺术追求与市场选择等对应关系中找到平衡点,能够在常态化稳定产出的同时,保持较好的品质和水准。面对新发展格局中可能出现的挑战与机遇,中国电视剧创作者要在面向现代化、面向世界、面向未来的社会主义文化要求下,思考并厘清自身的使命担当,明确价值选择。

一、新时代中国电视剧创作的逻辑前提

新时代中国电视剧要实现从高原向高峰迈进的目标,关键在于明确电视剧创作的预设前提与文化逻辑,这是保证新时代中国电视剧可持续发展的基础。

(一)开放的确定性趋势与"红色基因"

电视剧在中国经历了从无到有、从单一向多元形态拓展的发展历程,从多年来电视剧生产的态势来看,其文本内外的典型标识在于电视剧创作者对"红色基因"的体认和呈现。这种标识反映在两个维度:一方面表现为新时代文艺创作环境不断开放的确定性趋势下的电视剧景观;另一方面指电视剧在展现并挖掘中国故事时,对红色文化、红色精神和红色记忆的重现。在这样

---

* 本文原载于《中国电视》2023年第4期,与龚方怡合作。

的发展过程当中,"红色基因"既渗透于电视剧创作的文本,以明确的精神内容助推新时代电视剧艺术的发展,为其拓宽现代化的内容视野,亦外化于电视剧全产业链条,持续推动着中国电视剧向高峰迈进。

进入新时代以来,《觉醒年代》《跨过鸭绿江》《伟大的转折》《叛逆者》《百炼成钢》《理想照耀中国》等一批电视剧作品,以彰显红色精神为主旨,向世界传达中国共产党的理想信念与责任担当、中国人的家国情怀与优良品质。这批作品不仅在内容上重视对中国精神的演绎,它们的出现本身即代表了"红色基因"所形成的精神动力的自觉与自为。当然,这些作品并非含有教化意味的单面表述,而是带着思想的闪光,以具体的艺术形象为时代与文化作出注解。除此之外,当下的电视剧或网络剧作品,或多或少地都能彰显着一种"中国性"的价值品格和质朴之味,它们观照生活的各个方面,力图以贴近现实的人物或引人入胜的故事,激发观众以积极乐观的心态向美好未来迈进。"红色基因"与电视剧创作思维的结合都内化于具体电视剧作品,建构起作品含有中国性、时代性和精神性的逻辑前提。

(二)以人民为中心构筑情感链条

区别于其他艺术与文化形态,电视剧是一种特殊的艺术,自它在电视荧屏上发挥功能与影响开始,便迅速以家庭传播的方式,与广大观众紧密联系在一起。电视剧以性格化的人物、高浓度的情感和微妙的悬念反映真实、把握历史、演绎时代社会的生活百态,分集式的播出方式使其既能以涓涓细流般的笔法去书写人民的故事,又可利用分集和时长的优势来丰满故事余味、强化每集结尾的戏剧张力,持续引发受众的关注。

立足于新时代,中国电视剧愈加倾力于对人民的注目和关怀,以时代的、人民的真实状态构筑起艺术的情感链条。《鸡毛飞上天》《都挺好》《大江大河2》《装台》《山海情》《我在他乡挺好的》《乔家的儿女》《人世间》《县委大院》《风吹半夏》《警察荣誉》《幸福到万家》等一批优秀剧作,反映了新时代中国电视剧积极向现实生活取材的创作姿态。与过去相比,这些作品更关注各行各业普通人的日常生活,能深度挖掘奋斗在不同岗位上的劳动人民的精神面貌，捕捉他们的复杂性格，以鲜活丰满的角色形象讲述时代洪流中的人物命运；更关注人的精神世界和心灵世界，积极捕捉与描绘生活的琐碎，发掘中国人内心的一方天地，探索人之存在的精神内核；在人生的悲喜之中更注重表达精神的分量、品味生活的妙谛，以生动的笔触展示烟火人间，展现当代中国的社会伦理与家庭伦理观念，提炼正确的价值观和世界观，为构筑人类文明新形态寻觅方向；更注重对生命的书写和对智性、精神的攀缘，尤其聚焦于社会生活中的热点话题和现实困境，并以辩证客观的视角反映与洞察世态人情，进而激发观众省思。无疑，只有以人民为中心构筑情感链条，才能使电视剧作品"永葆青春"。

（三）回顾往昔：基于"共同体叙事"视角重现历史记忆

历史，为往昔岁月拂去尘埃，为现实人生带来镜鉴。蔡元培曾言："历史者，记载已往社会之现象，以垂示将来者也。"① 从时间坐标的纵向维度审视，历史的沿革必然伴随着文化语境和物理环境的改变，但是从事物发展过程的内在逻辑上看，历史与现实实质上已形成一条连续性的精神链条，其中体现着观念与思想的赓续。

为了不错过历史的回声、不漠视历史的精神，新时代中国电视剧更注重以"共同体叙事"的视角回顾往昔，通过重现历史记忆，召唤受众的共同体情结。《觉醒年代》《外交风云》《伟大的转折》《换了人间》等一批电视剧，基于开放的文化语境和现代的审美范式再现重大革命事件和重要历史人物，以厚重的精神力量感染观众。例如，《觉醒年代》用影像重现1915年到1921年波澜壮阔的历史风云，揭示了思想觉醒和理性召唤的必然，并从叙事与观看两个维度表现出建构共同体的自觉：在叙事方面，这部作品以文化救国和政治救国为主线，彰显出中华民族的精神共同体意识；在观看方面，这部作品为历史人物与现代观众搭建起一架精神沟通的桥梁，以具体的艺术形象勾连起历史文本与现实文本。

---

① 蔡元培. 中国人的修养 [M]. 上海：上海教育出版社，2018：164.

（四）在市场中探索多元类型

电视剧以艺术的方式反映历史真实和时代发展的新气象，表达生命的价值和精神的分量，联结起历史文本与现实文本，推动电视剧市场供给端和收视端双向驱动的互动态势，形成中国电视剧蕴含的文化逻辑的当下性。电视剧的产业化发展离不开市场。近年来，中国电视剧生产注重"减量提质"，推出了《庆余年》《对手》《琅琊榜》《三体》等带有鲜明类型化特色的作品，有效激发了市场活力，在播映过程中掀起了评论热潮，如《对手》以生活化的叙事方式处理国安主题，在破题角度上体现了新意；《三体》填补了国内科幻剧的空白，在还原原著的基础上，注重对悬念和氛围感的营造，拉近了观众与科幻世界的距离。此外，电视剧收获的播放量和评论，不仅能够用来检验一部作品的质量，还能以数据和舆论形态反哺创作，为电视剧供给侧结构的进一步调整和优化带来助益。从某种程度上来说，由需求牵引供给，仍是新时代中国电视剧提升创作质量和实现减量增效策略的重要逻辑前提。

二、电视剧行业转型升级的实践探索与建构策略

新时代以来，中国电视剧经历了一场行业转型升级的"破局"之旅。为进一步促进产业生态健康发展，以全局性眼光辩证看待电视剧创作突围的实践探索、关注电视剧赋形于产业结构的建构策略具有必要性与重要性。

（一）提质增效，酝酿精品

2022年，国家广播电视总局印发的《"十四五"中国电视剧发展规划》指出，应"加快构建新发展格局，繁荣创作生产，扩大精品供给，全面提质增效，推出更多思想精深、艺术精湛、制作精良的优秀电视剧"[1]。纵观新时代以来中国电视剧产业的发展态势，可以说其整体上秉持着"提质增效，酝酿精

---

[1] "十四五"中国电视剧发展规划［EB/OL］.（2022-02-10）［2023-03-23］.https：//www.gov.cn/zhengce/zhengceku/2022-02/10/5672956/files/ca79c55bdfa74bddbb3452b41344e0f2.pdf

品"的理念和策略。

由2012—2021年中国电视剧年产量数据（见表1）可知，电视剧产量自2012年起就处于收缩态势。这种持续"去产能"的举措在很大程度上矫正了电视剧市场资本溢出和结构性产能过剩衍生的不平衡现象，使市场主体能够集中资金投制优质剧作、提高资源的配置效率，从而确保电视剧市场的有效运行。尽管电视剧市场"减量"，但是电视剧的观看量并未受到波及，如电视剧收视比重由2017年的30.9%升至2021年的35.9%，[①] 充分表明电视剧的市场需求依然旺盛。电视剧市场在保持健康化运行的同时，以"优胜劣汰"的思路强化了"头部"内容的生产力，最大限度上达到提质增效的生产诉求。

表1 2012—2021年中国电视剧年产量统计表[②]

年份	2012	2013	2014	2015	2016	2017	2018	2019	2020	2021
电视剧年产量（部）	506	441	429	395	330	310	323	254	202	194

在题材划分上，新时代中国电视剧以现实题材为主，《人世间》《大山的女儿》《风吹半夏》等作品，以人物成长勾勒国家发展进程，播出后持续引发观众的关注和共鸣。《人世间》围绕周家三代人及邻里亲朋在"光字片"居民区的平凡生活展开，以现实笔触书写人生冷暖，通过展现宏大历史背景下的个体命运讲述中国人的伦理情义和生命态度；《警察荣誉》《向风而行》《理想之城》等行业剧，以主要角色的职业经历为切入点，对不同行业的职场图景进行了细致勾勒；《我在他乡挺好的》《幸福到万家》《风吹半夏》等作品通过书写当代女性的奋斗与成长，展现新时代中国女性的精神面貌和理想追求。在现实题材之外，历史题材、重大革命历史题材近年来亦佳作频出，与现实题材作品形成合力共舞的态势。

---

① 李红玲.2021年中国电视剧市场收播特征盘点［M］//崔保国，赵梅，丁迈，等.传媒蓝皮书：中国传媒产业发展报告（2022）.北京：社会科学文献出版社，2023：121.
② 数据来自国家统计局、国家广播电视总局。

同时，近年来，电视剧在深化主题、表现情感等方面也显现了更为多样的创作策略，如反映基层干部形象的电视剧《县委大院》，致力于破除"脸谱化"的人物塑造套路，并在保持戏剧性的同时直面社会问题，通过细腻的情节铺陈令观众体味基层县域治理的痛点和难点；《都挺好》《乔家的儿女》等电视剧，不仅将"家"作为叙事的中心意象，亦以家庭问题为切口，关注其潜在的伦理冲突和显在的社会痛点，并通过戏剧张力对不公平或不正常现象予以揭露……这些电视剧以艺术的形式洞察世事，以或严肃或戏谑或调侃的手法，对社会问题进行了不同程度的思考和审视。

（二）发挥传播的联动效应

随着移动互联网和数据算法的介入，新时代中国电视剧的传播路径也更为丰富。一方面，"台网联动"使电视剧新作能快速吸纳关注，引发线上线下的观看热潮和互动讨论，经典作品也能通过网络视频平台再次焕发生机、发挥长尾效应。另一方面，电视剧在国际传播数量增长和影响力提升方面，亦有不少建树。例如，2019年，国家广播电视总局承办"视听中国全球播映"活动，力图与海外观众"分享中国经济社会发展和中国人民不懈奋斗的精彩故事"[①]。近年来，"视听中国"展播活动相继在多个国家和地区成功举办，带动了国产电视剧"出海"的数量扩容，使《山海情》《在一起》《三十而已》等多部电视剧作品走出国门，提升了国剧的影响力。国内国外的传播联动正日益成为促进中国电视剧向上生长和对外交流的续航动力之源。

（三）加强网络评价体系建设

互联网时代的信息环境愈加开放，在信息多维流通和持续覆盖过程中，受众在信息传播平台上发布的观剧评论，日益成为电视剧舆论话语的重要组成部分。在网络舆论迅速更新和持续发酵的当下，观众在选择和确定观看一

---

① 总局举办"壮丽七十年 荧幕庆华诞"——"视听中国 全球播映"活动启动仪式［EB/OL］.（2019-08-27）［2023-03-22］.https: //www.nrta.gov.cn/art/2019/8/27/art_2079_47254.html

部新剧集之前,往往会先在各大网络评论平台寻找相关信息,对剧集的品质形成预设判断,这种新的剧集选择方式为电视剧的传播与观看带来更多可能性,也引发了新的思考。

例如,在互联网造就的"流动的"观看经验之下,通过网络这一虚拟世界发表言论时,由于参与者的来源掺杂了很多不确定因素,其言论是否具有可信性存疑。近年来网络"水军"刷分控评、扰乱网络评分机制的现象不时出现,也在一定程度上体现了加强舆论引领的必要性。笔者认为,要解决舆论话语的公正性和客观性问题,应当在加强网络环境监管的基础上,继续完善信息平台的评价机制和评价体系建设,发挥专业人士的示范引领作用。

三、新时代中国电视剧的使命自觉与价值提升

寻求新时代中国电视剧的使命自觉与价值提升,需要着重关注电视剧艺术本体及其生产流通机制,令电视剧在守正创新的路径上,面向现代化、面向世界、面向未来,持续展现活力。

(一)面向现代化:以现实之光照亮电视剧的发展方向

电视剧与现代化的关系可以从两个维度看待:其一,国家现代化进程是电视剧行业高质量发展的根本动力;其二,电视剧可以在题材、主题等方面深入展现国家的现代化进程。某种程度上来说,电视艺术与现代化构成了相互参照和彼此推进的关系。与之相应的,寻求电视剧的现代化方向,亦要从两个维度发力:首先,要以现实题材为抓手,通过对现实生活的观察和对现实人物的捕捉,继续在叙事内容层面强化创新性表现;其次,要基于国家的现代化进程,探寻电视剧发展的新契机。

《鸡毛飞上天》《安家》《风吹半夏》《警察荣誉》《人世间》《幸福到万家》等作品都显现了创作者将深入生活、扎根人民的创作自觉融入现实题材电视剧的努力。具体而言,新时代现实题材剧大致可分为两类:一类关注眼前的现实,如《安家》《警察荣誉》《三十而已》《小欢喜》《幸福到万家》等,从

日常生活入手，融入对社会热点问题的观察和思考，通过呈现城市与乡村人民的生活细节，表达世相的深度和厚度；另一类则以年代剧的形式刻画现代化进程背景下中国社会的发展变迁，如《鸡毛飞上天》《人世间》《风吹半夏》等作品，以带有历史感的讲述方式，通过描摹人物在行为逻辑和心理层面上的成长揭示大时代进程中的百姓生活。此外，现实题材剧要探寻发展的新契机，还应积极融入全球文化语境，一方面要参照海外主流的电视剧叙事形态，并将之融入本土化的中国式表达，继续探索中国现实题材剧独特的艺术风格；另一方面，现实题材剧也要在坚持中国精神内核的基础上，尝试满足不同国家和地区分众的文化和审美需求。

（二）面向世界：以品质赢得市场

新时代中国电视剧若想在世界范围内取得新的突破，需要在明确自身主体意识的基础上，拓展全球化的空间视野，形成更大的传播效应。波德里亚指出："消费是一个系统，它维护着符号秩序和组织完整，因此它既是一种道德（一种理想价值体系），也是一种沟通体系、一种交换结构。"[①] 由此理论延伸，伴随着生产与消费交换系统的生成，所有的生产者与消费者都被编织在一个完整的体系内，电视剧市场亦不例外。在全球化的空间视域下，通过保障电视剧的品质常量来对抗外在的不稳定因素，是推动中国电视剧高质量发展的一条可行路径。

第一，在"提质增效"的基础上继续提升优质剧集数量。近年来优质剧集的数量持续上涨，主题性电视剧的市场表现尤其亮眼。《觉醒年代》编剧在接受采访时说："谁说年轻人不爱看主旋律，不喜欢重大革命题材，不爱看历史剧？我反复检讨，是我低估了年轻人的政治鉴别力和艺术鉴赏力。"[②] 从《觉醒年代》到《山海情》，新时代以来越来越多的主题性剧集实现"破圈"传播，在国内国外皆获得不俗的反响，这种现象充分验证了电视剧的内在品质

---

① 波德里亚. 消费社会 [M]. 刘成富，全志钢，译. 南京：南京大学出版社，2000：68.
② 王嘉音. 如何用电视剧艺术宣传好党史：专访《觉醒年代》编剧龙平平 [J]. 中国广播影视，2022（1）：15.

仍是取得"市场密钥"的关键。

第二，让类型传播的划分依据更加清晰。目前，电视剧在类型划分上仍存在泛化问题，以各大视频网站对电视剧的类型划分为例，常见的分类有"古装""战争""谍战""言情""武侠""都市""农村""青春""偶像""穿越"等。这种划分方式本是为方便观众选择而设的，然而仅以"青春""偶像"与"言情"三类为例，在网站点击这三种类型之后，搜索结果重合度极高。这种类型划分不明确的问题，何尝不是对类型精准传播的障碍。因此，厘清类型传播的划分依据，明确区分"类型"与"题材"，既有利于电视剧创作者找准定位，又能规范电视剧传播的平台和渠道。

第三，在技术可供性的前提下，持续探索电视剧影像修辞及表意功能的艺术创新。进入数字时代，电视剧画面与声音的表现形式都得到了较大的改观，不仅在影像维度上能够给予观众更为舒适的观剧体验，在增强表意性上亦有了较大进展。例如，《大江大河》是中国第一部全程使用变形宽银幕镜头完成的电视剧，其摄影指导曾表示："变形宽银幕镜头所提供的信息量更大，对我们还原那个年代的氛围以及刻画细节有相当大的帮助。"[1] 当下，电视剧制作者愈加重视丰富电视剧影像修辞的表意功能，如《装台》《觉醒年代》《人世间》《风吹半夏》等电视剧，运用影像画面或展现秀丽的自然景观，或凸显故事背后的人文景观，或勾勒中国式现代化进程下的工业景观，有效烘托了故事的内容和氛围感，显示了电视剧创作者利用新技术制作精品的创作自觉。

第四，把握社会效益与商业效益的平衡。艺术性是保证电视剧专业水准的关键，思想性是衡量电视剧文化品质的标杆，在二者之外，商业性亦是电视剧生产不可回避之所在。作品品质并非仅仅指涉电视剧在某种单一维度有所突破，而是强调电视剧整体的艺术性、思想性和商业性的平衡关系。

---

[1] ARRI. 专访《大江大河》摄影指导雷鸣：中国首部全程使用MA拍摄的变形宽银幕电视剧[J]. 影视制作, 2019, 25 (1): 49.

（三）面向未来：电视剧艺术品质的观念自觉

从根本上讲，作品质量是保证电视剧生命力和传播力的关键。如何捍卫电视剧的艺术品质、使之形成电视剧创作和生产的观念自觉，进而助推电视剧的良性发展是创作者需要持续思考的问题。面对受众面极宽泛的观剧群体，电视剧制作者应当在明确剧作目标观众的基础上，有效把握内容生产。

其一，秉承文化责任意识，将中华文化的深层精神内核作用于电视剧创作中。影像呈现的文化符号往往显示了电视剧植根于何种精神，如在《山海情》中，李水花为了生活，用一辆破旧的木板车拉着年幼的女儿和残疾的丈夫前往金滩村，面对生命中的疾苦，她没有失去信心，也不愿屈服于命运，而是选择负重前行，显现了其坚毅、勇敢的精神底色。与《山海情》相近的还有《鸡毛飞上天》《装台》《人世间》《风吹半夏》《幸福到万家》等作品，通过书写普通人的生活经历，展现中国人刚健自强的奋斗精神和仁义至上的人生态度。某种程度上来说，正是中华文化精神滋养了电视剧创作者的心灵，众多带有独特审美取向和文化精神的作品才得以诞生。

其二，不断创新叙事，为电视剧创造更为耀眼的人物。近年来，观众对影像表意的理解力和审美力都逐渐加深，其审美期待的阈值亦得到提高。然而，当前尚有部分电视剧作品存在内容低幼化、逻辑牵强化和人物形象刻板化等问题。电视剧创作者唯有不断探索讲故事的能力和手法，在实现逻辑自洽的同时着力展现人物的深度，才能有效提升作品内容的合理性和艺术性，从而引发观众的情感共鸣。

其三，加强电视剧评价体系建设。评价体系是电视剧与大众联结的桥梁，一方面，受众群体通过评论介入对作品质量和影响力的评价，进而嵌入电视剧行业的结构；另一方面，电视剧通过评价体系获知批评声音，转而在剧集创作中生成新的思考和启发。只有立足于健康有序的评价体系，电视剧才能在融入现代审美意识的镜鉴的目光中，重新体认自身的艺术水平和观众的审美诉求。

其四，以类型叠加和内容创意持续激发市场活力。新时代电视剧已逐渐显露出类型叠加的创作趋向，但尚未形成系统的多元类型化特征。当下诸多同质化、同类型的电视剧作品难免使观众感到审美疲劳。因此，只有深化电视剧类型化探索，着力于开发内容创意，才能持续吸引观众的关注。

结　语

在一种多元开放的文化语境下直面现实社会和真实人生，是时代赋予电视艺术工作者的历史机遇，在多样化的创作中灌注时代性和精神性则构成了电视剧创作者的价值选择和使命担当。有学者认为："视频语言的崛起正在开辟信息时代的开放格局并将再造国际传播秩序。"[1] 面对新的格局，新时代中国电视剧行业如何凭借已有的基础设施和信息技术适应未来的种种挑战？创作者要如何在再现和反映现实的要求之下令观众产生惊异与欣喜，又应如何在探索并理解规律的基础上让作品具备创造力和感召力？或许，回答这样的问题，仍须回到新时代电视剧的内在性上来，以继承与发扬新时代中国电视剧的文化逻辑为基础，明确使命担当，通过讲述"中国故事"令人惊叹的多样性与观众建立起真诚、珍贵的情感链条，进而提升新时代中国电视剧的品质、精神和底蕴。

---

[1] 廖祥忠.视频天下：语言革命与国际传播秩序再造［J］.现代传播（中国传媒大学学报），2022，44（1）：1.

想象力重构：粤港澳地区影视的历史认知与创新路径*

关于粤港澳影视发展，之前已经有很多人做过深入的分析。这里结合史料，分享一些个人理解上的困惑和相关的思考。

一、路向与"影魂"

粤港澳大湾区影视在深度的文化中同声同气、引起共鸣的重要元素、方式与路向是什么，这是笔者首先想提出来讨论和思考的议题。

涵盖粤港澳影视发展的粤港澳大湾区发展，其目标、布局、定位越来越引发大家的兴趣。细细推敲，粤港澳影视的推进遮蔽了更需要重视的方面，即忽视了区域一体化进程中影视对制度、文化、经济发展等各方面进行诠释存在的差异，以及由此造成的互动上的障碍与隔阂。所以，挖掘和把握城市圈区域合作与互动的平衡点，找到更加重要的内在价值认同和联结，从而成为促进粤港澳大湾区影视一体化发展的重要支撑，是一个关键。

对一些史料进行阅读、梳理、分析、考辨后，笔者感觉，贯穿其中的影视创作者自身的主观态度和精神状态格外重要。回顾粤港澳影视的发展历程，从源头上，大家都会提及几次电影人"南下"和"南来心态"的浸入，但是追究细节，把微观的历史弄清楚，就会发现，当年从上海到香港这样的"双

---

* 本文原载于《广州大学学报》2021 年第 1 期。

城"电影人的"南下",除了战争等非电影环境因素,实际上是"南进"。这个"南进"的说法,源于当年的报刊。

《银色》1940年第1期刊载有《今日的邵醉翁》一文。文章说邵醉翁在上海的摄影场相当小,"邵醉翁在上海是失败了,可是他的头脑并不失败"。他认为南洋是中国电影的最好市场,因此就有了开拓南洋包括香港市场的决心。天一影片公司在上海逐渐不怎么拍电影了,将大部分的人力移向香港,文章中说:"这是他南进的先声。"

笔者想说的是,这种"南进",不是一两个孤零零的时刻,而是经常发生,甚至是贯穿一个长时段的始末的;这二十年来中国电影产业化过程中香港电影的"北上",实际上也是"北进",这是北进的路向上的成功。

无论是"南进""南下",还是"北进""北上",贯穿其中的首先是一种主动性、进取性、职业性、平等性的主观态度,是一种定位,一种深度文化中的重要元素与方式;其次是不断进击、努力拼搏、励精图治的精神状态,具有一种以生猛鲜活的姿态去努力拓展电影的生存和创作空间的欲求与路向;最后是重视电影在商业上的可持续发展,努力提升电影的艺术价值,把现代元素置于电影中,将它视为基本的使命乃至终极性的追求。

这样的华南电影精神、南国"影魂"和民族精神有着本质联系。鲁迅先生曾在其《华盖集续编》的《学界的三魂》中说:"惟有民魂是值得宝贵的,惟有他发扬起来,中国人才有真进步。"勇挑重担,积极平衡电影商业价值和艺术价值的关系,努力理解与把握中西方文化思想和审美意识的不同维度,找寻契合自己民族本源的审美范畴与电影工业发展,成为愈趋强烈的共同诉求。

运用粤港澳影视发展的宝贵历史经验,观察和思考它的意义如何在当下和未来被进一步创造、维系,更具有路向性、肌理性的作用与影响。这样不无时代感与现代性的"民魂""影魂",应被看作当下粤港澳影视积极构建开放型合作机制过程中民族影视上升的驱动标志。

二、"文本"、区域与传统

粤港澳影视作为"文本",它的意义和文化背景与历史想象力的运用乃至重构有着独特而深层的互动性联系。

影视文本及其意义,作为文化软实力的重要组成部分,是协调区域发展、联通异质性互动的引擎,其内核是依赖大湾区都市圈文化同根同源的文化背景,包括规则、价值观和人文地理、文化生活等,这决定了粤港澳影视是作为一种独特的智慧传承而存在的。

在这样的方向上,面对与日俱增的年轻观众群,运用并重构历史想象力,以揭示更多维的文本意义,就能看到:粤港澳影视在开放性的互动中,能否让越来越多的人产生共鸣以满足其影视消费乃至精神文化上的更大需求,是一个重要而普遍的问题。

粤港澳大湾区最早的影视互动,可以追溯到1914年黎民伟以华美影片公司的名义,与亚细亚公司合作拍摄影片《庄子试妻》。该片是第一部香港出品的电影,它还被布拉斯基拿到美国去放映,是香港电影最早"走出去"的作品。1921年,黎民伟与黎北海在香港创办新世界戏院,两年后,两人在香港铜锣湾创办了民新制造影画片公司。20世纪三四十年代,上海电影人与资本南迁("南进"),使香港电影得到迅速发展,粤语电影得以恢复与重建。在香港电影业此后的发展中,粤语与国语两种语言的电影在有序中并存,形成了一种融汇开放性、多元性和创新性的独特电影文化。改革开放以来,广东凭借地理位置的优势与迅速接受、模仿、学习新事物的能力,创造了一个个经济神话。有充足的资金才能发展影视,在经济的不断发展中,广东影视的创作方向也越来越清晰,先后创作了《雅马哈渔档》《特区打工妹》《外来妹》《情满珠江》等优秀的影视作品。目前影视中的"广东制造"依然有其固有优势,特别是"喜羊羊""熊出没""猪猪侠"等系列动漫,让粤派影视以更年轻的形象出现在大众视野中。它的特点是综合性地保留了上海电影等内地电影的因素,又凸显了粤港电影的因缘;它兼容多重立场,又反映了影视技术、艺术和大众性融合的特质。

这种互动性和兼容性及其运用所取得的成功，值得肯定和认同。但笔者还想讨论和补充的是：从历史到当下，包括自从进入有声片时代，香港电影工业以粤语片的制片数量飞速增长为标志迅速崛起，制片业进入规模化发展阶段，从中能看到区域电影观众、语言部分地转化为现实的力量。

20世纪30年代初，相较于美国、日本，中国电影由无声到有声，走过了更长的转型之路。上面说到的天一影片公司的邵醉翁，当年"不顾艰难，决意进行"有声电影拍摄，他派仁枚去当时已经有有声电影的日本考察，"不惜巨金"，拍出了有声片《歌场春色》。但是，国语有声片在广州、香港、南洋的发行并不顺利。在广东一带，国语有声片不易通行，而拍粤语有声片有比较大的商业甜头，观众观看比较踊跃。天一影片公司拍摄的《追求》《白金龙》等，可看作其最初的尝试，且都非常成功。与在上海受到冷遇不同，《白金龙》1933年在香港公映时，获得了轰动效应，放映期长达一个月，观众观看多达10万人次，票房收入也超过10万港元。

1937年，整个天一影片公司索性全部迁往香港，并改名为以拍摄粤语片为主的"南洋影片公司"。但是，仅仅从语言和市场理解粤港澳影视在后来的发展，当然还是显得有些片面。对于粤港澳影视的发展来说，社会环境变化有时会成为一种考验。素有"东方好莱坞"之称的香港电影业在技术方面的经验自不必说，粤港澳影视有着深厚的传统。随着社会转型与大众审美的变化，香港、广东影视渐渐呈现它们的问题，如创作题材固化、人物塑造陈旧、叙事手法单一等，因此受到质疑。粤港澳影视受"一国两制""三地关税"的影响，凭借传统优势和区域特点，有互补性与天然的合作优势，但很多时候，环境逼使它们"向内观照自己"，向外去获取他者眼光的肯定。它最终获得什么意义是经他者眼光，由文化和观念决定的。

粤港澳影视和其他地区的文化、电影电视相比，有时候立场、态度、选择更多样，虽然无法自洽，但都有实用的考虑，从文化地理、历史和当下发展来看，如何得到充分的展示，其发展怎样依托岭南、广府文化，发挥原有优势，在市场结构创新升级、区域一体化上如何进行新探索，面临很多选择。

从总体上讲，笔者希望发展出一种推动大湾区影视协同发展的绝对的粤港澳影视传统，想见到其开创新天地。

三、"北进"与国际化：对身份位置的追寻

为促进内地与香港的共同繁荣，2003年6月，《内地与香港建立更紧密经贸关系的安排》（Closer Economic Partnership Arrangement，CEPA）协议签署。国家予以电影政策倾斜扶持，对合拍片和香港电影的扶持力度很大，为香港影人与港片"北上""北进"提供了宽广的空间，"北进"被视为香港电影重获新生的主要途径。有人认为，经过"北进"，香港与内地电影业实现了更为广泛的融合，广东作为"北进"的第一站，在地缘上、文化上都得天独厚。目前已有多家从事电影放映业务的香港合资、独资公司在广东开设影院（影城），粤港澳三地电影合拍也有不少成功的案例。但是，在"大文化产业"概念下，在中国内地"市场"的影响之下，在北京作为人文中心、国际影视之都并得到不断建设的情况下，仅仅让粤港内循环，在大湾区内将广东作为香港影视"北进"的第一站或桥梁，就是再怎样全力发展影视业，进行政策扶持和产业基金投资，鼓励影视企业和机构落户粤港澳地区，支持影视活动的开展，也显然是一种皮相之见。

在新的环境下，新一轮的"北进"还是要透过电影电视寻找意义，在国际化和他者化的美学观念、制作理念相互碰撞、渗透中，创造新的火花，增进文化认知与情感共鸣，实现新的突破。

大湾区在地理位置上确实享有独特的优越性，背靠内陆，对外辐射范围广，海陆空已形成便捷的交通网。粤港澳大湾区所处的区位优势赋予了影视产业丰富的题材资源，华侨、农村、改革等题材方面都有可以深挖的故事和人物，还可以依赖以腾讯、华为为代表的一批高科技公司的崛起，这些都是属于粤港澳大湾区的独特优势，是其他地区无法比拟、更不具备的。

高新技术产业、IT等的发展，粤港澳三地技术发展的协同创新，给影视作品带来了更新的传播方式。粤港澳大湾区建立了天安人工智能、酷派天安

云谷等科技园区，借助技术为园区内数媒、动漫、影视等产业搭建的文化科技服务和信息资源共享平台，延伸至影视产业链，打造优秀的影视产业形态。在现有基础上建立新的集内容创作、宣发放映、衍生品、影视旅游等于一体的技术体系，离不开技术与艺术人才的培养与吸纳。粤港影视业拥有相对成熟的电影工业体系、电影工业美学，尤其是在类型片的制作方面，如武侠片、警匪片、戏曲片、黑帮片、文艺片等，应当在面向中国巨大市场的基础上被延续和保持。笔者在今年北京大学生电影节上参加推荐影片评选时最强烈的感受是，区域电影生产、创作在国产片与国内市场中更灵活，流动的便捷和优化日渐增强，《扫毒2》《沉默的证人》《廉政风云》这样的港式类型商业电影，注重电影的节奏、美学和风格，还是最打眼。

在新的时代环境下，粤港澳大湾区的影视创作，要确立新时代的标准，发展出一种如前所述的寻求现代化的绝对的粤港澳影视传统，这种标准和传统，是以更加开放的视角，在制作具有粤港澳特点的影视作品时，积极鼓励人们去追求更为坚定的信念：作为新时代发展的前沿阵地，利用好粤港澳大湾区自身的资源优势，深化交流协同，构建以中华文化、多元文化共存的粤港澳影视共同体，更新影视产业的现代版图。找寻三地之间的普遍性，以国际视野与他者眼光挖掘区域特色，增强区位意识，仍需凸显影视与时代进程的同步性，避免过度地方化。2019年2月18日，《粤港澳大湾区发展规划纲要》出台，标志着国家推动粤港澳影视的战略进入落地和践行阶段。我们应该借助粤港澳大湾区一体化发展的机遇，充分发挥市场在电影工业中的重要作用，利用好政策红利予以的扶持，同时，将电影市场拓展至东南亚和东亚，推动影视产业的转型升级，坚持追求影视艺术中某些比区域偏好更为普遍的东西的信念，勇于创新，敢为人先。

改革开放 30 年中国电视剧的自我特征及其价值选择[*]

改革开放以来的电视剧的内容与形式、艺术与商业以及新世纪中国电视剧的价值转向、社会空间所扮演的能动参与的角色，反映了变化的动态，不只是电视艺术与产业文化发展的产物，而且是 30 年不断开放的社会的产物。

一、电视剧艺术观念的主体性自觉

1978 年，中国走上了一条以经济建设为中心，同经济全球化相联系而不是相脱离的改革的路程。十一届三中全会召开后，思想解放之风吹遍神州，电视迎来大发展的时期。中国电视在 20 世纪 70 年代末、80 年代初开始出现重要变化。这些变化和做法包括电视文艺专栏与春节文艺晚会的应时而生，各色各样的电视文艺专栏节目的出现，如中央电视台的《周末文艺》《外国文艺》、北京电视台的《大观园》等；央视春节联欢晚会则凸显了主导地位和极强的形式特征，从 1983 年开始，其影响力与日俱增。中国电视剧介入电视荧屏，成为以家庭传播方式为主的一种崭新的综合艺术样式，持续地抓住国人的眼球，成为中国电视发展速度最快、影响力及成就最大的重要标志。20 世纪 70 年代末、80 年代初，电视剧编创人员拍摄制作出一批饱蘸着时代色彩

---

[*] 本文原载于《中国电视》2008 年第 12 期。

和审美追求的电视剧精品,如《寻找回来的世界》;同时异军突起,开始进行一些类型化的尝试,如惊险剧《敌营十八年》,当时是"仓促上阵",拍摄环境之简陋现在很难想象。王扶林在回忆他执导的我国第一部电视连续剧《敌营十八年》的紧迫状况时曾说:"摄制组为了春节播出这部电视剧,几乎被时间牵着鼻子走,腾不出工夫对剧本所反映的历史背景作必要的研究,连案头工作以及广泛吸取对剧本的意见等这些必不可少的环节都被挤掉了。现在回顾拍摄中的一些情况,是很可笑的。主角江波的国民党军装,没有时间特制,只能借,借不到裤子,只能将人物的全身镜头改为半身镜头。领子太小,系不上风纪扣,国民党少将高参居然整场戏敞着领子;帽子太小,就拿在手里,作戴帽状;八个匪兵,只借到两条裤子,于是,让有裤子穿的匪兵在前景,用他们的身体挡住后景没有军裤的另外六个兵的下半身,可谓煞费苦心。"值得注意的是,20世纪80年代的文学名著电视剧改编,获得格外的成功,并形成一种带有不同意义的共鸣。对于中国电视剧艺术来说,20世纪80年代毫无疑问是一个文学作品改编的年代,《红楼梦》这样的经典名著自不待言,但凡是能在社会上引起轰动效应、激起广泛共鸣的文学作品,包括报告文学,都很快会被改编为电视剧。这一时期文学名著的电视剧改编取得了比较高的成就。像结构严谨、雍容典雅的《红楼梦》,气势恢宏、体例庞大的《三国演义》,以及《西游记》《四世同堂》《围城》等。

和新时期以来的文学、美术、音乐等艺术形式的跨越式发展相比,电视剧艺术是一个开拓者。1979年,中央电视台先后播出了译制片《巧入敌后》(电视剧,南斯拉夫)、《我们的过去》(故事片,菲律宾)和《红与黑》(故事片,法国)。1980年,美国大型科幻系列片《大西洋底来的人》在屏幕上与中国观众相遇,掀起一股热潮。同年10月,《加里森敢死队》播出,再次掀起收视高潮。此后,日本电视剧《姿三四郎》《血疑》《排球女将》、香港电视连续剧《霍元甲》等相继与观众见面。这是中国电视历史上引进剧兴起的第一个高潮。这在一方面增强了电视剧作为媒介的影响力,引导人们重视电视剧传播的特性,另一方面让电视剧获得了前所未有的话语主体位置,取得了巨大的进步。电视剧采用类似中国小说章回结构的"话说"方式,故事、视觉等形式新颖，收视情况相当不错，故事性及其情感、思想不必用言语叙述，而是被自然地通过类型化方式表现、理解、传播。当时不少电视剧收视率达到40%甚至50%，创造了其他电视节目难以企及的收视高峰。电视剧自身存在及其成长构成了它所发挥的社会作用的起点，为中国电视走向成熟和繁荣奠定了基础。

二、消费主义与当代电视剧的根本性改变

当然，电视剧如果要达到一个实质性的成果，就必须在一个坚定的充满主体意识与社会性的真实空间的框架下进行，而很明显，市场的作用随着消费社会的出现越来越显出必要性与影响力。

电视事业发展之快超乎想象。虽然电视剧并不仅仅是技术发展或工业生产的产品，但在电视商业化的浪潮中，流水线式的工业生产体制被逐步确立，作为一种并非单一化的媒体制作，电视剧要有观众，要有收视率，就一定要有广告，要有观看等消费、市场行为。消费、广告能带给我们资源，没有资源就不能制作出好的剧目。当然，电视剧从业与创作人员也要有一定的意图与责任，不然电视剧的存在就是有问题甚至是没有意义的，至于如何按照市场规律以工业化的方式去生产与制作，应对商业主义的多样化生存，寻求体制本身的突破，就要靠把我们连接起来的一股充沛的热情，靠创意和朝气蓬勃的活力。第一，我们看到，电视叙事的世俗神话挑战了传统审美视野。20世纪90年代中国电视剧创作整体上进入了成熟期，初步具备了产业化的人员和资源储备。从《敌营十八年》（1980）到《渴望》（1990），整整十年，中国电视剧通俗化之路至此才算踏上通畅的大道。《渴望》的"一飞冲天"并非对某一特殊样式或风格的"奖励"，而是中国电视产业文化起步、发展使然的。《渴望》带来收视狂潮的同时，引发了社会各界的广泛关注与讨论。此后，《编辑部的故事》《爱你没商量》《北京人在纽约》等大批通俗化的电视剧牢牢占据了电视收视的黄金时段。第二，电视历史戏说剧"横空出世"，《宰相刘罗锅》《康熙微服私访记》《铁齿铜牙纪晓岚》《还珠格格》接连不断地掀起电

视收视热潮。而且,电视历史剧的"戏说化"和电视历史戏说剧的正剧化,同样获得新的合法性,赢得巨大的成功。第三,电视剧制作题材日益多样化,革命历史题材电视剧、军事题材电视剧、公安/侦破题材电视剧、家庭伦理电视剧、都市言情剧与青春浪漫剧、农村题材电视剧,充满无限的扩张性,吸引着观众的目光,为之提供了一种持续不断的感情消费。此外,情景喜剧方兴未艾,受到女性观众的力捧。"青春偶像剧"以青少年为主要对象,总是由正在走红的青年演员担纲主演,讲述的永远是缠绵曲折的爱情故事,从不同的角度为观众制作美丽的谎言。当然,电视剧创作起起落落,在商业化潮流的推动下,媚俗的倾向有愈来愈严重之势,而内容教化倾向迅速蔓延和同质化竞争也是问题所在。如何净化市场环境,适应中国经济改革进程,引进新思想、新观念,并进而提供更具特点与原创性的、有个性魅力的作品,对追踪时代的步伐、走向未来的电视剧工作者来说是一个挑战。

三、中国与世界:寻求当代电视剧产业文化健康发展

自 2000 年开始,《空镜子》《士兵突击》《有泪尽情流》《浪漫的事》《家有九凤》《亲情树》《香樟树》《亲兄热弟》等剧,大有越来越流行之势,每播放一部都引起广大观众的热烈响应。名不见经传的许三多,在全国刮起一股"快乐"旋风。人们分明看到了久违了的、变得有些陌生了的"崇高精神"。正如该剧的导演康洪雷所解释的,《士兵突击》之所以能取得成功,那是因为"许三多像一面镜子,经常照耀着我们那些不能说的东西,照耀着我们身上每个人跟内心相悖的东西"。观看这样的电视剧,给人一种悲喜交集的情感。社会的进步非常明显,中国和以往已经非常不一样,变得大不相同了。中国和世界形成了一个持续互相依存的结构和关系,大家对彼此的差异逐渐能够宽容、欢迎,人们各居一隅或随处混居,公共空间变得比较大比较开阔,而与世界的关系衬托出社会和时代的精神。改革开放 30 年来电视剧的发展,就是在这样的特定的历史性的甚至是世界性的变化的语境中生长与发展起来的。

改革开放之初,封闭的社会的壁障是显而易见的,尽管人们直面的是一种交流的形式。德国哲学家叔本华在说到自己朋友很少,与人交流、交谈也不期待回应时,曾这样说:"有时我同男人或女人谈话就像小女孩同她的玩偶说话一样。她当然知道娃娃听不懂她的话,但是她有意自欺来创造一种交流之乐。"①电视剧在改革开放初期的境况和这位一味沉湎于思考、将自己的一生"视为一段无用之插页"的哲学家所说的非常相似。但是,外部环境的变化有时几乎是不期而至的,就像龙卷风。中国的改革开放给世界带来了重要的影响。中国跟国际接轨,电视在其中扮演了重要的角色。2001年7月13日,通过卫星传送,中国的电视观众在电视机前同步收看了国际奥委会在莫斯科宣布北京获得2008年奥运会主办权的现场。电视全球化与经济全球化、新媒体时代同步到来,为中国的改革开放提供了新的契机。有人说,在21世纪,一个国家是否伟大主要由其在开放和自由社会中自然达到的技术和经济发展水平决定。据说,在新媒体时代,数字世界每年产生的信息量是有史以来所有书籍所包含的信息量的300万倍!数字与互联网的技术发展,新媒体市场的快速发展,必然造成包括电视在内的跨媒体整合。电视剧如何吸引年轻观众,是一个需要长期探讨的问题。互联网拯救了平面媒体,但是电视媒体的功能不会被取代。成功实现大众传播的媒体,就是一个成功的媒体,电视就是这样一个媒体,当然,对于电视媒体来说,变革创新也是非常必要的。对媒体的多种介质的传播来说,媒体品牌整合是非常重要的。年轻观众开始被新兴媒体分流,但他们并没有脱离电视,没有离开他们钟爱的电视剧,只是他们更多地通过移动设备,通过互联网、电脑、iPad或者其他数字设备来观看电视及电视剧。电视传媒整合发展,对当代中国电视剧而言具有重要的意义,会给电视剧集的制作生产及传播带来更具潜力的机会。

但是,此时的电视剧创作,尤其是电视剧产业文化主体还没有发展成熟,存在着不少的问题。第一,主流的电视剧应该形成不同的制作类型和创作方式,电视剧不能谋求成为一个覆盖一切的综合形式,应随着受众的要求更细

---

① 德波顿.哲学的慰藉[M].资中筠,译.上海:上海译文出版社,2004:193.

分化，更具目标感。做电视剧不是为了被这个社会同化，而是希望能够去改变甚至是提升这个社会甚至世界。第二，电视剧工作者作为现代传媒人，应该懂得承担责任，市场主流电视剧的生产在人才资源优势上特别有利，也应该以特别负责任的导向与态度，给中国电视业带来自由发挥的绿色环境与洁净空气。第三，电视剧整合应该追求最高的目标，电视剧对自身的反思可以使它真正从种种困扰中得到解放。电视剧创作对自身的认识、摸索与反思，有几个具体的特点：一是与时代互动，在理性地持有的某些思想的基础上建构；二是由封闭转向开放，应该强化有效性和科学性；三是深化改革，多类型、样式融合、整合，真正成为健康、"环保"、资源配置合理的新空间诗学的建构者。总之，电视剧的发展是在理智的控制之下的，对民族文化、现代文化的一种建构。中国电视剧具有传统性、累积性，通过现代思想的撞击和艺术技术的融合，电视行业会找到既适合本土大众品位又兼具走向世界与发展的规范的内容、形式及规律。

无疑，电视剧具有通俗性与可视性，充分实现着电视媒介的大众化传播功能，而中国电视剧的长期强劲发展的直接原因，是中国以经济改革为中心的政治原则，电视作为一种影响空前巨大的现代媒介，始终是社会、政治、文化、经济生活中的焦点之一，受到全社会的高度重视。其深层原因是全球性的文明的发展使全球性话语的理想空间和电视剧产业文化的发展战略性地融合了，不仅成为独特的集体经验之汇集，而且牵涉到对不同特质的不断阐释和再阐释。电视剧创作在很大程度上是一种人为建构的历史、社会、文化乃至产业的过程，反映着社会的不同个体和机构机制的竞赛与创新。我们需要进一步履行电视剧创作者的责任，要发展电视剧的现代艺术与精神的影响力，提升高屋建瓴的反思的能力，我们甚至需要通过培养"为电视剧而电视剧"这一理念而改变电视剧本身。

30年间，中国电视剧的自我特征呈现了一个不断裂变的轨迹，当代电视剧的价值选择带有从转型倾向、市场倾向到当代倾向不断发展变化的特征，从电视剧创作者、电视观众到政府决策部门，从真实空间呈现、电视剧多样化叙事到全球性理想空间拓展，诸多力量合力塑造了中国电视剧艺术与文化的流变。中国电视剧有着广阔的市场空间，要想引领潮流，在新的起点上进一步开放、兼收并蓄，通过发挥比较优势创造自己的未来，选择、改革与发展仍然是一项明智之举。

参与性·屏幕诗篇·叙述美学*
——电视文学的美学特征

电视文学,既使用电视语言,又使用艺术语言发掘、展示世界的审美价值。电视文学的对象虽不是直线式的、漫无边际的,但它一直在不断地扩大着、拓展着。电视已经进入千家万户,成为人们日常生活与精神生活的重要组成部分;电视文学也越来越广泛地包括了自然现象、社会现象、各种社会变革、运动、个人的精神生活及其情感世界等诸多层面。在电视文学的创作过程中,电视文学创作者通过一系列的现代技术手段和丰富的审美感知能力,或生动地刻画情节,或平静地叙述事件,或抒情地展开人物的内心世界,或形式化地勾勒场景来处理这些丰富的材料。电视文学,作为现实生活的第二重审美感知空间,显示了越来越大的优越性。

电视文学在审美上的这种丰富性、优越性,表现在它所具有的多重美学特征上。现分述如下。

一、参与性与观众学

无疑,我们首先应该从接受美学与观众反应的角度对电视文学的美学特征进行考察。

按照接受美学的观点,文学文本是作品与读者(观众)相互作用生成的;

---

* 本文原载于《艺术研究》1993年第1辑。

根本没有独立、绝对孤立、离开读者、观众的文学文本；文学文本不过是文学效应史中永无止境的显现。不消说，电视文学作为一种具象化的艺术，自它诞生之日起，就离不开与它生死攸关的观众。当电视文学伴随成千上万的电视机进入千家万户的时候，它就无可避免自然而然地成了"家庭影院""家庭剧场""家庭俱乐部"的主角。观众中心主义由此产生，观众的反应、接受、创造等种种参与性，成了电视文学美学重要的也是基本的特征之一。

显然，电视文学是一种观众的艺术。电视文学的意义是观众从本文中发掘出来的；电视文学作品在未被观众"看"之前，是不存在什么意义的；电视文学在未经读者参与、观看、理解、接受之前，有许多空白或未定点，只有经过观众参与，这些空白才能得到填充。总之，电视文学作品的意义不是文本固有的，而是从观众接受与参与的具体化活动中生成的。强调观众的能动作用，强调观众观看的主动性、创造性，强调接受的主体性，实际上是在强调大众人道主义的觉醒；把电视文学"生产"从某些个人手中解放出来，这不仅是一种理性自觉，更是现代社会生活所标示的电视文化学的价值趋向与逻辑必然。

电视文学的这种美学特征，已经成为越来越多的电视文学工作者们的自觉。近年来颇有成就的优秀电视导演张绍林在拍摄电视剧《太阳从这里升起》的时候，就特别注意把形象造型的象征性对比与模糊化、多义化作为自己的美学追求的重心。这部作品里多次出现残破的烽火台，如晨曦初露时的烽火台，薄暮黄昏中的烽火台，溶溶月色中的烽火台等，都给人以丰富的联想，为广大观众的参与和接受留下了创造的空间。再如，青年导演孙周的《今夜有暴风雪》也是这样。在特写镜头的大量运用上，在以局部显现整体的镜头设计中，在大量艺术"空白"的布置、创设里，都寄寓了创作者在美学追求上的自觉与意识。孙周在他的《电视连续剧〈今夜有暴风雪〉创作谈》中这样写道：

> 电视，因其视听空间的无限自由（无纪律性），较之电影视听空间的纪律性（无自由），明显处于劣势。要建立主题多义所

必要的意境无疑有一定的难度。根据几年来对两种视听空间的不同心理差异的探索，在《今》剧的创作中我注重了"反馈"。也就是调动观众参与创作，使观众在审美体验中动脑子思索，从而建立电视视听空间所缺少的纪律，使观众完成自我强制的过程。

这里虽然在表述上有待规范与明晰，但是作者的意思是清楚的，他所强调的电视文学创作中的观众接受与参与的重要作用和价值意义，是值得人们重视与深入思考的。

毕竟，电视文学总是要被看到、被参与的。因此，重要的确实是要有"张绍林""孙周"们的自觉，这能使观众进入情境，使观众留在电视机前观看并接受特定而具体的电视文学文本。如果你在进行电视文学创作时，头脑里一点没有观众的影子，不讲究一点观众学、接受学，而只是把场面"直不笼统"地拍下来，只是把场面用摄像机简单地记录下来，就决不会使观众坐到你的作品面前，耐心地看完你的作品，更不会使观众感觉到作为创作者的你与你笔下的人物所经历的情感、思想与心理世界。

所以，作为电视文学创作者，关键是要尊重观众、理解观众、懂得观众，换句话说，是要学一点接受美学，掌握一点观众学。

这包含如下几层意思：第一，辩证理解、研究与把握观众的广泛性与局限性。电视文学既是一门艺术，又是一种大规模交流思想、情感、信息的媒介。电视文学集视听之娱，汇声、形、色、字、意之美，在各种艺术元素的综合与融汇中形成一种优势极强的全新的艺术，它比任何一种现代艺术都更具有广大的观众面，具有独特的广度、深度和影响力，即使是所有艺术中较为大众化、较为现代化的艺术形式之一的电影，在电视文学面前也要甘拜下风，自叹不如。同时，我们必须看到，电视文学的观众有其无可避免的拘束与局限。虽然电视文学凭借其先进的技术手段与传媒优势，获得了最大的普及面与观众群，但是由于电视文学作品是一次性播放（重播在观众看来也是一次性的、被动性的）的，加之文化、历史、地域、职业等方面的诸多原因，特定而具体的电视文学观众毕竟是有限的，即使最受观众欢迎甚至是万人空巷的电视文学作品，也都存在接受局限性的问题。

第二，注重研究并探索电视文学接受的"期待视野"，争取最大限度地实现电视文学的广大审美目标。"期待视野"在接受美学里指阅读一部作品时由读者的文学阅读经验构成的思维定向或先在结构。显而易见，这在电视文学的接受过程中也是存在的。因为说到底，任何接受主体的艺术参与，都只是其"期待视野"寻求表达的过程。尽管电视文学创作者需要理解并尊重观众的审美心理欲求，需要尽力满足、适应最广大的观众的要求，但是这丝毫不意味着电视文学的艺术创造就会因此而赢得所有的观众。不同观众会有不尽相同的审美要求。这种审美心理上的差异性，决定了任何一部电视文学作品在赢得一部分观众的同时会失去另一部分观众。所以，电视文学创作者需要清醒地认识到任何一部电视文学作品对于观众的审美需求来说都是有限的，即任何电视文学家的任何一次艺术创造活动都不能满足所有观众的审美需求，正因如此，电视文学创作者永远不应该希冀自己的艺术能征服所有的观众，而应在无法摆脱的与生俱来的局限中，努力研究并把握不同观众的审美期待视野，探索与拓展其中丰富的艺术与审美意蕴及其可能的疆域，从而极力寻找自己的知音，扩大并实现艺术的审美效能。

第三，雅俗共赏，既要适应观众，又要陶冶观众，提高观众的审美水平。既然电视文学创作活动不得不受到观众"期待视野"的强烈制约，那么作为电视文学创作者，就要一方面不能无视这种客观事实的存在，积极研究对策，努力适应观众；另一方面要注意加强引导，拿出真正的艺术精品来。不消说，电视文学创作要实现自身的审美价值，就必须有观众的观看即欣赏、接受。如果一部电视文学作品不能为广大观众所喜闻乐见，那么它的审美价值就不能得到实现，也就没有任何美学意义可言。这当然是显而易见、毋庸置疑的。但是，如果电视文学作品蕴含更多的审美价值，欣赏、接受（观看）、喜欢它的观众层次广，人数又多，它的价值和意义所发挥的作用，不也就更大了吗？所以敬业而又执着的电视文学创作者，都希望自己的作品能被最广大的观众欢迎，因此都把雅俗共赏作为自己的美学追求目标。"雅"和"俗"，其实也是相对而言的,并非绝对对立、水火不容的。"雅"即符合艺术审美规律与特点,有较高的艺术意味和丰富的创造力与想象力,能给人以许多艺术享受;"俗"指讲求大众化、社会化,通俗易懂,为观众所喜闻乐见。然而,两者虽然各有优长,各有侧重,但毕竟是相通的、可以兼容的。大俗可以是大雅,大雅也完全可以通俗。关键是看作品创作者的审美感知与艺术创造能力的高下。倘若在这方面能力低下,捉襟见肘,大雅之作不仅会拒绝观众,而且会流于低俗、肤浅,沦为无人问津的平庸之作;反之,若作者水平上乘,大俗又何尝不会在获得观众的同时,成为艺术精品、典范之作呢?当然,雅俗共赏不仅不易达到,其面对的实际情况也是各式各样的。雅俗共赏的实现,有时可能偏于雅而能兼俗,有时则偏于俗而能兼雅。总之,只要能够扬长避短,兼容并包,努力吸收别家所长,充分发挥电视文学在审美上的优势,朝雅俗共赏的方面迈进,就完全是值得肯定的。

第四,寻求艺术表现形式的多样化,更好地契合电视文学的艺术特点,发挥视听结合的审美效能。如前文所说,由于观众的审美期待视野不尽相同,由于人们的职业、文化、年龄、地域等的不同,电视文学的接受者们在审美趣味与需求上并不是一致的,但是作为电视文学这一第二审美感知空间的创造者,电视文学创作者需要寻找人们在审美上的共同趋向与特点,努力做到雅俗共赏,让大家都能满意或比较满意。那么,如何做到这一点呢?这当然不是一个简单的问题,甚至也可以说并不是一个单纯的理论问题,而是一个实践问题。这里需要强调的,是多样化的问题。电视文学较之其他艺术种类,其优长在于它的敏锐性、时效性与信息性,更在于它的视听结合,也就是即时直接地与观众的交流、对话。观众毕竟是各个不同,形形色色,众口难调的,因而既要注意审美共性,又要满足不同观众层的不同要求,在艺术表现形式与手段上坚持多样化。在题材、体裁、风格、样式、语言等的选择与运用上,在具体的叙述方式、视听表现手段、时空节奏处理等诸多方面,真正实现开放的原则,从而在电视文学的审美活动中不断达到新的创造与突破。

二、社会性审美与屏幕诗篇

电视文学，就其本性而言，是一种社会意识形态，是运用审美的、艺术的语言抒写人生，反映社会生活，并表达作家思想感情的一种艺术。因此，它的内在具有显而易见的社会审美特征。

同时，我们看到，电视文学作为当代最新的电视技术同叙事艺术结合的产物，已成为对观众影响最为广泛的一种艺术形式。电视文学作品不仅摄制快速，反应迅捷，覆盖面大，而且形式多样，手法灵活，影响力直接、突出、强劲而巨大，这就使它在反映现实生活上较之其他艺术具有更大的优越性、更广泛而丰富的社会审美效能。

检视近年来的电视文学创作不难看出，无论是电视剧、电视小品、电视文艺晚会，抑或电视报告文学、电视小说、电视散文等，都充分发挥了电视文学的社会审美优势，与现实生活紧密相关，和历史脚步与时代脉搏同步，都是受广大观众欢迎，收视率高，影响大的上乘佳作。像《渴望》《编辑部的故事》《新闻启示录》《新星》《今夜有暴风雪》《寻找回来的世界》《无极之路》《超生游击队》等作品，它们或提出现代人所关心的人生价值与道德伦理问题，或针对时弊与社会热点问题进行现实批判与思考，或从历史与时代的高度讨论并描述群众最关心的改革问题，从而在一种与社会和历史的联系中自觉地发挥了电视文学的社会政治影响力与社会审美功能，同时在更为远大与宽泛的美学追求层面上，契合广大观众的审美趣味与审美意识，拓展了电视文学的社会审美含义。

电视文学是通过电视媒介播出的，它摄制自由，传播迅速、信息容量很大。这种大容量、全景展现的信息性，成为电视文学社会审美含义的重要表征。正是因其能够提供给观众以丰富的信息量，所以才能引起观众的关注、接受与喜爱。像曾获大众电视"金鹰奖"的长篇连续剧《上海的早晨》，把四十年前上海工商界的一段生活，艺术地展呈到观众的面前。这一部故事性强、情节曲折复杂的电视文学作品，是青年观众所不曾经历的，也是中老年观众未必熟知的。毕竟，这样的作品，不仅有艺术加工，更有创作者们（编剧、导演、演员等）独特的情感积累、体验与表现，其传达的社会信息不仅是个人的、独特的，对于观众而言也是新鲜的、可信的。至于电视报告一类的电视文学作品，像《无极之路》《百家春秋》等，传播信息量更大更多，犹如晨露未干、长风徐拂的田间风景，就更让人感到新鲜、亲和，愿意认同与接受。

除了信息性，电视文学的情感性也是其社会审美含义中应有的基本内容。"在这里，我们可看到最初还是情感因素作为原动力，然后情感因素又配合了创造的不同阶段。但是除此之外，这些感情状态，还要成为创造的材料。"[1] 这种情感，之所以能够成为电视文学创作的原动力，又成为电视文学的创作材料与元素，是因为它是审美的、也是社会的，有着普遍、丰富而广大的内涵与意味。

当然，情感及其社会化的表现，在电视文学创作中并不限于电视剧的创作活动。电视报告文学《无极之路》中充满的一种政治激情，就是最明显不过的了。至于电视小说，《最后一片叶子》《小巷通向大街》《遗落在湖畔》《雾失楼台》等，其丰富而悠长的诗意、哲理与境界，其抒情独白或旁白，其或隐或显贯穿始终的抒情主人公，都既预示了丰润新鲜的情感元素，又反映了作者们对人生、对社会、对历史的一种深湛而独特的抒情态度。电视文学中充斥与洋溢着的这种抒情性、情感性，它当然不是孤立的、抽象的、形而上的，而是一种很具体的属于人的现实的社会情感，因而它成为电视文学审美创造的重要组成部分是自然而然的。

电视文学，作为现实、历史与未来的融汇，除了拥有情感的力量，还拥有一个了不起的力量，就是理想的力量。它会在人们面前展现假设的边界，即理想的世界；它可以形象地使观众看到观众所希望看到的好人，使观众觉得如果人与人之间的关系能这样就太好了。电视文学可以给人们展现这样的

---

[1] 中国社会科学院外国文学研究所，外国文学研究资料丛刊编辑委员会.外国理论家、作家论形象思维[G].北京：中国社会科学出版社，1979：196.

理想境界，也就是说可以给人们以生活的信念、勇气和希望。① 电视文学是社会的窗口、镜子、时代生活与情感变化的晴雨表，也是希望和理想的灯火，预示着未来的群体心理与审美价值的归宿。它为观众提供着丰富的情感的力量，让他们可以追寻理想的境界，获得勇气和希望。显而易见，许多影响广泛的优秀电视文学作品，都具有这样的社会审美特征。像《渴望》为观众塑造了慧芳这样的一个好人形象，从而在所展示的人生社会与人物生命历程的悲欢离合中，让人得到极大的精神满足与审美的诗性享受。稍早的《新岸》则不仅给失足者以生活的勇气与力量，也给人以美的感染和美的向往。至于《寻找回来的世界》，不回避严峻的历史现实和使人触目惊心、伤痕累累的特定环境，又没有停留在对残酷现实的揭露上，而着意写出主人公孜孜寻找他心目中世界的强大动因，具有一种巨大的美的震撼力与对未来的召唤力；《雪野》不仅写了一个乡村女性不同寻常的命运，而且竭力在秋香的命运中展示新时期普通农村妇女对人生意义与社会价值的执着，和对生命意义与价值理想的坚定探寻与追求，更带有种种温暖的诗意与理想的质素，而给人以丰富的感受、体悟与启示。

"美学是未来的伦理学。""从这种伦理学里产生出美学是不言而喻的。"② 应该说，在电视文学创作中也是这样的。电视文学创作者只要具有自觉的未来价值意识与崇高的文化使命感，对人生拥有崇高的理想与坚定的信念，又不匮乏对现实的关怀与深刻的审美把握，就一定能写出诗意的真实，创造出真、善、美结合的优秀作品。

《好人燕居谦》直接将山西交城县县志修纂办公室主任燕居谦的先进事迹搬上荧屏，塑造了一个有血有肉、真实可信的优秀共产党员的光辉形象。创作者们既强调真实塑造与反映，又注重理想的参与，对崇高的思想、坚定的信念、刚毅的性格和有价值的人生，给予了热情的礼赞与肯定。由于有创作激情，有严谨的真实性的尺度和现代价值理想，所以作品在艺术表现上取得

---

① 大山胜美.电视是镜子还是窗口：关于电视剧的日常性[J].丛林春，译.当代电视，1987（1）：17.
② 斯托洛维奇.审美价值的本质[M].凌继尧，译.北京：中国社会科学出版社，1984：99.

了比较突出的艺术成就。特别是饰演燕居谦的上海人艺著名演员魏宗万，更是把这位"好人"演活了。像这样精心塑造的屏幕艺术形象，唯其真实，是真正意义上的"好人好事"，也唯其经过创作者们的审美把握与艺术观照，所以才格外感人至深，获得广大观众的喜爱。

同样获得广大观众喜爱的《编辑部的故事》，虽然在题材、体式、类型等方面与《好人燕居谦》不同，而且由于其为长篇多集连续剧，各集的艺术、思想水平也参差不齐，但是它们在真善美等社会审美努力上，有着相似的逻辑趋向。该剧通过夸张的手法，巧妙的结构，特别是对喜剧性的描述的展现与对幽默诙谐而又精彩的人物对白（台词）的铺排表现，引发人们不同含义的笑，使人们感到愉悦，并留下有关社会的、现实的、伦理的和思想等方面的思索和启迪。在《飞来的星星》一集中，社会上流传着一个谣言，说一颗星星即将同地球相撞，一半的人类将死去。这个谣言在编辑部里传开后引起了各种令人哭笑不得的反应：历来勤俭节省的编辑老刘，一顿就买了三碗红烧肉；青年编辑李冬宝乘机向女同事戈玲求婚……当真相大白之后，人们得出了不要轻易听信与传播谣言的结论。在《谁主沉浮》里，选主编的风波折射了种种现实的缩影与社会的风景。在《我不是一个坏女孩》中，一个女大学生因单相思而决心自杀摆脱苦恼，乐于助人、心地善良的编辑们（特别是李冬宝与戈玲）想尽了各种办法，虽说闹出许多让人忍俊不禁的笑话，但终于使那位女青年体会到人间有情有爱有温暖，放弃了轻生的念头。在《胖子的烦恼》里，一位胖厨师走后门调进《人间指南》编辑部之后，大家想尽办法帮他减肥，却全无效果，最后大家认识到，心灵美最重要，人们大可不必本末倒置，无端寻找太多烦恼。这部轻喜剧色彩的室内电视连续剧，既紧抓观众关心的"热点"，紧密结合现实生活，触及了社会生活的许多热门话题，如交通安全、赈灾义演、保姆问题、产品质量、青年婚恋、知法守法等，即时地描述与展示它们，供观众参与、思考；又对大吃大喝、走后门等不正之风和本本主义、形式主义等思想偏向进行了切实的批评与善意的嘲讽。尽管如此，这部剧也并无宣传与说教的意味，主要是依靠一个个喜剧故事的设置、构想与铺陈，通过幽默风趣而生动的艺术语言来达到寓教于乐、雅俗共赏的审美目标，使观众在开怀大笑中，获得真的感染、善的追求、美的享受。

不难看出，有了诸如此类的真、善、美的追求，就能够使电视文学的社会审美功能与特性得以淋漓尽致地挥洒、发散与实现，因为我们相信，在社会信息与情感思想的真实展示中，在现实的价值意识与理想的参与作用下，在深刻的审美把握与艺术表现中，电视文学作品能够写出人间的温暖，能够展现并开拓蕴含其中的强烈的思想与艺术的力量，已经不是一个有待证明的理论，而是一个已被证明，而且必将继续得到有力证明的真实命题。

三、电视文学的叙述美学

电视文学是伴随着科学技术的发明而诞生的艺术审美活动。从电视被发明之日起，人们运用"屏幕写作"，主要意在传播讯息、事件，使电视最终成为社会通信媒体，发展了新闻报道的新形式，人们并没有想到它会有艺术的、审美的作用。然而，电视技术终于与叙事艺术巧妙地结合起来，产生电视文学新品类，并逐步发展，最终成为人类艺术文化史、传播文化史上的一件盛事。随着人们利用电视将影院、剧院引入家庭，电视文学的叙述美学也就开始走进千家万户，走到你、我、他的面前，成为人们不能不直面并思考的新型精神文化与艺术。

叙述或者说叙事，曾被视为纯粹的文学作品的特权与专利，然而事实上，叙述（叙事）并非文学的特权或专有标志，而有其更为普泛的哲学、文化含义。譬如，人们已经越来越意识到，并不存在原原本本的客观事实，因为任何事实或现象都已经是经过描述、经过理解、经过解释的，而不同的观察点、参照系、描述语言和理解活动，都决定着一个事实或现象将以何种形式和面目呈现给我们。于是，人们进而发现，甚至在自然科学领域，都存在着"叙述"与"理解"问题，而当我们由自然科学进入人文科学领域时就会发现，在这里叙述（叙事）几乎就是一切。在许多理论批评家看来，我们无法理解与把握错综复杂、五彩缤纷的社会历史，除非是把它讲成一个有头有尾的、向着一个未来发展的、情节统一的故事。一些精神分析学家则发现，叙事（叙述）对于个人自我理解和自我认识也是至关重要的。我们理解和认识自己的方法就是讲述一个有关我们自己的有意义的故事，而精神分裂则部分源于罹患者未能把个人的过去组织起来并完成一个完整的叙述。在我们的日常生活与精神生活中，广播电视、书刊报纸中的新闻信息传播以及广告宣传等，都是叙述，而我们就是通过这些叙述来进行自我理解和认识，同时去把握和理解我们的现实及历史的。① 至于电视文学，更在深层次上，将叙述视为一种最根本的文化动因。在将电视文学作为一种现代的大众艺术形式的层面上，如何使叙述（叙事）美学成为自己的创作活动的基本形式与取向，成为创作者们殚精竭虑、悉心思索、探寻与试验的中心问题。

在我们看来，电视文学创作在叙述上有下列几个方面的特点最值得注意。

（一）淡化与强化

电视文学在叙事性上的淡化与强化的原则，是在符合观众审美心理期待，使电视文学更像生活而不像"戏"；更属于今天的大众艺术，而不附丽过多的外在的人工印痕与加工。像《渴望》《编辑部的故事》这样的电视剧，表现形式及主题思想是大相径庭的，但其生活化的构思与表演是共同的、相似的，在这样的电视文学作品中，并没有什么惊天动地的壮举或离奇怪诞的故事，一切都被淡淡地展示、铺陈、表现，很是契合观众的平民化与大众化的审美期待。再如，《公关小姐》也是一部生活化的作品。该剧所截取的时间，只是周颖在中华大酒店任职的短暂一年里的生活与工作。从熊猫义卖、花市夜游、羊城选美、时装表演到推广孔府菜、拍"中"字全家福等，整个作品情节是以女主人公的种种经历连缀而成的。一切都和生活本身一样，并没有什么特别的故事与离奇的情节。对于观众而言，或许最有新鲜感与趣味的仅是女主人公的独特身份与经历，这帮助观众在自我日常生活的精神状态中得到某种调整与补偿。

---

① 马丁.当代叙事学［M］.伍晓明，译.北京：北京大学出版社，1990：324-325；殷鼎.理解的命运［M］.北京：生活·读书·新知三联书店，1988：20-43.

当然，淡化是与强化相对而言的。在一些优秀作品中，淡化即强化。在这方面，许多好的电视小说、电视散文、电视报告文学自不必说（它们在叙事性内容上的淡化与强化处理是显而易见的），即便在一些原有可能强化故事与情节的展开的电视剧中，也有淡化情节（惊悚性故事）、强化生活化的叙述倾向。在这方面，单本剧《无人电梯》是一个典型的例子。该剧并没有将叙事重心放在公安破案的曲折过程上，而是采用平实的手法，几乎用全部笔墨述说了一对"凡人"和他们的平凡小事。刑警队员大柯因找不到对象而懊恼，甚至每天早晨都要愤恨地举枪瞄准已告吹的女友相片。后来他偶然与电梯女工姗妹相识、相爱、结婚。大柯婚后的日子虽然普通平常，却又因为岳母不喜欢自己的女婿当警察而频起波澜。大柯为转业费尽心思，最后快要如愿以偿时，姗妹却离他而去。恰如该剧片头字幕所示，这是个穿警服的男人和不穿警服的女人的寻常故事。那些原本可以被强化的犯罪与侦破过程被淡化了，而突兀地展现在这个淡化的背景前面的，是两个被强化处理了的普通人的普通生活。在这部作品里，生活本身所具有的平淡化、日常化的戏剧性及其固有的深刻含义，被强化处理并敏锐地揭示，而创作者对生活本身的深入思考与独到发现，也在这个相当平实的故事中得到了充分的显示与展现。

由此也可以看出，淡化与强化，确实是辩证的、相对的，在具体的电视文学创作过程中，需要具体、灵活地掌握。譬如，在情节与细节的关系上，既要强化情节的戏剧化，又要注意细节的生活化，使艺术表现集中简洁、又明快，矛盾冲突尖锐、突出又真实可信，如《渴望》在性格描绘与悬念设置上，既注意人物形象的自然生动，又着意悬念的创设与效应，既要有情节悬念，又要有性格悬念，从而使剧情的发展既出人意料，又合情合理，符合人物与事件的逻辑发展。总之，强化与淡化，并无一定成规与定式，需要具体而辩证地把握与理解。

（二）快与慢

这里要说的是电视文学叙述中的节奏问题。节奏原指一种程度，用于描述一种秩序、匀称的活动。《乐论》认为，"节奏，谓或作或止，作则奏之，止则节之。"可见节奏关乎时空转换变化,有其固有的叙述规律。或强弱,或高低,或快慢,或正反,或明暗,种种变化,构成不尽相同的形式。反映在电视文学创作的过程中,因其以人物与作者的情感变化为经,以时空结构转换为纬,所以节奏的突出而基本的形式,是快慢的变化、组合与交替运作。

节奏明快是电视文学作品,尤其是长篇连续剧吸引观众、赢得观众喜爱的重要因素。在这方面,国外连续剧《豪门恩怨》《大饭店》以及侦探系列剧《神探亨特》《老干探》等作出了有益而成功的尝试。在这些剧作中,或以悬念的不断设置为主线与基本手段,推动故事情节的逻辑发展;或以人物心理动作的不断策划、开展、碰撞、结束为节奏的外在符号;或以情绪氛围的不断创设与布置,借以渲染、强化剧情的高潮与变化,吞吐涵纳,收放自如。既以其丰富生动、摇曳多姿的情节快速推动剧情的进展,又注意保持剧情的同一性和连续性,显示了高超的叙事技巧的艺术魅力。

然而当代中国的电视文学创作与之相比,在总体上要大大逊色。当然不是说中国的电视文学没有比较出色的作品,如《编辑部的故事》《围城》《外来妹》都较为优秀,而是相当数量的电视文学作品——甚至一些影响力颇大、获得较好评价的作品,都有相当明显的缺失与遗憾。像有人指出的那样,在《渴望》的后 20 集中,编者死守"戏剧的秘密"(小芳是王亚茹和罗刚的亲生女儿)而有意押戏,造成了情节的延缓、节奏的拖沓等难免使人厌烦的缺憾,而《孔子》一剧,在处理节奏上,也有或者可以说是更为明显的败笔。该剧节奏极慢,使用大量延长了的镜头画面,沉闷单调,封闭自持,让人感到太过静止,"戏道"不足,不仅如此,编导还过多地采用缺少动作性的说话、论辩以及过多的民俗风情与孔仪展览,大大减弱了作品的观赏性(深一层看,还因此匮乏一种文化批判性)。

中国电视文学节奏缓慢这一普遍存在的问题,有着深邃而复杂的传统文化与艺术根因。中国文化源远流长,形成了一整套古典主义的思想、文化与美学系统;中国社会发展以不变应万变,有着长期形成的超稳定的群体心理与社会结构基础,以孔孟为代表的儒家学说对中国哲学思想、社会关系、文化意识有着巨大的影响,静止、独立的观念思想浸透、寄寓在社会、文化、精神、艺术等各个方面。其反映在电视文学创作中就是节奏沉缓，较少在节奏上出现适合剧情与人物性格发展的快速变化、收纵起伏等明快气势与格局。

节奏处理是一门与电视文学各体式、种类创作形式密切相关的大学问。无论是电视剧（连续剧或单本剧），抑或其他电视文学创作形式，都需要注意包括镜头内叙事的节奏、蒙太奇节奏、镜头内歌舞动作的节奏、音乐节奏、抒情节奏、心理节奏等一系列的叙述变化问题。如何创作明快又张弛相间的节奏，如何创作与观众审美要求和生理心理节奏相一致又能贴切地表情达意的节奏，使之与作品主旨、内容、风格相融合协调，确实是每一位电视文学工作者必须仔细研磨、审慎对待的重要课题。

（三）象征与抒情

象征与抒情同属电视文学叙述的重要方法，是电视文学作品诗化的表现手段。但是比较而言，象征偏重客观表现（凭借客观事物表现），抒情则较多主观化色彩（依靠主体表现），因而有其特别的审美价值意向与逻辑趋向。

象征，是用一种事物指代另一种事物。具体到电视文学创作中，象征就是通过特定的声画形象，借以表现与之相似，或者约定俗成的，大众能够理解与接受的观念、思想与情绪。换句话说来，象征是指被叙述（描述与表现）的物体表示了超过其本身的含义、思想、事物或联想的区域。电视剧《大林莽》就主要采用了这种象征性的叙述方法。剧中出现的那个苍茫、幽深的大林莽，不仅是一个屏幕形象，更是一个含义丰富的象征符号。该剧编导曾这样阐述道：

> 大林莽是一个与世隔绝，完全封闭的境地，它自身就是一种象征，而不仅仅是作为一个实体而存在的。我们想用真实细节的叠加来完成这种象征，用不断暗示的、可以感受又不易表达的情绪去寓言化地处理一个时代的悲剧。我们想通过五个人与另一个主角——大林莽来表现人与自然，生与死，文明与野蛮，科学与愚昧，表现人类的某种精神和征服自然的愿望，表现人在特定环境中的精神变

异和对异化的战胜……我们的创作意识就是,把《大林莽》一剧从传统的故事框架中超脱出来,把上述所要表达的内涵,简化为一个新式寓言。

由此其实也不难看出,象征虽然要凭借客体,但较之具体的形象的描述、反映,象征却是不尽确定的,并且含有丰富的,甚至是无限的暗示,也正因如此,象征乃是电视文学叙述与艺术表达较多运用的形式,与电视文学抒情为同一归趋。

抒情作为一种艺术表达与叙述形式,更为本质地捕捉到了电视文学创作的基本特质,电视文学既然作为艺术大家族中的一员(尽管是新成员),势必也会具有艺术的基本审美特征,即以情感人,以情动人。要达到这一点,直接与间接的抒情就成为电视文学叙述美学的重要标志。那么,如何抒情,怎样通过屏幕写作(画面与画面之间的无声或有声的组合)创造一种诗意真实呢?

方法自然是多种多样的。首先是直接抒情。或用画外音,或用色彩,或用音响,或用主题歌、插曲。总之,只要能够直接快捷地抒发人物或创作者的主观情感,就都可以不拘一格地采用。这种直抒胸臆的抒情手法,情感色彩浓烈,审美感染力很强,思想穿透力、震撼力较大,所以往往能直接给广大观众的心灵以撞击,从而被观众接受、肯定与认同。除了直接抒情,还有间接抒情的表达方法。间接抒情又可以有借景抒情(借自然景观来抒发感情,创造意境,展现诗情哲思)、托物言情(将人物的心境、思想、感情物态化、具象化)等不尽相同的方式方法。至于在具体的创作过程当中,以何种方式为最佳,或者是否交替、综合使用,是否能够和谐地将各种抒情与叙述方法安排成一个有机的艺术整体,那就需要创作者们的不懈努力,认真摸索。

(四)对比

在电视文学创作中,所谓对比,就是通过屏幕展示,将不同的事物或形象,用鲜明的对比性的方式放在一起进行描述与表现,以显示各自的明显特征与价值含义,揭示蕴含其中的思想内容与形式意味。

对比,作为一种审美手段与叙述方法,有其丰富的古典美学与文化背景。《周易》认为一阴一阳为之道、认为"阴与阳"是"上天之道"的这种阴阳学,不仅表现在占卜、时辰、医道、性别等方面,还渗透在人的性格、伦理、日常生活以及各种思想观念与文化审美趣味当中。难能可贵的是,古代思想家老子还曾在传统阴阳学的基础上作了进一步的阐释,如"有无相生,难易相成,长短相形,高下相倾,音声相和,前后相随",使我们既看到了事物之间的对立,又看到了对立之间的联系。这种辩证的思想,作为电视文化的潜在思想背景,从一开始就影响了电视文学的创作与叙述活动,使叙述的对比性增添了辩证意味。

在具体的实践中,对比当然比比皆是,而且是各式各样的。在《编辑部的故事》里,人物(性格)对比就颇为丰富多彩、鲜明生动。从两位女编辑的性格来看,戈玲活泼,中大姐正统;戈玲与李冬宝相比,李冬宝内倾温和,戈玲锋芒外露;余德利与老刘相比,余德利灵活开朗,老刘呆板内向又老成。剧中人物性格各异,对比鲜明,因而构成矛盾与戏剧冲突,故事情节因之也变得异彩纷呈、层出不穷。倘创作者们愿意,这部长篇连续剧真可以一直"连续"下去。"编辑部"里的"故事"之所以说不完、道不尽,一个基本的原因,就是剧中人物的设置与性格塑造,具有鲜明而强烈的对比性。

除了性格对比,电视文学创作者还可以利用不同形象、不同场景进行比照性叙述,从而既使形象更加鲜明,色彩更加丰富,又使作品的主题寓意表现得更加深刻、邃密。电视剧《北洋水师》在叙述北洋水师的兴衰过程时,比较注重艺术的虚实相生与对照,从而较为成功地完成了历史事件、历史人物和今天人们的省思与探寻的嫁接。一方面,作品展示了现实的惨烈和邓世昌、刘步蟾、丁汝昌以及李鸿章等人身上固有的悲剧性;另一方面,该剧一开始就特意设置了孩子们造纸船玩耍,以及邓世昌与李鸿章等大人的游戏场景,并于之后不断闪回、迭现,在片尾,于一片静谧的斑斓中,响起了《东方一个梦》的童音。这种对比,不仅丰富了人物性格,更重要的是开掘了理想与现实,过去、现在与未来,和平、战争与理想以及善恶美丑等之间的多重碰撞，给人们以悠长、深湛的回味与思考。稍早的《太阳从这里升起》，同样较多运用了对比的叙述手法：一边是高楼大厦，一边是古朴土窑；一边是高级轿车，一边是瘦小毛驴；一边是巨型拖拉机，一边是木制手推车……这是历史与今天的对话，也是古老与新生、瞬间与永恒的尖锐对峙，反映了新的思想意识对传统观念的有力冲击。同样运用对比手法，描写现代文明对传统文化的冲击，而在道德与时代、道德与改革生活等方面进行更深入思考与探索的作品，可举《外来妹》。《外来妹》所设置的一系列对比是富有深刻意味的，像赵小云的前后性格发展与反差，小云与江生对待爱情的不同态度，江生炒林老板的"鱿鱼"与小云炒老板江生的"鱿鱼"，小云与凤珍和志强的关系的变化，康乐厂的倒闭与建达厂的红火，等等。全剧在一片纷繁多姿的斑斓中，借助鲜明而强烈的对比，把握并透视改革生活、社会历史的内在走向，显得尤为难能可贵。不难看出，在这类成功的作品中，因为有对比，所以有冲突，有矛盾，有戏剧性，从而能够产生吸引力；因为将两种甚至多种对立事物放在一起，就更能在凸显人物、情节、思想本质的审美性展开中，揭示更为丰富、广大、深邃的思想、文化以及美学等方面的内容意蕴，进一步引发观众在更深层次上的参与、思考与喜爱。对比，作为电视文学叙述活动的重要一翼，其艺术作用与审美功能，于此或许可以窥得一斑。

第二部分
视与听：复杂而开放的交响

影像叙事呈现山乡巨变[*]

通过描摹乡村振兴过程中人们的种种际遇、命运变迁和心态变化，彰显现代化治理和国家进步，是党的十八大以来农村题材创作的重要主旨。

按照现实主义的艺术规律，只有拍中国人感同身受的人和事，展现山乡巨变历史过程中人们的承受、参与、活力、动力和压力，人们的沉实、塑造力、创造力、勇气和激情，才能发掘真实而丰富的乡村故事。

伴随决战脱贫攻坚的铿锵步伐，书写"脱贫攻坚"的故事成为当下影视界的创作自觉。回溯中国当代文艺史可以发现，农村始终是中国当代影视创作最重要、最具活力的母题之一。农村题材影视剧与时代同行，表现了中国社会发展的丰富实践，塑造了鲜活生动的人物形象，为影视画廊留下诸多经典。特别是近年来，农村题材创作不断拓宽视野，创新艺术表达，使影像叙事中的山乡巨变具有了更丰富多元的维度。

一、秉承现实主义精神，书写走向现代化的乡村

农村题材电影是新中国电影的主流之一。电影中的农村故事，如同一部中国农村和中国社会发展的历史。从20世纪20年代的《孤儿救祖记》、30年代的《春蚕》《渔光曲》，到20世纪五六十年代的《山间铃响马帮来》《五朵金花》《我们村里的年轻人》《李双双》《农奴》，再到《喜盈门》《咱们的牛百

---

[*] 本文原载于《人民日报》2020年5月7日。

岁》《人生》等,一系列农村题材电影秉承现实主义创作传统,不仅对文艺创作,还对当时的社会产生了影响。农村题材作为当代电影创作中的一大核心主题创作的发展方向,作品内容注重对山乡巨变的具体反映。如《我们村里的年轻人》《李双双》通过对凡人小事的情节设置,反映新中国农民"翻身"后置身人民公社等集体之中的生活状况,塑造了投身乡村建设的真实变化的人物形象;《咱们的牛百岁》幽默、风趣,讲述农村实行生产承包责任制、共同致富的故事,改革开放的思想春风拂面而来;《人生》描述农村知识青年的选择,表现并反思社会道德风尚,上映后引起了强烈的反响。这些影片讲述不同时期的农民故事,人物的喜怒哀乐寄寓于不断变迁的时代中,反映了农村变革的进程和农民思想观念的变化。

电视剧创作也是如此。1958 年 6 月 15 日,北京电视台播出的我国第一部电视剧《一口菜饼子》即农村题材电视剧,为电视观众带来了身临其境的真实感。20 世纪 80 年代中后期,《雪野》《葛掌柜》反映了乡村观念更新和走向现代化之路的心路历程。20 世纪 90 年代,"农村三部曲"《篱笆·女人和狗》《辘轳·女人和井》《古船、女人和网》故事情节曲折、生活气息浓郁,引发了社会对"三农"问题的高度关注。此后,《刘老根》系列、《马大帅》系列以及《圣水湖畔》《希望的田野》《正月里来是新春》《别拿豆包不当干粮》《都市外乡人》《插树岭》《文化站长》《清凌凌的水蓝莹莹的天》等,都在荧屏刮起一股旋风。20 世纪八九十年代之后的农村题材影视剧在反映农村新变化、描写农民新风采方面,尤其体现了艺术探索的勇气。比如,《篱笆·女人和狗》等"农村三部曲"、《别拿豆包不当干粮》《清凌凌的水蓝莹莹的天》等电视剧,从聚焦反映乡村人情社会、树立新的风尚与道德,到剖析、表现农村社会主义改革中的矛盾、问题,再到体现新世纪农民精神追求等方面的重要变化,作品以现实主义的手法反映农村,人物性格生动亲切,生活氛围轻快,深刻刻画农村中的人与人之间的关系,让人看到 20 世纪 80 年代以来中国农村的伦理面貌、思想观念和社会演变等的巨大进步。

党的十八大以来,农村题材影视作品着重表现乡村巨变的实际情况、乡村治理的崭新面貌,迎来又一轮创作高潮。电影《十八洞村》《村戏》《村嫂》

《红花绿叶》，电视剧《马向阳下乡记》《老农民》《年年岁岁柿柿红》《麦香》等，积极书写乡村新生活新面貌，深情建构影像叙事和国家进步之间的密切联系，与生活、社会、时代形成互动关系。《年年岁岁柿柿红》中的杨柿红、《麦香》中的麦香、《我是你的眼》中的田春妮、《村嫂》中的桃子，这些性格各异的农村女性形象，与《女社长》《李双双》《锦上添花》等影片塑造的生动人物相似，反映了对土地和人民的眷恋、对美好生活的信心。这些影视剧在表现主旨上着意体现农村生产力、生产关系、国家政策、农村物质与精神生活等方面的变化，叙事生动，风格多样，以现实主义精神呈现农村走向现代化的历史巨变，富有新时代的文化气息和人文内涵，赢得了观众的喜爱。

二、建构乡村影像美学，互联网时代需要新表达

通过描摹乡村振兴过程中人们的种种际遇、命运变迁和心态变化，彰显现代治理和国家进步，是党的十八大以来农村题材创作的重要主旨。不少反映精准扶贫的影视作品代表了这种创作取向。这类优秀影视剧，通过描摹当下农村现实生活和新一代农民的精神世界，表现人民群众与现实更深层的关系，彰显独特的乡村影像美学的手段和向度。总体上看，这种乡村影像美学的特质表现在：一是重视故事与叙事，视角独特，有着多样化的故事情节、鲜明的地方特色和浓厚的生活气息；二是经常加入一些新的技巧和新的元素，塑造鲜活的人物，语言也格外生动；三是融入戏剧等的趣味和结构，紧密贴近现实生活，贯穿并体现百姓的情感逻辑，展现以大众诉求为核心的民族化审美艺术经验。

《十八洞村》《毛丰美》《马向阳下乡记》《又是一年三月三》等，通过创新话语与影像表现方式，聚焦于普通人的生活，努力通过个人或家庭显影中国乡村的重要变化，描摹地方文化的诗情画意，成为影像民族志的一种书写。《春天的马拉松》《麦香》表现江南水乡的"清新家园"，《黄土高天》抒写西北农家的人和事，《十八洞村》展示湘西的风土人情，《村嫂》《老家门口唱大戏》呈现东北乡村生活……浓郁的地域文化色彩、"吾乡吾土"的视觉影像、

抒情性的美学特征，是这些作品的共同追求。

一些作品兼具乡土文化与时尚元素，体现流行性的美学诉求。《苦乐村官》《龙门村的故事》融入喜剧元素，用幽默手段而不是简单的滑稽搞笑的方式刻画人物性格，叙写乡村生活不靠苦情戏，而重在表现年轻一代追求新的价值观和新的生活方式。这些作品讲述普通人的故事，透过真实的生活，讴歌人性，描叙人生，刻画农民的精神世界。《十八洞村》讲述杨家兄弟"愚公移山"式的填土造田的故事，表现了其不畏艰险、矢志不渝追求美好生活的精神；《黄土高天》《老农民》叙事视野开阔，将对农村变迁的描摹与思考落在历史与社会的交点上；《土地志》《啊，父老乡亲》《麦香》等，透露了对人性的反省和批判；还有的如《村戏》等，以影像的诗性彰显人性，探讨人生的意义。这些贴近真实生活、富有现代性的作品，努力把握生活真实与艺术真实、典型性与形象性的关系，相信会与《红高粱》《黄土地》《人生》《老井》《过年》《秋菊打官司》《被告山杠爷》等优秀之作一起被写入影视史。

尽管近年来乡村题材创作做了大量努力，但现象级作品并不多。反映特定题材的作品，依然存在主题先行的问题，也存在艺术表层化和概念高悬的弊病。一些创作者以"他者"眼光描写乡村，沉浸在图片式山乡美景里，或作主观式理解，与当代乡村始终存在隔膜。有的作品叙事老套，故事生硬，节奏拖沓，和互联网时代的审美需求有差距。农村题材创作在互联网时代的鲜明特色应该是什么，值得创作者们高度重视、认真思考。这里的关键还是要承认娱乐性是影视剧的重要"基因"，在令观众获得娱乐，得到情感宣泄的同时，捕捉、展现多面性的人性的真实，只有将思想性、教育和人文关怀内化其中，才能吸引观众。如果不立足于真实的思想理念与真诚而富创新性的艺术表达，农村题材作品就不会获得广大观众的认同。

三、创作的召唤，悉心挖掘亿万劳动者的美

今天，我们怎样讲好山乡巨变的故事？按照现实主义的艺术规律，只有拍中国人感同身受的人和事，展现山乡巨变历史过程中人们的承受、参与、

活力、动力和压力，人们的沉实、塑造、创造、勇气和激情，才能发掘真实而丰富的乡村故事。

文艺评论家钟惦棐先生曾倡导电影和文艺作品要"悉心去挖掘亿万劳动者的美"。如何去做？有两个大的前提：一是要有足够的生活积累和感情积累，也就是创作者的立场和情怀要面向最广大的观众；二是艺术表达需要根植本土，真诚地面对大众与社会生活。反映中国农村的历史与当下，积极表现中国农村的发展与变化，秉承内心对土地、对人民的爱，坚持现实主义的创作原则，是农村题材创作的召唤。

创作者首先要回归现实主义创作方法与美学逻辑。当代文艺史上并不缺少讲述乡村变化的好作品，这些作品在艺术上存在一些共性。它们以鲜活的故事和人物，用心吸纳观众，契合当下的生活实际，重视反映农业大国的本色，对中国特色农业发展道路的历史走向进行真实、准确的把握，积累了丰富的艺术经验，通过对乡村生活和时代的自觉意识的追踪捕捉，在情感上和思想上给人以深深的感染。从20世纪上半叶直至新时代开启的决战脱贫攻坚，近一个世纪的山乡巨变蕴藏的民族记忆、文化密码、情感纽带，需要艺术家深入挖掘。追求具有时代精神高度和深度的中国表达，实现乡村书写的社会价值，是当下创作者的重要使命。

只有与时代同呼吸、共命运，创作者才能书写好中国故事。山乡巨变的故事说到底是人的变化、观念的更新。艺术家凭着自己的感受力和艺术良知，理应捕捉并触摸到现实主义表现的美学逻辑，展现山乡巨变中不同层次的人，剖析其复杂成因，生动阐释乡村变化背后的人的思想变化。通过对当代农村生活的描述，将乡村美学、影像美学推向一个新阶段，通过中国影视剧的国际传播，让更多人看到山乡巨变与乡村治理的中国故事。在新时代的语境下，农村题材再次成为创作的主流，将激发人们积极建构社会文化，提升我们的文化自觉，为推动国家进步凝心聚力。

记录美好生活 书写时代华章*
——荧屏中的70年

中华人民共和国成立70年之际，我国电视事业开拓创新、砥砺前进。电视荧屏内容日益丰富、类型更加多元，始终坚持贴近社会现实和人民的思想情感，聚焦当代中国的精神风貌。新中国电视的发展，也可以说是电视书写新中国故事的70年，是展现人民美好生活、记录时代变迁、传承家国情怀的70年。

一、把握时代脉搏，传递向上的精神力量

受限于技术条件，诞生之初的中国电视曾出现过一段节目直播时期。1958年5月1日，北京电视台直播了《工业先进生产者和农业合作社主任庆祝"五一"座谈会》，安排了诗朗诵、舞蹈等节目。这样的直播形态和节目安排，体现了电视工作者在探索视觉表达、主题传递方面的文化自觉——为每一位奋斗者、劳动者喝彩鼓劲，从一开始就成为电视界的创作共识与奋斗目标。

新中国第一部电视剧《一口菜饼子》，使用单本剧形式，反映人与时代的变化，表现劳动光荣的主题，透过粮食问题反映了人民群众对美好生活的向往；电视剧《党救活了他》，根据真实事件改编，讲述了上海广慈医院全力救

---

* 本文原载于《人民日报》2019年10月14日。

护为保护国家而烧伤的炼钢工人邱财康的故事,体现了那个时代英雄主义的创作视域;长达100分钟的电视剧《新的一代》,是向中华人民共和国成立10周年献礼的剧作,反映了北京青年参加首都"十大建筑"设计中的生活和劳动情况,以及他们争为新中国做贡献的先进事迹……

20世纪五六十年代电视工作者的创作脉络,无论是在形式还是题材的选取上,都将创作视野聚焦于普通大众生活与新中国建设的自豪之情,起到了鼓舞人民群众对社会主义投注热情的积极作用。这一时期涌现出的一系列电视作品,紧扣时代脉搏,与社会发展同向同行。同时,电视作品中的人物凝聚着顽强的生命力与普通劳动者的美,蕴藏着积极昂扬、奋进向上的精神力量。

中国电视在其诞生之初,就成为反映和谱写中华人民共和国社会和历史风云的重要载体,并不断走向成熟。除北京电视台之外,上海、天津、广州、武汉、西安、哈尔滨、长春等地电视台先后建立。除了自办综合性的文艺节目,电视台播出的电视剧达180余部。其中,《战斗在顶天岭上》《桃园女儿嫁窝谷》等表现了中华人民共和国成立后人们饱含热情投入新中国建设的情景;而《幸福岭相亲记》《生活的赞歌》等则关注并描写普通人的生活。这些作品在反映、描写新中国建设、生活时,着意表现了各行各业的群众信心百倍地登上历史的舞台,呈现了有执着追求的中国人民心灵发生深刻嬗变的生动情景,多彩多姿,带有浓郁的时代色彩。

二、坚持扎根现实,映照人民幸福生活

改革开放后,思想解放蔚为风潮,电视文艺的创作活力得到进一步释放。

电视剧、电视节目、纪录片等各类电视作品,充分反映了改革开放后时代的变迁、社会的跃迁,历史进步、艺术共情和思想激情在作品中得到有力呈现。以《话说长江》《再说长江》为代表的里程碑式的纪录片,既记录下了普通中国人的真实而感人的故事,又从镜头中透过主观移情绘就了一幅"爱国主义画卷"。《舌尖上的中国》《盐井》《古田岁月》以文化与历史视角,反映了普通百姓安居乐业的敏感心思和对生活的美好追求。《新闻联播》自1978

年1月正式开播后就肩负着意识形态使命,同时反映并记录着中国发展进程,在电视与整个社会发展的互动及国家认同建构中占据极重要的地位。电视节目以及综艺晚会、专题栏目类型日益多元,如《正大综艺》《开心辞典》等面向普通百姓,表现了改革开放后人们的真情、认知以及激昂万里的精神风采,反映了追梦、向上、幸福的中国人的想象、思想和情感氛围。电视剧创作不辜负时代赋予的职责,有着多姿的路径、特色和表达方式,在中国电视史上写下了浓墨重彩的一笔。

这一时期的电视剧创作,积极表现时代生活、彰显社会责任,于是,大量现实题材电视剧不断涌现。20世纪80年代,文艺评论家钟惦棐在倡导文艺创作的现实主义时说,反映时代的作品要"悉心去挖掘亿万劳动者的美"。在创作中落实这样的美学理念,既要有足够的生活和情感积累,即创作者的立场和情怀既要面向最广大观众;也要坚持扎根现实,着力用影像手段表现和探寻生活的本真。

改革开放以来,电视剧作品全方位地反映了改革开放和社会主义现代化建设的发展,创作主题、内容和视角都呈现着突出的特点。

首先,聆听并把握时代脉搏。改革开放的必然选择、人们的思想愿望及其内在的精神轨迹,在各式各样的题材创作中得到了生动而深刻的表现。以现实主义为手法、以现实生活特别是农村建设为内容与聚焦主题成为电视剧创作的重要理念之一。20世纪80年代中后期推出的《篱笆·女人和狗》《辘轳·女人和井》《古船·女人和网》,表现了关东农村社会生活的变化,反映了走在同一道路上的当代中国农民的心灵史。20世纪90年代以来出现的《艰难的抉择》《华西村的故事》《神禾塬》《情满珠江》《乡里故事》《刘老根》《好爹好娘》《插树岭》等,朝向历史的宏大背景,表现了中国"三农"问题和中国农村变革的历程,反映了对中国乡村历史与现实的深度挖掘,与时代大潮发展形成紧密的互动关系。

其次,全面记录并展现社会变革和人民群众的美好生活,反映改革开放后面临挑战与转换时人们的心理、生活以及内在思想脉络,体现复杂的情感表达的价值。20世纪80年代,电视剧创作大量集中于现实题材,《乔厂长上任记》《新星》等剧将镜头对准改革开放背景下的时代生活，以戏剧风格和本土叙事的表现方式，描写参加改革大业的人们的心路历程，赞颂了锐意进取、一心为民的改革者，鞭挞了阻挠改革而一味利己自私的落后保守人物。20世纪90年代的电视剧，尤其是2000年后的作品，如《十六岁的花季》等校园青春剧，《希望的田野》《乡村爱情》《插树岭》等乡村题材剧，《渴望》《编辑部的故事》《北京人在纽约》等都市情感剧，着重对当代人精神世界特别是广大青年向往美好生活的心理，进行了多维度的再现和观照，同时把握了市场需求和观众的不同需求，引起了有相似经历的观众的共鸣。

最后，反映并聚焦中国人的真情实感，从视角到素材处理、矛盾冲突设置上，不墨守成规，多角度、多侧面地反映了改革时代的生活，着力塑造出大量的生动可感的艺术形象。"知青"题材《蹉跎岁月》《今夜有暴风雪》《大林莽》等反映了一代知青走过的坎坷的路，细致再现了他们奋进的历程，肯定了在逆境中追求真理的奋斗精神，震撼并感染了广大观众。《长征》《延安颂》《井冈山》《恰同学少年》《解放》《红色摇篮》《辛亥革命》等重大革命历史题材作品，通过对革命前辈光辉岁月的艺术展现与观照，显示了对革命英雄主义、艰苦奋斗的精神与传统的继承。在都市题材方面，情感剧《咱爸咱妈》《牵手》《空镜子》《家有儿女》《浪漫的事》《结婚十年》《北京爱情故事》，职场剧《杜拉拉升职记》《岁月》《浮沉》，家庭伦理剧《渴望》《金婚》《家和万事兴之我爱我车》《婆婆》《青衣》等作品，除了表现重大历史变革和时代风云中人们对生活、事业、爱情和生命的感悟，还特别在融入都市奋斗、家庭伦理、青春爱情等类型元素的过程中，把镜头对准平民百姓的生命热忱，注意细致描写人和时代的内在性、复杂性和超越性的一面。

三、讲好中国故事，真情讴歌伟大时代

党的十八大以来，党的文艺政策给电视创作和生产带来了积极影响，创新创优导向更加鲜明。电视创作的重心落到提高文艺作品质量上，加快了从数量增长型向质量效益型转变、从"高原"向"高峰"迈进的进程。

近年来，电视作品奋力书写党史、国史、军史，书写时代华章，体现了史诗叙事的艺术美。《毛泽东》《历史转折中的邓小平》《海棠依旧》《换了人间》等大型史诗电视剧，表现了革命领袖和军事将领的事迹，有着具体的历史性与丰富性，数量多，影响大。其中，有的高扬爱国主义和革命英雄主义精神，再现了老一辈无产阶级革命家为探寻救国救民的民族解放之路的不懈奋斗；有的激情洋溢，艺术地再现了党领导全国各族人民进行新中国建设和改革开放伟大事业的开创性贡献；有的真实大胆地表现以往作品很少触及的题材，在最大的深度和广度上表现伟大新时代和民族复兴的梦想，既具有时代深度的复杂性，又彰显理想信仰之光，具有难以泯灭的时代意义。

现实题材电视剧的创作视野更加多元，深入聚焦普通百姓生活和情感，书写当代中国日新月异的发展。如《温州一家人》《老农民》《平凡的世界》《鸡毛飞上天》《最美的青春》等作品讲述平凡人的奋斗史，生动描绘了人们不断求解生活问题与突破工作困境的拼搏精神；《正阳门下小女人》《鸡毛飞上天》《奔腾岁月》《大江大河》《右玉和她的县委书记们》等作品表现中华人民共和国成立后特别是改革开放时期个人奋斗的故事，向每一位追梦人致敬；《父母爱情》《小别离》《小欢喜》等作品叙述大时代下的平凡事、真情感，普通人的生活与家庭被创作者以影像形式冷静观察、深情呈现。

电视剧创作不断开拓创新，挖掘叙事视角，讲好中国故事。近年来，一些优秀电视剧通过日常生活反映大时代变迁，展现现实题材表现的新可能，体现着温暖、积极的创作理念与饱含正能量的主题导向，如电视剧《岁岁年年柿柿红》以写意笔法，描写改革开放以来女主人公柿红及其下一代的个人成长和情感世界。同时，我国电视剧国际竞争力不断增强，内容出口范围逐步扩大、规模不断增长，越来越多具有中国特色、体现中国精神的原创内容走向世界，如《媳妇的美好时代》《父母爱情》《金太狼的幸福生活》等电视剧作品相继走出国门，并受到国外观众的喜爱。

文艺是时代前进的号角。新的光影华章倾情描绘伟大时代。除了电视剧，其他电视形态的发展也迎来大好机遇。近些年，电视内容愈趋丰富，电视质量普遍提高，错综次第的媒介生态日渐成熟，体现了新时代电视工作者对自己光荣的历史使命和严肃的社会责任的自觉。电视节目、纪录片等样态多姿多彩，积极引导人们的价值理念，培植更为丰厚的心智和想象力，以更多更好的作品推动当代电视事业的健康发展。电视节目《平"语"近人——习近平总书记用典》《经典咏流传》《国家宝藏》《中国诗词大会》以及《朗读者》《中华好家风》《等着我》等讲品位、讲格调、讲责任，具有创造性的社会价值和审美价值。大型励志真人秀节目《出彩中国人》对准普通人的梦想，不同行业的劳动能手和行业标兵在节目上展示才艺，受到普遍欢迎。《航拍中国》《记住乡愁》《超级工程》等纪录片制作精湛，凸显中国的人文符号，造型和画面被纳入一种较新的情感结构，为新时代、新征程留下了色彩强烈的影像民族志。这样的节目和类型集中体现了电视实践性审美功能和所传递的正能量，彰显了荧屏中70年的中国精髓、共识和风华。

中国电视在其发展历程中，持续迸发创作活力，以改革创新迎来了新辉煌，彰显了新时代中国电视的勃勃生机和力量。电视将对社会现实的深入观察、深切的人文关怀和艺术表达相结合，进一步反映了人民对美好生活的向往。

中国电视的砥砺奋进给创作者带来诸多启示，也给中国电视未来的发展指明了道路：未来，电视作品要想令更多观众产生共鸣，就要以更立体多元的呈现和更具使命感的责任担当，进一步提升内容品质；时代和生活的灵感、艺术与技术的融合，有力拓展和提升了我国电视制作思路与生产水平。未来，要想继续深入讲好中国故事，重视节目形态、作品风格、人才资源优势等多维度发展，将引领中国电视达到新高度，最为关键的是要牢牢把握电视工作的艺术和文化属性，坚持思想引领，坚持以人民为中心。在新媒体语境下，发挥电视作为现代媒介和主流文化载体的重要作用，与观众形成更深层的心灵共振，是新一代电视人的使命和责任。

与时代同步、与人民同行，是中国电视不变的情怀。放眼未来，中国电视正行进在守正创新的道路上，用新的影像故事为人民立言、为时代立传！

论改革开放 40 年中国历史题材电视剧的审美观照及其历史观演变*
——电视剧的"祛魅"与历史正剧

历史题材电视剧向来被观众当作一面反映历史的镜子，这类作品"以历史上真实发生过的重大人物、事件为依据而创作"，具有"'人以文传'和'以史为鉴'的审美作用"。①尽管历史题材电视剧特别是历史正剧以反映史实为首要目标，但在具体实践中又面临着一个"史"与"剧"的关系如何平衡的问题。创作者本着一种"正说"历史的严肃精神进行创作，并在观众审美历史观演变的基础上，不断拓展着中国历史题材电视剧发展的新方向。

一、文化寻根、主流意识形态与历史剧的选择

1978 年，伴随着中国改革开放的时代大潮，因"文化大革命"而中断十年之久的国产电视剧逐渐恢复生产，影视作品重新走进大众视野并成为人们生活的重要组成部分。改革开放初期，文艺作品以再现现实、表现现实为创作原则，历史题材电视剧基本处于一种隐匿状态，这种情况一直持续到 20 世纪 80 年代中期。

---

* 本文原载于《中国电视》2018 年第 10 期，与姜庆丽合作。
① 徐俊西. 历史电视剧的走红及其艺术定位 [N]. 文学报，2002-05-09（4）.

20世纪70年代末到80年代中期,伤痕文学、反思文学的兴起,给文坛带来一股"文化寻根"的热潮。作家、艺术家面对中国传统文化自五四运动以来的断裂局面,纷纷提出要致力于对传统意识和民族文化的挖掘,向历史寻求镜鉴,于是,历史题材电视剧应运而生。新时期第一部颇有影响力的历史正剧,应追溯到1986年由陈家林执导、侯勇主演的电视剧《努尔哈赤》。该剧不仅获得了第7届中国电视剧"飞天奖"一等奖,而且被时人称赞为"至今还没有看到哪一部电影、戏剧或电视剧在人物形象的创造上,能够同努尔哈赤的形象相媲美,能够像他那样具有深刻的历史内涵,像他那样具有丰富复杂的血肉感情,像他那样具有极其自然的艺术感染力"[①]。继《努尔哈赤》之后,这一时期还相继出现了几部较为优秀的历史正剧,如《诸葛亮》(1985)、《袁崇焕》(1987)、《王昭君》(1987)、《末代皇帝》(1988)、《孔子》(1990)等。

20世纪80年代,电视剧创作者们抱着向传统文化寻根的心态来拍摄历史题材正剧,但在具体的创作中又融入了对民族、国家、政治的深切体会与关怀,表现了一种趋近正统的历史观。改革开放初期,中国仍处于计划经济时代。在回望历史、正确叙述、还原史实等原则的指导下,历史正剧注重在言说中融汇一些现实思考,以塑造、传达社会主义国家的主流意识形态。反观这一时期问世的历史正剧,基本上都是以人物传记的形式出现的,侧重描绘中国历朝历代颇具代表性的人物形象,如孔子、诸葛亮、王昭君、袁崇焕、努尔哈赤、末代皇帝溥仪等。历史正剧将主体——"人"放在叙事的重要位置上,凸显"英雄人物"对于历史发展的推动作用,这种历史书写方式,恰恰契合了20世纪80年代张扬个性、凸显人性精神的文化思潮。

虽然历史正剧以书写史实的严谨面目呈现,但受到20世纪80年代特定历史境遇和文艺思潮的影响,历史题材电视剧在改革开放初期的拍摄受到诸多限制,处于电视剧创作的边缘地位。相较于20世纪80年代占据主流地位的现实题材、改革题材电视剧而言,历史题材电视剧在整体创作数量上较少,

---

① 张庆,胡星亮.中国电视史[M].北京:中央广播电视大学出版社,1996:116.

但这类作品所体现的历史观和拍摄态度却值得充分肯定。这一时期历史正剧的创作，让观众从"文化大革命"创伤中醒过来，于某种程度上担负了"祛魅"的文化启蒙任务。这种创作主体重回过去、再现历史真实以服务现实社会的审美原则和历史观，主导了20世纪80年代历史题材电视剧创作的整体倾向。尽管这些历史正剧在电视剧发展史上只是初露锋芒，但它们的存在，却为20世纪90年代之后历史题材电视剧的进一步发展，开创了一种关注历史、书写历史、恪守严谨的历史精神的创作传统，成为中国电视"祛魅"进程中不可或缺的重要一维。

二、消费主义语境下的多元历史阐释与历史题材电视剧的重构

20世纪90年代初，随着市场经济体制的确立，国内影视剧的创作逐渐脱离了计划经济时代由政府投资、包办的摄制模式，电视剧的生产开始在商业语境下自负盈亏。历史题材剧为了在激烈的市场竞争中寻求一席之地，也开始出现迎合大众化的审美心态与欣赏需求，追求一种商业化、娱乐性的创作倾向。

1992年，北京电影制片厂下属的录音录像公司联合台湾飞腾电影公司拍摄了一部历史题材剧《戏说乾隆》，在大陆热播，并俘获了相当一批电视观众。《戏说乾隆》一剧成为国内历史题材戏说剧的滥觞之作。之后，又陆续出现了《宰相刘罗锅》《康熙微服私访记》《还珠格格》等戏说剧，戏说剧成为历史剧创作中的一种重要类型。戏说剧虽然受到电视观众的青睐，但从历史观的角度来看，这些作品在一定意义上偏离了历史题材电视剧的创作初衷，违背了正确的历史观和价值观，因而受到业内专家的批评和质疑。

与20世纪80年代历史正剧在历史剧中所占的主导地位不同，90年代历史正剧的主导位置受到历史戏说剧的挑战，历史题材作品从一种严肃的正剧创作，向娱乐的戏谑、穿越、宫斗、言情等倾向发展。在商业文化的影响下，历史正剧的拍摄开始在主流话语、宏大叙事之外走向一种平民化、大众化的路线，这种表达使"严肃认真的历史正剧借助通俗易懂的民间语言和民间故

事形态来展现,让传统的正剧作品成为平民的艺术"①。例如,胡玫于1998年执导历史正剧《雍正王朝》,在拍摄前后对这部作品曾表达过两种截然不同的观点。在《雍正王朝》的构思阶段,导演胡玫强调该剧"将是一部帝王治国片……其中,贯穿的一条潜伏之线,就是治国之难、立民之难。对这个'难'字的深入挖掘,就会挖出人物,挖出历史的真实面目,挖出雍正的历史价值,也挖出本片的现实意义和历史意义"②。但在《雍正王朝》拍摄完成之后,胡玫导演又总结说:"《雍正王朝》这部戏有很多与史实有出入,也没有拘泥于原小说……在故事情节与史料相矛盾时,剧情发展占上风;观众与专家意见相冲突时,观众优先、专家让路……一切都是为了艺术创作,一切都是为了让这部电视剧更能打动人,更'好看'。"③无疑,《雍正王朝》作为一部历史正剧,剧中体现了"史"与"剧"、真实性与观赏性的冲突以及对历史的多元阐释,创作者在保证基本史实正确的前提下,做出一种向市场和观众妥协的举动,也表露了20世纪90年代历史剧创作中的矛盾心态,这是值得深入关注与研究的问题。

事实上,除了《雍正王朝》,20世纪90年代较优秀的历史正剧还有《康熙大帝》(1993)、《唐明皇》(1994)、《武则天》(1995)、《大宋王朝赵匡胤》(1995)、《东周列国》系列(1996、1997)、《司马迁》(1997)、《汉刘邦》(1998)、《文成公主》(1999)、《一代廉吏于成龙》(2000)、《海瑞罢官》(2000)等。这些作品多着眼于不同朝代的政治、民生、战争等维系国家兴盛、存亡的重大史实,同时注重作品在思想性、艺术性和观赏性上的统一。创作者在历史、政事的主线之外,往往融入一些儿女情长的感情副线,以应对电视剧市场中的残酷竞争,同时反映了对正统思想进行解构的意图和趋向。

2001年,中国正式加入世界贸易组织。市场经济的快速发展,极大地影

---

① 陈黎方.近30年古代历史题材电视剧创作及价值取向的转变[D].广州:广州大学,2017:18.
② 胡玫.一个民族的生生死死:我拍电视连续剧《雍正王朝》[J].中国电视,1999(3):39.
③ 沈芸.与胡玫谈《雍正王朝》[N].文汇电影时报,1999-02-26(2).

响了国内影视剧的创作。"据统计，1999年、2000年、2001年，历史题材电视剧分别占全年度电视剧生产总量的10.7%、21.6%、24.8%，所占比例逐年攀升。"① 这类历史题材电视剧中有不少都是戏说剧，如《铁齿铜牙纪晓岚》（2000）、《少年包青天》（2000）、《大明宫词》（2000）、《李卫当官》（2001）、《大汉天子》（2001）、《神医喜来乐》（2002）、《大宋提刑官》（2005）等，它们成为各地电视台收视率的重要保证。

　　与此同时，一些怀有强烈社会责任感的电视剧创作者坚持拍摄历史正剧，如陈家林、吴子牛、胡玫、张黎、张建亚等人。这一阶段颇具代表性的作品有《康熙王朝》（2001）、《天下粮仓》（2002）、《江山风雨情》（2003）、《沧海百年》（2004）、《朱元璋》（2004）、《汉武大帝》（2005）、《贞观之治》（2005）等，当然，这些作品也无法完全脱离消费文化的影响。这一时期的历史正剧，在遵循"大事不虚、小事不拘"的创作原则下，努力在艺术追求与商业经营之间寻求一种适度的平衡，并进行适度的解释性重构，如陈家林、刘大印执导的《康熙王朝》，自播出以来就被众多观众奉为历史正剧中的经典之作。该剧的叙述主线围绕康熙皇帝一生经历的诸多政治事件——擒鳌拜、撒三藩、收台湾、抗沙俄、平定噶尔丹等展开；此外，剧中有多条家庭、情感线，孝庄太后、苏麻喇姑、容妃、蓝齐儿等人的存在，丰富了康熙皇帝作为传奇人物的多面性，同时满足了普通观众的审美期待。其中，苏麻喇姑这一角色纯属剧作者的主观虚构，历史上并无其人，而这一人物的设置，更多的是出于对市场因素的考虑。由此可见，这一时期历史正剧的创作、生产，反映了"政府立场、商业立场和知识分子立场之间复杂的意识形态冲突"。在这些冲突以外，市场因素与社会主导力量之间也常常通过在权力较量、谈判、协商中来寻求结合和协作，这其实不无意义。② 总体而言，这一阶段的历史正剧受市场经济体制、消费思想和解构主义的影响，艺术虚构成分较20世纪80年

---

① 王昕.在历史与艺术之间：中国历史题材电视剧文化诗学研究［M］.北京：中国传媒大学出版社，2008：8.

② 尹鸿.意义、生产与消费：当代中国电视剧发展的政治经济学分析［J］.现代传播（中国传媒大学学报），2001（4）：1—7.

代有所增加，创作者从不同角度对历史进行多元阐释，使得历史正剧在观赏性甚至思想价值上大为提升。

三、现实观照与文化传承：历史正剧发掘新的意义

2006 年 2 月 28 日，当时的国家广播电影电视总局在全国电视剧题材规划会上，大力提倡现实题材作品的创作，对古装剧的制作与播出做出限制。随着政府主管部门对历史题材电视剧调控力度的进一步加大，一些因陋就简、粗制滥造的戏说剧逐渐在荧屏上销声匿迹。历史题材电视剧市场的"祛魅"，为历史正剧的发展提供了新的契机。

2007 年，历史正剧在经过曲折的发展历程后，进入一个迅猛勃兴时期，相继涌现了一大批优秀的历史正剧，如《于成龙》《船政风云》《贞观长歌》《卧薪尝胆》《越王勾践》《贞观之治》《秦始皇》《大明王朝 1566》等。由吴子牛执导的大型历史题材剧《贞观长歌》不仅再现了恢宏壮阔的盛唐气象，而且通过表现大唐王朝的兴盛来映照当下中国的崛起，具有强烈的现实观照意义。历史正剧不应只为观众提供一种视听娱乐消费，还必须具有自觉的文化担当意识。"尤其是具有'史'的品格和'剧'的魅力的历史正剧，更应承担起传播优秀传统文化、培养民族精神的重任。"①《贞观长歌》这部戏便担负了这样的时代责任。再如，以一种辩证的新历史主义阐释方式问世的《大明王朝 1566》，一度被视为一部建设廉政文化的作品，对当下中国反腐倡廉建设有着重要的启示和指导意义。正如该剧编剧刘和平所说，作品努力打破善恶对立的二元伦理模式，将人物放置在特定的历史情境中来理解、塑造，"努力揭示每个人物的深层心理奥秘和隐蔽的行为动机"②。创作者试图对这段史实做出既契合人们的既有认知，又易于被当下观众所接受的新论述、新意义和新价

---

① 鹏英.历史正剧如何承载民族精神：从《贞观长歌》看历史正剧的民族精神担当［N］.中国教育报，2007-09-21（9）.

② 曾胜.历史镜像：意识形态话语与文化自省——《大明王朝 1566》的新历史主义叙事策略［J］.文艺论坛，2007（2）：19.

值。这些历史正剧大多本着一种现实主义的创作精神进行拍摄，在历史与现实的相互映照下，发挥了历史镜鉴、社会批评的功能。

历史正剧在经历了市场检验、观众选择及其深刻的文化反思后，发掘新的意义，阐述新的观念，逐渐从 20 世纪 90 年代的大众化、平民化叙事，转向了新历史主义和宏大叙事。尤其是在 2012 年实现中国梦、彰显"文化自信"的理念提出后，历史正剧日渐显现了对历史文化的传承作用，重新走向历史题材电视剧创作的中心位置。"因为人们希望从中读懂历史文明，获得现实启迪，在经过对历史的'小写'潮之后，社会对历史正剧的需求出现了反弹，新的宏大叙事呼之欲出。"① 例如，《大秦帝国之裂变》（2009）、《郑和下西洋》（2009）、《大秦帝国之纵横》（2013）、《大清盐商》（2015）、《大秦帝国之崛起》（2017）、《于成龙》（2017）、《天下粮田》（2017）、《大军师司马懿之军师联盟/虎啸龙吟》（2017）等，都可被归为这一时期历史正剧的代表之作。

其中，《大清盐商》一剧被认为是价值取向正确、鲜明，积极掌握历史之真意的良心之作，"肯定了剧中主要人物汪朝宗的家国情怀，肯定了他不仅要治家要赚钱，尤其在必要的时候还要敢为老百姓冒风险，讲人性，重民本"，②体现了历史人物的家国意识和人道关怀，这种观念与社会主义核心价值观不谋而合。此外，《大秦帝国》系列作为历史正剧的代表作，讲述了秦国在战国七雄争霸时代中变法求强的改革姿态，符合当下国民对中国发展兴盛的社会期待。从这个意义上说，历史正剧不仅"包含着对当前时代的思考"，还可以"抒发观众内心的'历史情结'和'家国情怀'"。③ 在文化传承和国家崛起的重要历史阶段，历史正剧的回归与再生是观众选择和时代发展的必然结果。

历史学家吴晗曾说："写历史剧，我的看法是主要人物、主要情节，包括人物性格，应该符合历史真实；而次要人物、次要事件，则是可以改动的，

---

① 董阳.历史正剧折射"复兴期待"[N].人民日报，2017-02-28（14）.
② 本刊记者.历史正剧创作的品质追求：电视剧《大清盐商》研讨会综述[J].中国电视，2015（5）：18.
③ 董阳.历史正剧折射"复兴期待"[N].人民日报，2017-02-28（14）.

而且在某些场合有必要进行改动,这是艺术所要求的。"① 回顾与眺望改革开放 40 年来历史题材电视正剧的创作,虽然在总体上基本遵循了"大事不虚、小事不拘"的创作原则和精神,但是走到今天,受政治、经济、文化等诸多因素的影响,历史正剧在这些年的发展历程中也几经沉浮,在不断"祛魅"中寻求对话,以期在历史与现实的维度中获得进一步发展。历史正剧曾一度被淹没在熙攘、喧闹的戏说剧中,但它以不断强化、不断反思的历史观念和审美观照,逐步确立了自身的存在价值。反观过去几十年特别是进入 21 世纪以来的历史题材电视剧的创作,尽管在体裁上介于悲喜剧之间,但这类作品在整体风格上,仍持续流露着一种高涨的历史情绪、激励性的披坚执锐与淡淡的悲剧意味。历史剧体现的这种悲剧意识的最终指向,是一种崇高体验及审美观照,因而它更能在新的语境下起到净化人心的作用。对人、记忆、历史的重构皆须直率、真诚,念念在心,这也是当下观众呼吁与关切历史正剧回归的根本所在。

---

① 吴晗. 历史剧是艺术也是历史 [J]. 戏剧报,1962(6):39.

"一带一路"与商业题材电视剧的发展[*]

在经济全球化主导的世界格局之下,共建"一带一路"顺应了世界发展多极化与区域民族文化多元化的潮流。"一带一路"倡议的原则是和谐包容,加强不同文明之间的对话,求同存异,兼容并蓄。千百年来,中国与"一带一路"合作伙伴之间有着深厚的民族文化交融与认同的基础,民族文化甚至文明的根基能够通过影响相关产业发展,进而影响国际贸易的内容、规模和格局。电视剧是重要的大众娱乐方式,尤其是商业题材电视剧,它兼具文化和商业的双重属性。民族文化在当前的国际贸易中是搭建不同国家、民族贸易之间的桥梁,商业题材电视剧的国际化传播,直接关系到民族文化的国际交流和中国国家形象的塑造。凡一切有价值的艺术,都是富有时代性的。换言之,电视剧作为一个由时代环境造就的艺术作品,同样是"时代隐隐的一个小影",它是属于时代的,也是属于世界的。当前中国经济发展已经进入新常态,商业题材电视剧展现了中国商人精神和中国商业活动,具有历史意义与现实指涉的双重价值,独特地展示了中华民族的风土人文与南天北海,承载着中华文明与国家形象传播的需求。将商业题材电视剧背后的民族文化融入"一带一路",浪卷潮涌,别有意味,作为建立文化身份认同的有效途径,它无疑也为影视产业发展拓宽了渠道。

---

[*] 本文原载于《中国电视》2017年第6期,与史力竹合作。

一、跨区域交流搭建"民心相通"的平台

　　古老历史的尘埃没有遮蔽这条源起于两千多年前的丝绸之路,"一带一路"的提出是中西古老文化交流在当代的延续。国之交在于民相亲,民相亲在于心相通。畅然无遮的民心相通是"一带一路"倡议的关键一环,是各国文化了解和交流的根基。大众媒介形成了电视剧受众的共享文化,商业题材电视剧以人们在经济大潮中的奋勇搏击为基本表现内容,具有新的质地和审美倾向,时代气息、文化底蕴与家国情怀的结合颇为凸显。2016 年,一部书写新时期中国商业精神的电视剧《鸡毛飞上天》在浙江卫视与江苏卫视首播。《鸡毛飞上天》的叙事主线是商海传奇,并将陈江河与骆玉珠的感情作为副线支撑,丰富了陈江河的创业历程,让陈江河变为有血有肉、敢闯能吃苦的浙江义乌商人的代表。"鸡毛换糖""进四出六"展现有着赫赫雄风的独具魅力的商人之"心"。陈江河的目标是让村里人富裕起来,期冀通过义乌人的努力,传承义乌人勇于开拓的实干精神。改革开放让"鸡毛换糖"摆脱"投机倒把""资本主义的尾巴"的标签,陈金水重建敲糖帮,再次挑起担子,走街串巷"换鸡毛"。斗转星移,"新世界"的市场准则需要的不再是简单的以物换物。善于创新、变通却不忘初心的义乌精神体现在陈江河身上,他以大麦作饲料,承包袜子厂,引进外国设备,研发新设备,这一连串的"革新"之举,看似与养父"鸡毛换糖"背离,实则传承了义乌人脚踏实地、敢于拼搏、不忘初心、奋勇前行的精神。中国商业精神的传承不是一成不变的,而是需要在发展中不断增添新的典范和吸收、融合异质商业文化,为固有的商业模式注入新鲜的血液和活力。"义乌之外有中国,中国之外还有世界,只有借着太平洋、大西洋的风,鸡毛才能真正飞上天。"陈金水"传"的是老一代义乌人"积少成多、刻苦务实"的创业精神。"一带一路"开启了全新的商贸合作关系,社会经济、时代发展背后所蕴藏的是浙江义乌人一代代精神的传承与创新。陈江河在秉持父辈创业精神的基础上用褒义的"拿来主义",借域外的风拉近了义乌和世界的距离。今天的义乌,是中国"一带一路"建设的桥头

堡,是世界的"小商品之都"。面对纷繁复杂的变迁,越来越多的义乌人远赴海外,开拓市场、不断拼搏,打造了时代新义乌。

商海浮沉中最容易忘却和最难坚守的是人的本心和根脉。"无奸不商"的商人形象与"官商勾结"的根深蒂固的关系,总是与中国的商业题材电视剧如影随形,但是,在为获得更多的市场份额、更高的经济效益而角逐的过程中,也最容易洞察人心。电视剧《中国式关系》始于志得意满的马国梁突遭官场、情场的双重打击,遂转战商场创业。精通中国人情世故的体制内干部遇到了江一楠,一个受海外教育长大的建筑师。这不仅是一次中西思想的碰撞,更是一种思维体系上的"破旧立新"。在马国梁与江一楠因"老年公寓项目"合作的过程中,江一楠的世界不再是"非黑即白",她有能力去处理"复杂""灰色"的关系;马国梁不再混迹于官场的"关系",他开始明白发展需要依赖的不是纵横交错的人情与权力的关系,坚韧的意志、立身的端正才是在商业竞争中驾驭一切的核心与本心所在。制片人张翼芸在阐述自己的创作理念时说:"我想站在一定的高度对现实生活进行透视、观照和提升,而非简单的再现和描摹。当下人们都在殚精竭虑追求成功,财富不断积累、欲望不断膨胀,精神和心灵却越来越焦虑和迷失,在这种时候,人们更需要慰藉和希望。我希望做一部现实理想主义的作品,能给观众的心灵带来一种美好的感受和滋养。"残酷的现实往往比美丽的梦想更能直击心灵的深处,《中国式关系》用一个"失败"的开始,最终缔造了马国梁与江一楠的成功,也符合商业题材电视剧一贯的"不破不立"。现实主义商业题材电视剧比其他电视剧更能切中社会发展的脉搏,起伏跌宕的商路与创业者的人生路相互交错,形成互文。

在全球化时代和信息社会语境下,大众拥有更开阔的眼界与更开放的意识。《鸡毛飞上天》《中国式关系》呈现的"中国式关系"更确切地说是一种"新中国式关系",甚至可以说是中华文化的本心所在。"一带一路"扩大了中国的朋友圈,彰显了中国文化的审美记号。中国发展的新态势需要整合多种元素、多种力量,构建"一带一路"全球价值合作机制,共商、共建、共享,创造出丰硕的成果,进而推动新关系下的全球性的文化之路的融汇与衔接。

在电视剧《浮沉》中，两大外资公司利用一切手段做商业竞逐，体现了美国、日本两个国家的企业文化，但是商业文化与策略的落脚点仍植根于中国的"人情"。中国人的刻苦耐劳，本性上的善良、遵守规矩，成为商业竞争中的一个文化基因。

"德本财末"的人情关系融汇于商业题材电视剧中，在社会主义公平正义的原则下重新注解"人情""友善"等关键质素，具有现实意义。告别过往的悲情与怀旧，呈现新时代的开放性，中华文化成为可以给周边文化带来启发的文化，其面对世界和未来的气度与胸怀寄寓其中。

二、"商道""商魂"缔造儒家商帮文化

在全球一体化的进程中，不同地域文化间的碰撞与融合，各个国家、地区、民族都无法逃避，再强势的大国也不得不面临本民族文化向心力被削弱的处境。"地域文化特色对于任何一部艺术作品而言，都是不可或缺的重要因素之一，是艺术作品的根基和核心，它既是剧中人物赖以生存的地理空间和物质世界，又是作品个性和文化特征的综合体现，是创作者主体与生俱来的文化基因和文化认同的自然流露。""商帮"电视剧所代表的是不同地域的"商道""商魂"，是对特色风土人情的记述与传承，在各地的文化建设与跨地域的文化交流中起到至关重要的作用。"一带一路"为中国主动向世界推广中国优秀文化提供了难得的机遇和巨大的产业发展空间，中国电视剧的国际传播与国家形象建构之间具有复杂性、特殊性、差异性，因此亟须借助对地域文化的承续和发扬保持文化多样性，帮助中华民族在全球化浪潮中树立文化自信。

商业题材电视剧主要以商人成长、商业活动、商业竞争为主要内容，与展示商业竞争中的明争暗斗和商业家族传奇相比，"商帮"电视剧注重发掘地域文化，对不同区域商帮进行一种融合历史氛围与情怀的真实还原，是更具魅力的创作路线。尘封百年的"商道""商魂"通过"商帮"电视剧走向市场和观众，走在"一带一路"这条文明之路上，让地域文化交流冲破隔阂、超越冲突，推动各区域之间的相互理解、相互尊重、相互信任，文化因此能起

到一种润滑作用。

清朝乾隆年间,乔全美起建乔家大院,乔致庸当家后继续大兴土木,奠定了其后乔家大院的格局。"皇家有故宫,民宅看乔家",乔家大院被誉为"北方民居建筑的一颗明珠"。同名晋商题材电视剧即讲述了一代传奇晋商乔致庸历经千难万险实现货通天下、汇通天下的历程,内容鲜活。《白银谷》《龙票》《走西口》等一系列关于晋商文化电视剧的相继热播,投射出的不仅是晋商的商海拼搏,还是一段段曾经的辉煌与开拓进取的精神。

"敢为天下先"是浙江商帮的取胜法宝,《向东是大海》《温州一家人》《温州两家人》三部浙商电视剧依托浙江地域文化,深度展现了浙商风采。浙商剧的制作早在20世纪80年代《女记者的画外音》就已开启,《吴百亨先生》《钱江潮》《中国商人》《温州女人》《海之门》《中国制造》《温州人在巴黎》等电视剧陆续拍摄播出,浙商剧在商业题材电视剧的规模化生产中日渐展开。"是商,然而也是儒。是儒,然而也是勇。有勇,但又细致有谋。有谋,而处世又行侠仗义",这是浙江商人的特点。浙商剧的文化构成使浙商精神能够不断绵延至今,并成为当下有极大影响与启示作用的时代精神。

徽商和晋商曾经雄踞华夏商界三百年之久,地贫人稠的自然状况把一代代徽州人推向经商之途,善抓机遇的徽州商人以巨大的物质财富开辟了"无徽不商"的商业神话。《徽商》《徽娘宛心》《徽州女人》《新安家族》《大清徽商》演绎了百年徽商的"道"和"义",高明的经商之道与维护公平正义的义气,从行动上颠覆了"经商只为利"的固有传统。"商帮"时代已经载入史册,地域商帮文化中的"商道""商魂"依旧历久弥新。商帮文化之间有差异,但受儒家道德规范教育的中国商人,以"重义轻利"为经商济世的信条和原则,他们在各自地域文化的浸染下,秉承不同的经营理念,却拥有"顽强拼搏、诚信经营"的共同特点。

古丝绸之路绵亘万里,延续千年,传承了古老丝绸之路历史基因的"一带一路"促进贸易自由化,推动文化交流,一代又一代的"丝路人"依靠宝船和友谊,架起东西方合作的纽带与和平的桥梁。"商帮"电视剧描述的年代,是中国历史上前所未有的社会经济文化转型期,作为传承中国传统文化的载体,"商帮"电视剧描写、呈现的是商贸之路,也是文化之路,我们要以"文化自觉"的心态观照当下与历史。"文化自觉,是指生活在一定文化中的人对其文化有'自知之明',明白它的来历,形成过程,所具的特色和它发展的趋向,不带任何'文化回归'的意思,不是要'复旧',也不主张'全盘西化'或'全盘他化'。自知之明是为了加强文化转型的自主能力,取得适应新环境、新时代文化选择的自主地位。"地域文化与长期的传统习俗分不开,全球化与现代化的飞速发展加速了人口流动,人们的活动冲破地域的限制,在现代性的语境中,地域文化失落成为难以避免的事实。"商帮"电视剧的创作以地域视角展开,扎根于深厚的中国传统文化,注重将地域文化特征作为电视剧的主要表现内容,向观众展现商战风云、家族崛起的同时,展开各地地域文化的图景。地域和文明之间有差异,商人和商人之间有差异,因为有差异,世界才变得非常有吸引力。差异也是美好生活的根因。历史的经验在言说:在开放的格局之下,文化的交流带来了观念的创新,源起于中国的文化,在交流与互鉴之中,重立古今坐标,得到了世界的认可与推崇。

三、国家意识和个人成长的双重建构

经商在我国有历史传承,"经商之道"散播于民间,可以发家致富,提高我们整体的生活水准。随着"经商热"悄然而生,投契大众文化与受众审美的商业题材电视剧也同步登上荧屏。1991 年,正面表现商人创业历程的电视剧《上海一家人》成为商业题材电视剧的开山之作。1993 年至 1994 年,描写"瑞蚨祥"创业史的《东方商人》、晋商题材的《昌晋源票号》重磅推出。2000 年,讲述老字号的《大宅门》影响更大,它通过商业活动表现创业主人公的商业品格、商业智慧、艰难经商路、情感经历以及对社会的贡献。主人公的成长是一个曲折而又漫长的过程,这个过程伴随着坎坷的辛酸与成功的喜悦,整剧以主人公为中心辐射性地展开故事,推动剧情发展,使整个叙事系统处于既紧张又稳定的结构中。历经多重磨难的中心人物最终在思想上与精神上得到极大的升华,进而实现了将自我认知升华至对国家与民族命运的认识上。国家的兴衰动荡伴随着商业的跌宕起伏，商业题材的电视剧虽大多以个人经历为主线，却映射着国家、民族的意识形态和精神追求。中国商人的成功不单单依靠诚信，还依靠大格局、家国情怀和朴实的正气，《乔家大院》中的乔致庸、《大染坊》中的陈寿亭、《向东是大海》中的周汉良等，这些人物性格和命运背后是国家民族现代化进程的体现，是历史真实、艺术与思想流经之地的审美统一。

"且功且过，亦喜亦悲，忽峰忽谷，极盛极衰"，这描述的便是被鲁迅称为中国封建社会的最后一位商人的胡雪岩。胡雪岩身上的传奇色彩使其成为各种叙事文本的天然素材。《八月桂花香》是首部描述胡雪岩的电视剧，此后电视剧《胡雪岩》《红顶商人胡雪岩》都试图展现胡雪岩波澜壮阔的一生。"个人—国家"的叙事结构体现了商业题材电视剧史诗性的美学追求，主人公"舍小我"最终"舍身为国"的叙事模式不同于一般的商业题材电视剧，并未将叙事重点聚焦商战过程的复杂性，而是将关注点集中于中国商人在激战中的力量与精神。观众真切地感受到以胡雪岩为代表的商人的民族气节与中华文化的精神美质，这正是此类电视剧的文化观之所在。在人物形象上，此类电视剧着重塑造商人在商业经营方面的先进意识、灵活头脑、意识形态以及与时代结合的现代性，由此彰显中华文化的时代与民族特色。《红顶商人胡雪岩》一剧的内容包含胡雪岩以精明的头脑创造财富，帮助左宗棠解太平天国围杭州城之困；兴办洋务参与左宗棠造船厂的运作；以个人之信用作为担保为清政府筹措银两助左宗棠平定叛乱等，这位红顶商人心怀国家，接济百姓，最终仍孑然一身，含恨而终。电视剧通过呈现商界巨擘跌宕起伏的人生百态，进而解析在内忧外患中踽踽前行的晚清社会。商人的创业是和复杂的背景以及民族矛盾之下社会的兴衰变革联系在一起的。《胡雪岩》的内容指涉中国百年企业史上第一场中外大商战，尽管胡雪岩高价收尽国内数百万新丝、占据上风，但意大利生丝突告丰收，中法战争爆发，局面剧变，胡雪岩再无回天之力。人道即家道，商道即国道，胡雪岩与左宗棠的同盟关系曾是中国近代史上最著名的官商同盟，以至李鸿章曾感叹："可惜我淮军多能善战者，竟无胡雪岩懂得商道者。"即便如此，胡雪岩仍难逃郁郁而亡的宿命。清王朝的统治者意识到中国亟待一场改革来改变当时的困局，但内有卖官鬻爵的贪官污吏，外有列强入侵，最终在辛亥革命之后，享国267年的清王朝终致覆灭。

以史为鉴，可以知兴替。历史是最好的老师，从历史的维度看，全球正处在一个大发展、大变革、大调整的时代，美好生活需要每一个国家、地区的人民合力去创造。当"一带一路"从理念转化为行动，从愿景转化为现实，每一位奋斗者所肩负的不再是各自的人生，而是国家的使命。在《向东是大海》中，周汉良说："宁波很小，世界很大，你的心有多大，你的世界就有多大，你的眼光有多远，你的事业就有多远。"中国人应有的血性体现在与国家政局紧密相连，与小人物的命运休戚与共的深刻情感中，个人事业的发展就是国家的发展，国运亦是商运。大海如同中国商人的胸襟，更如同中国在世界舞台上开放包容、求同存异的胸怀。商业题材电视剧展现了中国商人的成长，更呈现了中国"大众创业、万众创新"的双创精神。在"一带一路"的大背景下，发展文化产业有助于推动中国经济的平稳增长，进而促进打造"一带一路"文化共同体，降低文化与商业传播中的文化折扣。商业题材电视剧作为文化产业的组成部分，借"一带一路"之势为中国向世界推广中国优秀文化提供契机，中国电视剧的国际传播与国家形象建构之间的复杂性、特殊性、差异性，可以通过商业题材电视剧中商人的个人修养、商业伦理成为各国交流的根基，释放"丝路"文化的热情。广泛开展的文化交流可以深化双边合作，促进相互交流、借鉴、理解，在进一步促进各国经济繁荣与区域合作的同时，可以使中国内外体察中华文明之大、之深。

四、商业题材电视剧的"供给侧结构性改革"

商业题材电视剧获得过举世瞩目的成就，《乔家大院》《向东是大海》等都得到不少奖项，在各大卫视的收视排名也稳居前列。然而，重新审视商业题材电视剧创作，借助历史上的"丝绸之路"和当下"一带一路"热潮以及它给中国影视发展所带来的巨大影响，商业题材电视剧目前还存在有待开拓的巨大发展空间。在这个方面，笔者认为，商业题材电视剧倘若能通过"供

给侧结构性改革",去产能、去库存、去杠杆、降成本、补短板,真正从立意主题、情节设置、人物刻画、叙事策略等方面进行积极尝试,那么,商业题材电视剧或将迎来创作上的春天。供给侧结构性改革就是从提高质量出发,用改革的方法推进结构调整,最终的目的在于更好地满足广大人民群众的需要,这其实也是商业题材电视剧需要反思与改进的路径。

(一)增强"中国商业故事"的有效性书写

台湾小说家的系列小说《胡雪岩》在20世纪80年代成为知名的畅销书。"为官须看《曾国藩》,为商必读《胡雪岩》",但是,今天商业题材电视剧的热播未必就能与这一社会心理背景产生密切联系。商业题材电视剧不能只着眼于商场计谋的平铺直叙,更要避免选材与叙事的同质化,在相同的文化积淀和生活经验之上创作出具有更强开放性的商业故事,商业题材电视剧不仅要展现商战中的尔虞我诈,更要展示商战中的普遍人性和商业故事背后的民族家国情怀,让承载着优秀传统文化的中国商业故事漂洋过海,将其述说给更远的区域受众听,立足文化,面向世界。

(二)多维度叙事策略与大众化表现方式

文化的形成和发展是基于社会成员的知识、信仰、艺术、道德、法律、习俗之上的,大众文化的诞生和出现是时代演进与变迁的产物。受众作为理解大众文化和电视剧文化的主体,对文化娱乐需求的反馈引导了电视剧的创作。百集系列微电影《鸡毛换糖,义商精神》并未引起太大的轰动,而电视剧《鸡毛飞上天》实现了收视与口碑的双丰收,其中不乏创作者对受众这一"消费者"的重视。陈江河的商路是在蜿蜒曲折中前进的,自主设计、商标注册是陈江河理性分析后的结果;陈江河的情路也是坎坷崎岖的,无父无母的辛酸、与养父的理念冲突、与玉珠的几经磨难,在情与理的交融与冲突之下,情节跌宕起伏,紧扣观众心弦。剧中情感线索的铺排体现了中国式的人文关怀,如陈江河对玉珠的一诺一生;陈父对养子的"误解";陈江河对养父和家乡的浓浓情义。相比之下,陈大光的见利忘义、杨雪的暗中作梗、义乌商贩之间的信任危机等加强了整部剧集的吸引力,也完整体现了中国式情感。商业题材电视剧从无到有,从有到优。在地域文化的差异之下,代表不同地域文化的商业题材电视剧,需要依赖的是向世界开放的创新精神,这也许是突破创作瓶颈的背景与关键因素所在。以更为大众化的叙事与生动可感的表现方式,冲破地域与历史的桎梏,深入矛盾核心,反映复杂现实,引领观众走进故事,在体味剧中人物的情感世界的同时感受中华文化千年传承的根脉,也是非常重要的。

(三)整合构建国际化与立体化的传播渠道

"丝绸之路"曾被誉为人类文明的第一通道,如今经济全球一体化的进程如火如荼,中国经济持续走高,然而中国电视剧的文化传播却仍处于"贸易逆差"的尴尬境地,由于"文化折扣",中国电视剧在欧美国家的传播收效甚微。在跨文化语境之下,以商业题材电视剧突围,改写"文化逆差"并非天方夜谭。荣膺"飞天奖"长篇电视剧一等奖的《温州一家人》作为中国商业题材电视剧的先锋作品,肩负了"走出去"使命的第一步。《温州一家人》开启了中国电视剧外拍的新格局。制作团队先后三次远赴海外,足迹遍布意大利、法国等多个国家的15个取景地,超过40位外籍演员克服语言困难参加演出,剧组在温州商人真实生活的场景中进行采访、取景,高水平、高规格地完成了外拍模式。《温州一家人》表现了改革开放30多年中国的巨大改变和中国商人从国内走向国际,中国企业向现代企业转型的艰辛过程。现如今,海外华商遍布世界的每一个角落,他们从电视剧中获取文化归属感,为电视剧赢得海外市场份额提供了可能。商业题材电视剧具备电视剧"走出去"的独特题材优势,电视剧合拍亦为今后中国电视剧更好地开拓国际市场、建立国际传播渠道提供了宝贵经验,它既拓展了中国文化在地域上、空间上的传播范围,又增强了中国文化传播的落地性和有效性。

古丝绸之路是一条美丽富庶之路,而今中国再次架起连接亚欧的通道,搭建重振全球经济发展的新平台。商业题材电视剧蕴藏的经商之道"仁义礼智信"与"一带一路"弘扬的丝路精神一致。在家庭伦理剧、战争剧、都市

爱情剧中，表达着独树一帜的商业意识、商业信息以及商业文化精神，这是商业题材电视剧与时俱进并得以突出重围的原因。一部部商业题材电视剧的创作用影像记录了中国的商业故事，在找寻千年的辉煌，塑造多元而丰富的中国商人形象，展示活色生香的生活图景的同时，向世界展示了一个务实进取、义利并举的中国。青春重新恣意绽放，使美景变为诗，这是令人神往的。

中国主旋律影视创作的发展[*]

一、国家叙述："主旋律"和重大主题创作

这些年，我们的国产电影、电视剧发展得相当快，取得了不俗的成绩。

2015年，中国电影的票房达到440.69亿元。2016年年中，全球电影票房大概是330亿美元，中国电影总票房在全球票房中占比约为18%。亚太地区的票房超过100亿美元，其中40%到50%来自中国。和2014年、2015年相比，2016年中国电影市场增速放缓，但只是在增长的前提下的放缓。截至2016年10月15日，中国电影总票房377.06亿元，比去年同期净增20多亿元；截至9月底，中国银幕数38,780块，比年初增长5000多块，增速非常快，影院建设也保持旺盛态势。国产电影年产量约为700部，而电视剧约为1.6万集。2015年中国电视剧总产量400多部，1.5万余集。我们的国产影视剧的产量、产能巨大，甚至可以说，2016年的电影、电视剧产能有些过大，而它的社会影响力也确实在不断增强。这是好事。

在中国当代电影电视剧的创作、生产中，重大革命和重大历史题材影视创作一直是一个非常重要的部分。

重大革命和重大历史题材电影电视剧，是重大革命历史题材影视和重大历史题材影视作品的统称。在当代中国电影电视剧生产中，重大革命和重大

---

[*] 本文原载于《人民政协报》2016年10月31日。

历史题材创作是一个显赫的系列，呈现了一个时代的选择权重。2003年7月28日，国家广电总局在《关于调整重大革命和历史题材电影、电视剧立项及完成片审查办法的通知》中指出，"凡以反映我党我国我军历史上重大事件，描写担任党和国家重要职务的党政军领导人及其亲属生平业绩，以历史正剧形式表现中国历史发展进程中重要历史事件、历史人物为主要内容的电影，均属于重大革命和历史题材电影。"纵观重大革命历史题材电影电视剧创作，主要以近现代的反帝反封建的革命斗争为主线来构建民族史话语，重大历史题材影视作品则聚焦于中国共产党和国家领导人的生平业绩、工作生活经历，或表现共产党、中华人民共和国、人民解放军历史上的重大事件，涉及各个阶级、阶层、社会观念对民族、国家历史进程的影响，歌颂革命领袖和领导人，作品大多气势宏大，兼有动人心魄的战斗场面，引发人们对当前社会秩序的历史认同，形成了一种具有中国特色的特殊电影电视剧类型。如今，注重叙事的丰富完整，以尽可能隐蔽的主观倾向引导观众参与历史进程，将历史事件与人物个性融入纪实式的戏剧处理，成为重大主题创作新的发展趋向。

作为重大主题创作的重大革命和重大历史题材作品数量相当可观，影响巨大。作为重构历史的创作范式，重大革命和重大历史题材创作在新时期应运而生，不断发展。中国主旋律影视剧出现于20世纪80年代末90年代初。尽管主旋律电影电视剧的定义及其是否能被称为一个类型尚存争议，但它确实代表了中国影视史上为数众多的一种创作形态。"主旋律"三个字首次出现是在1987年2月召开的全国故事片创作会议上电影局提出的"突出主旋律，坚持多样化"口号中，之后，它的含义被不断修正，30年后，主旋律影视片活跃在中国电影电视剧的最前沿，为主流意识形态架起通向大众的桥梁，由于承载着太多国家话语，它获得了较大的推动、保护和关注，也曾面临许多冲击。作为民族史的重要一页，由于中国共产党及其领导的新民主主义革命与中国现实政治有着殊为密切的关联性和重要性，这一历史领域内的重大主题创作在改革开放以来的文学艺术界显现了压倒性声势，优先占用了各种主题与艺术形式，在新时期以来的中国影视剧坛，找到更多崭露头角的空间，颇具一种超常意义，它得到优先重视和长足发展，是显而易见的。

重大主题影视剧创作，与 30 余年来中国现实政治、历史记忆与国家认同有着殊为密切的关联性和重要性，它不断挖掘与呈现民族史之重要一页，有时充当着中华民族共同体想象的载体，有时强化着主流意识形态整合功能。重大历史题材及其包含的革命话语的转型问题，不断融入现代性的建构与反思，这无疑既有益于历史理性与当代社会发展的信心和信念的确立，也对于推动中国影视剧的大跨步发展有着重要的现实意义。

二、国家形象构筑：献礼片的创作

1999 年是中华人民共和国成立 50 周年，从 1998 年起各个电影厂就开始了献礼片的准备工作。1998 年和 1999 年的献礼片，形成中国电影创作特别是"革命历史题材"影片创作的高潮。1999 年，参加展映的有《国歌》《大进军——大战沪宁杭》等 18 部国产新片以及参加复映的影片和在农村地区展映的 8 部"16 毫米影片"。2001 年是施行电影"十五五〇"工程的第一年，为庆祝中国共产党成立 80 周年，广电总局推出了《相伴到永远》《毛泽东在1925》《真心》等 15 部影片。

在中华人民共和国电影的历史上，献礼影片的大规模创作分别出现在 1959 年、1979 年、1989 年、1999 年。中华人民共和国成立 10 周年，文化和旅游部举办"国产片展览月"，展映《林则徐》等故事片 18 部，另外还有纪录片 7 部、科教片 7 部、美术片 4 部。中华人民共和国成立 30 周年，展出的故事片包括《从奴隶到将军》等 29 部，以及纪录片 15 部、美术片 6 部、科教片 19 部。中华人民共和国成立 40 周年献礼故事影片有《百色起义》等 24 部。1998 年，在数量颇多的主旋律影视作品中，出现了在市场上取得比较出色成绩的 3 部纪念领导人百年诞辰的纪录片、传记故事影片：《周恩来外交风云》《周恩来——伟大的朋友》和《共和国主席刘少奇》。

进入 21 世纪，重大主题影视创作发展了新的类型，有了新的变化，也较为切合影视剧市场的需求。从电影《红色恋人》《集结号》到电视剧《激情燃烧的岁月》《历史的天空》《暗算》《亮剑》《潜伏》等涉及红色题材的电影电

视剧作品的持续热映热播,就是这种转变的表现。从 1987 年的重大革命历史题材电影电视剧、2003 年的重大革命和历史题材影视剧到 2006 年的重大革命和重大历史题材电影电视剧,政府主管部门的概念界定随着创作实践的发展而不断予以扩大或调整。2009 年的电影生产形势,与当年不断为消费文化提供生产的土壤的电视剧制作与播映情况一致,出现了比较繁荣的局面,特别是献礼影片创作,将电影生产的热忱引向了新的高峰。2009 年 8 月 19 日,中宣部文艺局、国家广电总局电影局联合主办"庆祝新中国成立 60 周年'向祖国汇报'重点国产影片推介活动",公布了《铁人》《建国大业》《天安门》《高考 1977》《大河》《邓稼先》《袁隆平》《潘作良》等 42 部重点影片。这些影片中的大多数没有某种明确的风格,其风格多是比较丰富复杂的,体现了电影叙事、价值体系上的功能耦合与思想表达。在意识形态宣传与观众接受、喜闻乐见的结合上,在对时代潮流的呼应、选择与契合方面,尽管还有相当大的进步空间,但它们的意义是不容忽视的。

献礼片作为重大题材影片是重大(重点)主题创作的主要组成部分。国家在实施中国由电影大国迈向电影强国的战略布局、规划电影业的总体调控时,仍然高度重视完善重大主题影片(特别是与献礼片重合的重大题材影片)的具体规范、加大扶持力度。因为它与社会稳定、国家文化安全、舆论导向等国家文化发展战略有着千丝万缕的联系,容易形成有利于某种政治意识形态的对话场域和舆论力量。事实上,政府主管部门对其一直都采取政策导航与基金资助双管齐下的策略,重大主题影视作品的概念界定及其周边被资助的对象一直处在不断调整之中,这套政策性的补贴、鼓励、鉴别机制也在不断趋于完善。在政治、专项资金、政策法规的规训与规范下,献礼片从国家叙述的实体性文本转换为功能性概念,其作为重大主题影视的意识形态功能被不断凸显和强化,一直以来它都首先自认为一种特殊的国家意识形态载体然后才是一种文化产品,尽管其也需要尽力不去破坏电影电视剧的创造力,和观众分享影视文化的价值。在产业化不断演进发展的今天,其所受到的多方面的挑战及其自身的转型,是有必然性的。

2002 年以来,国家广电总局为了适应世界贸易组织(WTO)的开放格局，配合国家的总体外交，电影"走出去"工程在海外影展的规模不断扩大，仅2002年一年内，就有15个中国电影展在世界各地举办，放映了近百部中国影片，其中不乏主流影片，包括旋律色彩鲜明的中国电影。这在世界各国掀起了一阵中国电影的热潮，为中国电影海外传播甚至开拓海外市场打开了一扇大门。

作为主流话语，当代重大革命和重大历史题材电影在新时期以来的中国影坛出现并得以强力推动和发展，是一种创造性的校正，也是一种必然的选择。气势恢宏、波澜壮阔的"巨片"往往让人感到震撼，令观者对这个国家、民族油然生出肃然起敬之情。新时期中国电影以及电视剧走出了封闭、狭小的文化空间，特别是在面临产业化发展和接受世界电影挑战的新形势下，其迫切需要站在国家主流意识形态、民族文化利益的制高点上，择取那些能够反映历史进程或与民族命运攸关的重大事件、重大矛盾，创作出与改革开放后中华民族自强不息、独立自主的国家形象相衬的史诗巨篇。自强的音符在改革开放后的中国式现代化建设进程中日益响亮。

过去，我们给外国人的印象多是一种刻板印象。将影视创作的主题与历史性中国及国家形象联系在一起予以影像建构，在国家文化发展战略决策层、电影创作界之间已然达成了共识。记忆和历史相呼应，因此影视创作中潜存着对一个民族、国家的历史、传统、认知、经验的融合、选择与多样化表现。记忆的显现，或者说在构成国家历史的显现的客体中突出的应是对国家的认知与国家形象。美国政治学家布丁认为，"国家形象是一个国家对自己的认知以及国际体系中其他行为体对它的认知的结合"。它是一系列且行且思的自我认知与国际认知、社会交往与互动、信息输入与输出之间产生的作用力与反作用力的结果。

近年来，国家主席习近平等国家领导人出访外国，带去的国礼之中往往会有几套DVD光盘，其中包括了中国最热门的一些影视作品。这和过去很不一样，国礼名单上出现了国产影视剧，让大家感到很新鲜。

这种把影视作品作为国礼的做法，在笔者看来，就和献礼一样，都是用一种国家叙述、用我们的文化产品，去和外国观众分享文化价值。将这样的影视剧作为国礼拿出去，也许是为了有针对性地告诉外国观众，中国人最真实的生活状态是怎样的。从中我们能感受到，中国国力是真的增强了，中国人对自己的文化也更自信了。作为国礼的影视作品，讲述的是中国人的历史和故事，作为中国故事的影像表达，这可能会让其成为传播与讲述中国历史文化的生动载体，其传播也可能成为改变我们此前讲的外国对中国固有的"刻板印象"的可能路径。

三、长征等重大革命历史题材新表现

"红军不怕远征难，万水千山只等闲。" 2016 年是中国工农红军长征胜利 80 周年，国内文艺界采取影视和展演等多种形式，表现长征的历史，深刻领悟长征精神的历史意义和时代价值，为走好新长征路注入新动力。《勇士》《第四道封锁线》《三军大会师》《毛泽东三兄弟》等有关长征题材的影视片，所展现的一段段历史故事和一个个历史人物，包括了真实、丰富、复杂的历史叙事和相关联的一众历史人物（包括作为特定对立面的历史人物）。当下及近年来涌现的长征题材影视剧中包含了对历史的诠释和对概念的界定。这些作品努力在必要时对故事重新编码，于不经意间使观者内在思想世界和强烈的情感得以浮现和凸显，在当代电影电视剧创作和论述对象上获得突破，为中国当前电影电视剧重大主题创作开辟了新的道路。

电影、电视剧有自己的本性和崇高的使命，即为人们展现一个真实的历史和真实的世界，在真实的展示中显现时代对真理的追求。

近年来，表现长征和红军的革命题材的电视剧并不少见。如 2006 年的电视剧《雄关漫道》，2011 年的电视剧《战地黄花》，2014 年的电视剧《领袖》，以及 2014 年由小马奔腾影视文化发展有限公司出品的 48 集电视剧《十送红军》等，都是其中较为出色的代表作品。电视剧《十送红军》在央视一套首播后，立即受到观众的欢迎。该剧播出三天便登上 CSM 全国网络收视首位，在百度指数统计的搜索人群中，低于 39 岁的人群高达 77%。这部电视剧由毛卫宁导演，佟大为和刘威等主演。作品篇幅比较大，写了十个故事，重点表

现了十多名红军战士，故事、人物各式各样。剧中的十一斤，从一个什么都不懂、什么都不会的孩子成长为一个战士。中央纵队给养队的掉队女战士戴斓，因为怕在白狗子的队伍中受侮辱，很残忍地弄坏了自己的嗓子，而且烫伤了自己，毁了容。可是如果需要维护红军和战友，她也会毫不犹豫地牺牲自己。战争的残酷、暴力并不能泯灭人性、信仰和尊严。

自 2016 年 10 月起，《红星照耀中国》《骡子和金子》《红旗漫卷西风》《长征大会师》《英雄后卫师》《十个连长一个班》《红色护卫》《我是红军》等一大批长征题材的电视剧陆续亮相荧屏。其中较新的《我是红军》《骡子和金子》，以小人物的视角，讲述底层人物加入红军队伍并蜕变为真正的红军战士的历程，真实又有个性化风格，颇具感染力，且有一定的突破意义。

2016 年，由八一电影制片厂和中影公司出品的《勇士》，在内容和形式上亦有所创新。此片由宁海强导演，聂远、李学东、于小伟、宋佳伦等主演。影片以史实为基础，采取系列化结构，呈现了红军长征途中强渡大渡河和飞夺泸定桥的故事，作品刻画了个性化人物，对史实进行了艺术化展示，为人们回望那段光辉的岁月提供了生动的视觉再现。长征路上勇士们的大智大勇和生死挑战，给人耳目一新的、真实的感觉。视觉特效的加入，为这部红色影视作品注入了生机与活力。影片在重点表现紧张的战斗生活的同时，将人物如何被引向革命道路，成为一个个勇敢、顽强、丰富、伟大的革命战士，成为一个个大写的人，描写得比较生动。片中，急行军需要战士丢掉身上的被子、衣服、干粮等，可是战士非常质朴，不舍得丢弃，团长既生气又心疼。这样的表现颇具人性的真实。影片最后桥上的战斗场景将人与环境的互动推向了极致的边界。敌人用火烧铁索桥上的木板，桥上顿时出现了一片火海，枪林弹雨的画面彰显了红军战士敢打敢冲的性格、大无畏的勇气和取得胜利的决心。

长征题材影视剧的集中出现，为我们提供了一次很好的革命传统教育，也为我们提供了一个重温历史的机会。列宁说，忘记过去就意味着背叛，我们希望年轻一代不要忘记过去，但要让他们不忘记过去，首先要让他们了解过去，知道追求革命和真理的价值目标之所在。

"我们每代人都要走好自己的长征路。"过去革命先烈所做的一切努力，包括长征这样的壮举，我们都可以而且应该通过作品记录下来，作为历史的见证和奔向未来的心灵的指引。对长征的影视表达，融入了当下时代存于人们心底的记忆、理性和情感，它们在记录一个个震撼人心的历史瞬间的同时，使我们瞻望与回顾一代革命先烈的信仰和对未来的炽烈的向往。

长征等重大革命历史题材的影视创作，在一定意义上展现着共同的精神底色。显然，中国素有源远流长的经世致用的历史、政治文化传统，作为有政策导航、经济资助、专家指导、国家力量驱动的集体化创作，重大主题电影电视剧创作，激活了历史记忆，它们积极"以史经世"、以史观今，回应了当下中国建设现代民族国家的种种举措，带有强烈的政治取向和现实性。无论是以民族国家形式更为庄严郑重地讲述革命传统，还是通过展现革命的真理性追求来为自身的合理性存在寻找历史根据、历史连续性，都会将变化描述为从黑暗走向光明的进步。

抗战剧与当代中国的文化趋向[*]

战争与革命是影视剧创作长期钟情的题材。抗战剧在事实上构筑起了一个独特的传播渠道。它不受时空限制，比其他题材具有更加深广的传播空间。当前，抗战剧受到娱乐文化思潮的影响，其背后的价值观与文化认知值得我们反省。改进当前抗日剧的创作，提升抗战剧的艺术品格和审美价值，与建设国家民族的精神密切相连，是当代中国文化走向自觉的必然趋向。

一、抗战剧的发展现状、功能和地位

抗战题材影视剧蕴含着复杂的情感、文化与商业价值，在国内影视发展中几度风生水起，成为重要的、许多影视艺术工作者选择的一大题材。抗战剧通俗易懂，欣赏门槛较低，大众喜闻乐见，又直接或间接地与现实和政治意识形态紧密关联。从某种意义上讲，抗战剧也是中国政治电影传统的延续，富有宣传教育和意识形态的功能。

1984年热播的首部抗战剧《夜幕下的哈尔滨》，体现了现实主义所追寻的审美诉求。此后，抗战剧不乏优秀之作，但其质量却良莠不齐。《敌后武工队》《铁道游击队》等电视剧作品着眼于抗日英雄的传奇经历，讲述中国共产党领导的抗日武装艰苦卓绝、英勇抗战的故事，集思想性、传奇性于一体，和主流意识形态、"红色记忆"等形成了一定的互文性。

---

[*] 本文原载于《中国电视》2015年第8期。

抗战电影在服务现实和政治方面开辟了独特的传统。在后来的语境变迁和社会演进中，对内的政治需要和民族主义情感的强烈共鸣，自然而然地融入了抗战题材的影视生产，宏大叙事及其主题表达有时被用得炉火纯青，抗战题材影视突飞猛进的发展，更与影视产业化的取向相勾连。进入20世纪90年代以后，抗战剧的政治教化作用开始被削弱，市场之手逐渐主导一切。2001年至2015年，全国发行的较有影响的抗战剧有一百余部。根据"红色经典"影视剧或小说改编的抗战剧进入商业大环境的比例较大。《小兵张嘎》《烈火金刚》《吕梁英雄传》《苦菜花》《刀尖上行走》《野火春风斗古城》《盘龙卧虎高山顶》《历史的天空》《狼毒花》《生死归途》《川军团血战到底》《我的团长我的团》《我的兄弟叫顺溜》《雪豹》《借枪》《国际大营救》《遍地狼烟》《中国地》《民兵葛二蛋》《三进山城》《中国骑兵》《一触即发》等，有的运用反讽、戏谑、拼贴等手法，重视电视剧艺术的审美追求；有的书写传奇英雄，以浪漫主义风格，表现革命历史时期所要求的精神价值；有的"雷"点重重，以"雷"和"神"博取眼球。一些原创抗战剧，如《亮剑》《新亮剑》《新四军》等，题材稳妥，市场需求大，在挖掘英雄人物人性的同时，着意打开视野，跳出单一化模式，表现人物境遇和选择与基本精神价值的关系。从一个时代的文化经验和文化建构角度而言，艺术创作反映历史和时代的本质真实，塑造昔日叱咤风云的英雄，将普通人的英雄情结带入审美视域，是中华人民共和国成立至今中国影视艺术生产始终坚持的重要策略。但抗战剧的热播，并不完全代表着当代影视艺术完成了其所肩负的国家民族精神表达的任务。在如今商品化、市场化的语境下，过去影视艺术具备的宣教功能发生了更多的异变和位移，追求人性化、个性化甚至游戏化表现的抗战剧大行其道，被观众和市场左右的影视剧占据主流。在一些抗战剧中，人物类型化、扁平化倾向严重。八路军、游击队作为正面人物都"高大上"，日本官兵则反复无常、变态无耻、阴险狡诈。人物形象建立、艺术表现、故事讲述上的不足，并非这些抗战剧存在的最主要问题。为现实服务，以时代、时政乃至国际语境为前提的"应时即景"，成为与趋利结合、实施"艺谋"的前提，进而迎合文化、商业发展和观众消费心理。抗战题材影视剧因此得以不断开辟自己的道路，急功近利和对文化主体性的放逐倾向也日益凸显。

问题不能被忽视，历史不容亵渎，抗战剧成为建设国家民族精神的组成部分并发挥其效能，仍任重而道远。

二、史与思的缺位

抗战剧有愈演愈烈之势。一方面，其创作努力走出概念化、脸谱化的牢笼；另一方面，娱乐化、非历史化成为电视剧创作的"热门"趋向。从《抗日奇侠》《黑狐》《永不磨灭的番号》到《一起打鬼子》，铜头铁臂、"手撕"日本兵、飞镖射穿日本人、手榴弹炸飞机、裤裆藏雷等"雷"点，一再成为人们热议的话题。其实，影视艺术对娱乐化和通俗化手法的运用，是有其特定语境和传统的。早在20世纪30年代，抗战电影就要求"最好是讲述农民自己的故事"[①]；希望"采用浅显通俗的表现方法"[②]；战时影片拍摄在艺术上普遍讲究故事简洁明了，动作直观，甚至要求"内心表现不能太复杂"[③]，导致淡化、消解了艺术和对艺术性的追求。多重创作认知和价值的生成与转换，在当时是有着复杂的多维度原因的。尽管如此，抗战时期的文学艺术包括电影，在精神实质上与历史真实和时代精神仍然是契合的。然而，当下的不少抗战剧一味追求观赏性和收视率，故事讲述缺乏逻辑，无边虚构，人物定位模糊不清，罔顾对艺术创作规律的尊重。有学者认为，过分追求故事的传奇化、人物情感的浪漫化、小人物抗日的游戏化、日军形象的脸谱化，是抗战剧出现问题的背后原因，这不无道理。

抗战剧不断兴起，特别是改编自"红色经典"影视剧或小说的抗战剧，其中很多创作不是出于书写历史的需要，而是由市场选择决定取舍的，这样的路径转向，丢弃了中国战争或军事题材文艺传统的深厚底蕴，具有消极意

---

① 杨邨人.农村影片的制作问题[J].中国电影，1941（1）：22.
② 向锦江.论电影的民族形式[N].国民公报，1941-06-08（1）；重庆市文化局电影处.抗日战争时期的重庆电影：1937—1945[M].重庆：重庆出版社，1991：164.
③ 史东山.关于《保卫我们的土地》[J].抗战电影，1938（1）：13.

义，出现"娱乐至死"的闹剧便不难理解了。即使是像《铁道游击队》这样的作品，也是如此。剧中主人公单凭一辆自行车便能杀敌，还能凌空飞起拦火车、躲子弹、碾日军，令日本人闻风丧胆成为抗战题材娱乐化的一种惯性思维的体现。在夸张、扭曲的改编和影像展示里，历史的目的、史实的真实悄然退居幕后，对抗战历史和形象的呈现流于表面甚至庸俗化，其最直接的后果是对历史真实和艺术真实的损害。

抗战剧带有政治色彩和红色文化基因，其中的理想与信念、执着与奋斗、牺牲与担当等内涵有时不言自明。但是，我们常常看到，一涉及史实、一处理起历史题材和内容，有的剧就给人一种"打鸡血不亦爽哉"的感觉。但是，就和你不能把476年至1453年的欧洲中世纪十字军和1890年的八国联军混搭，不能把国民革命和抗日战争混为一谈，更不能将红军、八路军、解放军混淆一样，倘若抗战剧上演"关公战秦琼"①，"手撕"日本兵、满嘴跑火车，将抗战时代变为神的时代的话，那么，只会被嘲笑、"吐槽"，被归入历史虚假主义。只有真实才是历史，只有秉持天理良知和对时代的反思，才能书写历史。时间、故事、情节造假，一味讴歌战争，甚至宣扬仇恨还浑然不知甚至过度兴奋，"罔顾公共理性"，那么，艺术必然会走向"空洞化和游戏化"②。

抗战剧娱乐化、游戏化、不断趋向严重与胡闹的结果，一是会误导很多年轻观众；二是会使抗战剧成为商业的附庸，这样的作品很难向世界传播并发挥国家名片的作用；三是这样的抗战剧既不能在真正意义上拓展创作空间，又难以发挥社会文化终端的作用，其在市场上是难以为继的。只有追求对"真"与"美"的表达，专注于创作本身，通过真实的历史表现，传播普遍的内容价值与精神，才能打动人心、征服人心。对真实性的追求，包括认真做好案头工作并精心思考、有所创新。需要指出的是，不去反思、不端正历史态度，是难以提高抗战剧的创作质量与水平的。抹杀我们的光荣历史，丑化历史和民族精

---

① 李松.抗日神剧、话语霸权与媚俗艺术[J].文化研究，2015（1）：326；刘立刚，赵菁.抗日题材电视剧的建构与反思[J].中国广播电视学刊，2014（3）：61.
② 董阳."抗日神剧"罔顾公共理性[N].人民日报，2013-03-29（24）.

神绝不可以！不过，某些简单表现或随意夸大抗战事实的影视创作，也是难以直抵心灵深处、达到一定文化高度、激起观众真正的情感共鸣的。

具有反战的灵魂才能完成有力的传播。对抗战历史有一种总体性的把握，对历史真实与艺术真实坚守"最基本的判断"，[①] 正确认识和表现历史，使观众理解并接受抗战影视作品及其深蕴的文化经验与思想，揭示战争的荒谬，这是提高大众鉴赏力、反思抗战剧的起点。

三、新语境下的文化构建与电视剧方向

抗战剧的定位与发展，需要站在文明的高度，回归理性。笔者非常赞同范咏戈先生指出的"抗战剧的理性回归，首先要回归到敬畏历史，从历史唯物主义态度出发，尊重历史事实，还原正确的历史语境"[②]，祈祷人类不要再有任何战争，立足于民族大义甚至文明大义，坚持和平进步的思想，是抗战剧创作的最高理性。抗战剧承续"红色经典"所特有的豪迈和阳刚之美是自然的，但在其大写意的基因中，需要展现新风格、新视野与新的史和思。如此，树立新语境下的"中国作风"及其文化构建其实很有必要，它体现了电视人在历史性的时代语境中不断探索电视剧艺术的努力。尽管抗战剧要做到"意在言外"，但创造"中国作风"和"中国气派"并非一蹴可至，影视工作者不能蔑视历史与世界，任由文化的主体性流失，以为抗战剧人尽能之；也不能出于自己对艺术的过分偏好，对作品把握失度、失格，将抗战剧与武侠剧、偶像剧、言情剧进行随意嫁接，而置新时代国家文化与民族精神于不顾。

人文情怀及其蕴含的小历史而非大历史，是未来能将抗战剧和观众紧密联系起来的重要通道。"以小见大"的文化经验、艺术构思和处理，可以避免"史诗淹没人物"。小历史用不着把英雄奉为神人奇士、使之高不可攀。小历史中的人物，都是生活在"无名氏"里的一群大时代中的小人物，在大历史

[①] 杨毅.当前抗战题材影视剧的历史真实问题[J].武汉理工大学学报（社会科学版），2014，27（6）：1147–1153.
[②] 范咏戈.近期军旅题材电视剧创作评析[J].中国电视，2015（1）：17.

中容易被抹去、被淡化。由于大历史的东西往往早已定型，故而小历史才让创作者更有笔墨、理解、阐释和再创造的空间。聚焦大历史可能不可避免地要将个人、人性的性质悄悄抹淡，但聚焦小历史则不会。小历史包含的意义太多，甚至包括一个国家和社会的风化。对于艺术创作而言，市场和政治并非解决所有问题的灵丹妙药。抗战剧的问题，不仅是内容问题，也是艺术价值的问题。一些创作者过度渲染正义与邪恶之类的大历史而对小历史不屑一顾，创作之路便会越走越窄。小历史和人文情怀可以更多地体现创作者的水平和视野，深入人性才能呈现创作者对真善美的认知和态度。

对历史题材消化、吸收，贯之以真善美的体认和观照，才能更好地进行艺术生产，使抗战剧作为一个重要角色，发挥建构国家的文化和提升社会主流价值的作用，凸显历史和现实之间的联系，这将影响到整个影视剧的发展，影响到民族艺术传统的创造与传播。那些离奇的"抗战神剧"，不是出自扎实的案头工作和历史研究，不是十年磨一剑，不是放飞艺术的想象，而是在某个地方封闭地臆想出来的，这样的虚构就是满口谎言、胡话连篇。其实，抗战剧所牵扯到的真实性和伦理道德冲突，远比人们想得更加复杂和难解，它们都需要准确、鲜明、生动地诉诸观众的直觉和联想。

从文化和艺术结合的角度脚踏实地去仔细分析便不难发现，当前抗战剧这支创作队伍还不够强大，水平还有待提高，因此，提出因应观点或对策显得尤其重要。

首先，应重新全面安排抗战题材影视生产计划和发展计划；其次，应充分发挥创作人员的积极性，鼓励形式、风格的多样化；最后，应大力加强抗战题材影视剧的批评和研究工作。这三股力量竞合统一，才可能使抗战剧在未来的创作中达到新的高度。

走得越深，越会发现它的价值。其中最重要的就是价值观问题，是世界价值观的背离和统一、和合的问题。从这个意义上思考与选择便会发现，抗战剧可为，好的抗战剧更可为。优秀剧作和收视市场并不是对立的。优秀的影视剧作品能够使人感动、催人奋进。为当下和未来国家民族精神的建设作出巨大贡献，是我们的责任，更是电视人的责任。

全球文化视野中的中国军事题材电视剧及走向[*]

中国军事题材电视剧,包括以军旅生活为素材的电视剧创作,在21世纪10年代进入了高度的活跃期。在当下的电视剧创作中,军事题材的电视剧作为一面镜子,承载历史、映照现在,形成了一系列移动的隐喻,产生了较大的影响。当前,世界上其他国家热播的剧集给国内的电视剧市场带来较大的影响,同时影响了观众的欣赏习惯。韩剧、日剧、美剧以及英剧、泰剧,抓住了观众的眼球。在这种情况下,中国军事题材影视剧的创作成果颇丰,尤其是军旅电视剧以自身艺术性和观赏性上的良好表现不断成为热点,受到了广大观众的喜爱、追捧,实属难能可贵。但是,在全球文化视野中,我们在看到当代军事题材电视剧繁荣发展的同时,其中存在的问题应该引起我们足够的重视。

一

全球化视野和互联网世界,塑造与形构了当下包括军事题材电视剧在内的影视剧发展的新媒体语境。近些年来反映革命战争题材的电视剧可以说是欣欣向荣,诞生了很多口碑不错的作品。从《亮剑》《我的兄弟叫顺溜》到《十送红军》《北平无战事》《红高粱》《铁血红安》,都是口碑与收视俱佳的

---

[*] 本文原载于《解放军艺术学院学报》2015年第1期。

影视作品。在新媒体语境里，好的作品还在不断增加，社会影响愈加扩大。2014年11月11日，"乐视网微博"披露：由乐视旗下花儿影视公司拍摄的电视剧《红高粱》，在乐视网播放量破3亿！不仅新媒体和影视融合成为越来越重要的趋向，通过电视媒体观剧，近几年来也呈持续增长的势头。一项最新的调查显示，随着高清交互节目内容的不断丰富，北京地区有线电视用户每日每户平均收视时长近几年持续增长，从2012年的192分钟（3.12小时）上升到2014年的206分钟（3.43小时）。

在这样的新语境下，2014年11月中旬在央视一套黄金时间播出的38集电视连续剧《铁血红安》颇值得重视。这部电视连续剧开播4天，收视率便不断推高。作品以相当的高度和气度，从三个青年的兄弟情视角建构政治诗学，表现荡气回肠的传奇故事，重视人性表现，在现代革命史和战争生活中展现人的形象、人的精神和历史的本质，标志着现实主义影视剧在新语境上的又一次深化。

这部电视连续剧的特色，是作品叙事线索清晰，其对内容及人物表现独具慧眼，把独特的理解和个人化的情感走向装入长时段的历史逻辑，构成它的特殊风格。在全球化视野中，在互联网的世界，碎片化信息让我们很难掌握一个全面的观点，一切历史的伪饰和假、恶、丑也都被铺在了阳光之下，都需要我们的事实判断和价值判断。此剧通过新的手法，表现复杂而又深沉的历史、社会内容，不乏形式和叙述上的连续性。铜锣、民谣、手枪等元素和寓于对比的兄弟情的主题从情感和历史发展中被抽离出来，十分别开生面，作品主创者尽力用新的手法创作，这种努力使作品独树一帜，从而在当下众多的电视剧中成为一部突出的、另类的军事题材作品。

这部电视剧成功塑造了刘铜锣的人物形象。这个人物，勇敢、有情有义，有时也有像剧中人物方蕾说的——"心浮气躁、心高气傲"；他有野性、鲁莽，经常"不遵守纪律"；他有信仰、有勇气，有时候又可以说非常可爱。刘铜锣是我军的好干部，是我党的好儿子，他从1927年黄麻起义就走上了革命道路，后来当了团长、旅长、司令员，最终成长为被授予中将军衔的解放军高级将领，但他在许多时候给人以亲切、自然同时有人情味的感觉。刘铜锣与黄安子弟兵的感情特别深厚，他就像剧中翟副政委说的——"还不成熟"，但这种"不成熟"，正蕴含着他的可爱。他是真正的大英雄，他的可爱就在于他的不教条、不尊贵、不假装伟大。在这部戏中，有些人物的性格和表现并非十分统一，但是刘铜锣这个人物形象及其性格展现，显示了革命者和草根的能量和境界。讲大道理、讲概念、讲教条的东西，刘铜锣、安娃子、方杠子包括戴慧平，他们都不太懂——他们是实践派。在这些人物的身上，展现了社会底层、草根的情感和历史的力量。

《铁血红安》无意对宏大概念进行正统表现，而以传奇化的艺术手法，展现个体生命的真实。这部作品可被视作对惯常的思维和创作模式的突破，这样一种打破和挑战，非常难能可贵。当下中国的军事题材影视剧，大多从整个中国的革命史、主流史表述，用比较大的传统、大的叙述、统一的说法来进行构思与讲述，但也存在着一种非常不好的现象，即不正视甚至歪曲史实，因而，我们会看到在一些抗日"神"剧中，现代革命史、抗日史都被严重扭曲了。从这样的"历史"中，很难看到真实的历史，很难吸取有益的教训。

相对于这样的创作倾向，相对于那种历史题材、军事题材创作中的大传统，《铁血红安》用了另类的表现手法，其中的人物代表了人的本质，其中独特的融合、杂糅的表现手法，颇能引起人们的亲和之感，比较容易被接受。

剧中的李坪生师长，便是一个被另类融合、杂糅塑造的人物。他开口说话都是古人有、古人云或者"《孙子兵法》言"这样的话语。在他的调性中、他的品格里竟然显示了一种文化的从容。其实他和他的下属官兵，所处的是一个险恶的战争环境，一个非常动荡的年代，完全不是那种安身立命的环境。但这部电视剧，就是在这样的环境中，为我们塑造了如此个性鲜明的部队指挥员的形象。虽然他的身材未必高大，身体常常勾着、身板有些弯，但他仍然显现了一种指挥员的眼光、能力，有理智的分析和实践的魄力，给人高大的感觉，给人不一样的新感受。剧中的几位女性形象也有类似的特色。相对于刘铜锣、方杠子，方蕾、丽君可以说具有一种温柔如水的力量，但她们都是好样的，女性从军更不容易。方蕾在结婚时对宽子说的一番话很让人感动，她和丽君对刘铜锣、方杠子，对身边的人、身边的每件小事情都十分在意。

她们是战争中的另一抹亮色,很能拨动心弦。

还值得指出的是剧中的共产党人有人性,而国民党军官也不都是那种传统的狼狈为奸、作威作福、压迫人民的国民党反动派,面对日本侵略者,无论是国民党的官兵抑或八路军士兵,都一样"憋了一口气",都同仇敌忾。其中,国民党的官兵如戴慧平,他和刘铜锣一样,在许多方面也有血性,也无法摆脱人的本质。从剧中我们看到了在抗日战争中国、共两党的官兵联合起来英勇抗击日本侵略者,给观众的印象也非常清晰、深刻。

这部剧中一些段落的处理很生动,同时具有更复杂的意蕴,如在第19集中安娃子上战场,刘铜锣敲锣、戴慧平为安娃子擦拭身体;在第37集中刘、戴二人合力作交易,放跑国民党军,为的是救方杠子;在第38集中,三个兄弟几十年后再聚首、方小蕾找父亲……我们可以予以明确的定论,这样的艺术处理具有情感的力量,其渲染很有表现力。

当代的军事题材影视作品创作,呈现一种多元创作气氛,《铁血红安》这样的抗战作品,创造、梳理、叙写出了一个新的艺术世界。它通过另类的独特表现,融合、杂糅而成的历史脉络,推翻了我们以前对军事题材的作品,对军人世界,对红军、新四军和解放军乃至对革命历史和军队历史的固有认知。它提升了影视剧创作的文化气氛,所呈现的不只是一种创作的视野、襟怀和激情,更包含着一种文化的激情与想象。

近年来,《绯闻女孩》《生活大爆炸》《纸牌屋》《迷失》《越狱》《黑镜》《唐顿庄园》《神探夏洛克》等美剧、英剧横扫国内的电视剧市场,占据观剧平台,在广大观众和影视工作者中走红。中国的影视剧除了受到美、欧影视工业的影响,也比较多地受到韩、日乃至整个亚洲影视剧的影响。像韩国的影视剧,就一直坚持外向性,中国、日本等东亚地区的国家是它输出的重点,从2005年到2015年,近十年的时间,韩国的文化产品出口增长率每年都保持在18%左右。韩国的影视剧除了外向性,还比较注重创意性。"韩流"影视剧的成功关键主要就在于他们"讲故事"的创意。笔者认为,《铁血红安》等中国的军事题材电视剧重视"讲故事"的努力,是一种可喜的趋向。

二

中国是一个故事消费大国，自1978年5月22日播出《三家亲》以来，新时期电视剧很快生根发芽，并蓬勃发展。1980年，王扶林导演的《敌营十八年》成为新中国的第一部电视连续剧；1983年一部3集的电视剧《高山下的花环》一经播出，即催人泪下，感动了无数的观众。自此以后，军事题材的电视剧牢牢地占据了主导性的地位。在那个时期，尽管以革命战争题材和军旅生活为素材的电视剧数量并不是很多，但毕竟已经起步并开始持续发展，而且，其中凸显了比较健康、自然的创造性潜力，有着较大的社会影响。

电视剧《高山下的花环》确实是个较高的起点，它拉开了我国当代军事题材电视剧创作的序幕。值得注意的是，主创人员在这部剧中使普通军人站到了一个中心的位置上。作品既描写了普通军人无私高尚的赤诚之心和对祖国的热爱，反映了战士们的牺牲精神，还揭露了军队中的一部分上层领导以权谋私、官僚作风严重等丑陋弊端。《高山下的花环》在1984年的第4届全国电视剧"飞天奖"上获得了电视连续剧一等奖，这样一个激励，加上80年代的社会异常活跃、锐意改革，使军旅题材、现实题材等各类题材电视剧的创作者相信当下，更相信未来，相信电视剧经纬线铺成的地平面，能让我们的影视剧创作者对包括军人、军人家属在内的普通人高尚的灵魂进行更好、更生动的描写和呈现。

电视剧《凯旋在子夜》同样以南疆为背景展开故事，亦令人印象较深，特别是它叙述几名年轻的军人战火洗礼中的爱情、友情，紧贴时代的主题，表现无私的为国捐躯的神圣价值和高尚精神，故事讲述生动、精彩，观赏性强，意境营造得十分成功，其中以吉他弹唱为主的主题歌《月亮之歌》，显示了独特的诗意，颇富修辞色彩，成为一曲难得的电视剧歌曲的佳作。这样的电视剧，把军人置于主人公位置上，极富特点，对他们的表现既是真诚的，又具有深刻的震撼力量。军人体现一个时代的"精、魂、神、气"，反映了国人之心。与主旋律的应用相关联、表现战争的主旋律电视剧，自然呈现着一种以现实性意识进行建构的思想。但是，军旅题材的作品所展示的军旅生活及其深蕴的时代性话语，却更具生命意识与生活化的乐观主义旨趣与精神。

钱穆先生有言，人的生命都是短暂的，关键看他是否有一种精神，是否能在民族国家和时代的发展中注入一束精神之光①。军事题材的电视剧与民族、时代精神紧密相连，反映了新时期以来创作者的勇气、努力和成果。

三

20世纪80年代到90年代，由于社会转型和市场经济大潮的冲击，电视剧经历了从政府投入向市场文化的过渡。军事题材的电视剧同时面临着政治主导与市场化共存的影响。对于军事题材的电视剧来说，一方面是主旋律，另一方面则是商业化，两者间的自由与限度的"纠结"作用明显。电视剧行业因为市场机制形成的产业化趋向和格局影响了电视剧题材的选择与内容的重点转向，这也反向性地构成了军事题材拓展和表现军旅现实生活作品进一步涌现的契机，并对题材、文本甚至概念的界定都产生了新的影响。有学者后来对军事题材的产生及概念演进过这样的梳理，认为"军事题材这一概念更多包含着"军事斗争的含义""由于战争的缺失，军事题材创作的重心开始了两个转向：向内转向了关注军人的思想情感和内心世界，向外转向军营以外的广阔生活，即在整个社会大变革的背景下来塑造军人"。因此，人们将这种经过如此转换的军事题材称为军旅题材，以区别于以往的那些以战争为表现对象的军事题材文本②。这种以军人的情感和内心世界为主要表现对象的军旅题材电视剧，应电视剧创作与接受（消费）的多样性需要而生，一般"都是以战争或者和平时期为故事发生的大背景，去讲述通常被认为是铁汉的军人不为人知的柔情的一面，同时通过波澜壮阔的历史背景，去展现一代革命军人的理想、激情和情怀"③，军事题材的电视剧内容与表现的多维性成为电

---

① 钱穆.晚年盲言：上册[M].桂林：广西师范大学出版社，2004：133.
② 白小易.新语境中的中国电视剧创作[M].北京：中国电影出版社，2007：189.
③ 李治安.当前军旅题材电视剧的四大类型[J].当代电视，2006（6）：61.

视剧产业生态的重要组成部分。

　　90年代中后期出现的电视剧《和平年代》《突出重围》《壮志凌云》《女子特警队》《红十字方队》等，表现与军队相关的内容，反映人物军旅生活的内心情感历程，真实、生动、丰富，收视率不断提升。这些电视剧作品通过对一批当代军人形象的塑造，表现了在新的历史环境中，面对多种价值观念的冲突，一代军人对理想的执着追求，作品气魄宏大，时代性强烈。其中有的荣获了电视剧奖项的"金星奖"，有的获得了"飞天奖"。1999年的《全国收视调查报告》显示，《突出重围》和《壮志凌云》的收视率分别达到了10.49%和9.27%，《女子特警队》高达13.87%。这几部电视剧确实在社会上掀起了一股不小的观剧热潮。

　　毫无疑问，对和平时期当代军人价值理想的充分表达，既服务于生活，又指涉观众的内心情感和思想。尽管每个人的内心都始终怀揣着一份英雄情结，但是人有情感、有理智，更有日常化的生活。其中，一要有内涵；二要有情怀；第三，也是更重要的是它关乎文化的主体性建设，要接中国社会的地气，无论表现主体和对象是什么，是否注入内涵、情怀和精神，作品高下在此便有了分界！

　　一些优秀之作，如《亮剑》《历史的天空》《DA师》《激情燃烧的岁月》《幸福像花儿一样》《突出重围》等，表现军人的情怀和境界，是荧屏上一道独特的风景线。在历史显影之前，人们想看到的军人是"阳光下的"，这些人物也许并不那么完美，相反，他们也许和普通人一样，具有强烈的生活气息和常人都有的喜怒哀乐。

　　表现平民或平民英雄，契合了时代历史的基本精神走向。平民同样是被刻写在时代底片上的人。自《高山下的花环》开始，创作界有了一个关于现实主义的共识，这本身就是进步、就是突破。它使人们相信军事题材的电视剧能让人看到真实的人、真实的事、真实存在的平民精神，特别是进入21世纪以来，边缘化的平民、社会底层的普通人作为一种政治力量正走向中心舞台，这样的社会才更公平、更开放、更透明。如《士兵突击》中，主人公许三多说得比较多的话是"不抛弃，不放弃""好好活着，就是做有意义的事"，

十分简单的话语颇为打动人,成为很多观众喜欢的座右铭。军旅题材中的人,讲人话、讲真实的话。这种平民与时代、民族魂的相接、相通,当然更有人们常说的"精、魂、神、气"。就像有人所说的,你不富贵,可你不会被富贵所诱惑而放弃高尚;你没有权,可你不会向权力屈服,你只心悦诚服于公义与真理。假如,你达到了这种境界,虽然身为平民,可你也能过好每一天,更具备人们常说的"精神"。

就军事题材而言,不论是历史抑或青春故事,之所以可看性强,能吸引住众多观众,与融社会风云、历史动荡、国家命运于个体命运之中不无关系,在展示生活和历史细节的真实的同时,其思想性和价值观念符合时代文化的核心价值的基本走向,那么,这之中表现的个性、真实和思想的锋芒,有时堪为21世纪重建中国文化的惊人力量,比如近年来所拍摄的一些好的或比较好的军旅剧和革命战争题材的作品,像《火蓝刀锋》《我是特种兵》《十送红军》等。这样的作品重新诠释历史与现实,以影视创作者更以现代知识人的身份,观察、描摹历史与当代诸种纷杂的生活、人物和思想,阐发中国社会、文化的现代意义,作为影视创作的主流与蓝图发展成为一种常识理性,意义巨大。

这种创新正成为影视界一股人们看不见但感受得到的新势力,它的出现,和近年来开放的、多元化的社会环境、创新的社会氛围以及较为发达的经济发展水平相关,更和网络环境下公民意识的不断觉醒存在着重要的关联。

四

有学者曾综合军事题材电视剧的概念,将当代中国的军事题材电视剧系统地分为四种题材类型,即重大革命历史题材、红色经典翻拍题材、英雄传奇题材、当代军旅题材。第一类,重大革命历史题材。这类题材是以我党、我军的革命斗争历史及重大革命事件为创作内容,突出展现伟人领袖的韬略风采或革命将士的英勇忠诚,代表作品有《长征》《八路军》《延安颂》《井冈山》《陈赓大将》等。第二类,红色经典翻拍题材。红色经典指的是"1966年以前创作的对中国人民的精神生活产生过巨大影响的带有明显'革命'色彩的文学艺术作品"。这类电视剧是对红色经典影视作品的翻拍改编,以经典剧目的再现重唤观众内心深处对当年的深切怀念与向往,代表作品有《林海雪原》《霓虹灯下的哨兵》《英雄虎胆》《小兵张嘎》《闪闪的红星》等。第三类,英雄传奇题材。这类题材主要表现我党、我军各级将领及战士的传奇革命经历,塑造具有鲜明个性的英雄人物,如《激情燃烧的岁月》《亮剑》《历史的天空》《狼毒花》等。同类题材还有2009年创作的表现国民党川军团赴缅抗日的作品《我的团长我的团》,实现了创作内容上的极大突破。第四类,当代军旅题材。这类题材以当代军队建设、军人生活为主要创作内容,突出展现了我军现代化改革所取得的伟大成就,以及现代军人在日常训练、生活中的内心情感历程,代表作品有《突出重围》《DA师》《导弹旅长》《我们的连队》《炊事班的故事》《士兵突击》等[1]。近年出现的当代军旅题材的电视剧,是以当代军人在科研、医疗、军事训练、作战演习、各种勤务等日常生活、军人情感以及和平时期军队建设为主要内容的,包括军事演习剧,如《沙场点兵》《特种兵之火凤凰》;军人情感剧,如《大校的女儿》;军旅青春剧,如《我们的连队》《天下兄弟》《第五空间》和《我是特种兵》;军旅情景喜剧,如《炊事班的故事》《水兵俱乐部》。这些作品以普通士兵或士兵群体为主要表现对象,充盈着年轻一代军人的阳光之气,透示着丰富的现实感,给人们以极大的精神鼓舞与艺术愉悦之感。

人生最困难者,莫过于选择。当代军旅题材的作品,虽然不是直接表现战争,但同样可能包含军事题材作品的思想价值与形象创造意义,甚至深蕴比直接表现军事斗争的题材所能给予的更多的东西。《特种兵之火凤凰》于2014年播出,影响较大。该剧紧贴时代,以特种兵为焦点,表现人生选择,成为符合特定年龄层口味的作品,颇为难得。剧中的雷战,心里时时都装着一声令下上刀山下火海在所不辞的信念,受命组建、培训女子特战队,在短暂的不理解之后全力投入其中,体验着属于自己的人生,寻找着自己的快乐。

---

[1] 杨旦修.我国军旅题材电视剧的概念、分类及创作的历史沿革[J].电视研究,2010(3):74.

作品艺术表现形象、生动，令人印象深刻。全剧开篇出现的角色安然，出现的时间虽短，但她的生死选择，高贵而美丽，惊天动地，堪称人类之生命的大选择。这成为后来拍摄女子特战队员影视的摹本。剧中表现的东西，是不加伪装的东西，更能显示当代军人的人格魅力。坚强、勇敢，不丢失信仰，使特战队成为最有"精、气、神"和审美的族群，充分展示了和平年代我国"新生代"军人的独特风貌。《我是特种兵》和《特种兵之火凤凰》等作品，不少聚焦"80后"军人在部队的成长，塑造了人们普遍关注的"80后"军人形象，他们的传奇经历和个人魅力较为有力地征服了观众。

2014年之初播出的长篇电视连续剧《十送红军》，综合了革命历史题材、红色经典与英雄传奇剧的特点，严肃恢宏却又不无浪漫主义色彩，与上述之作又有不同。这部作品侧重为观众提供一个记录历史、重温历史的机会。应该说，过去革命先烈所作过的一切努力，我们都可以而且应该通过作品把它记录下来，作为历史的见证。这部作品里的钟石发、张二光、贺坚、贺老憨、戴澜、李复生、伍炳（班长）、沙奎、瑞秋（徐护士）等，都很生动，电视剧让我们有机会走进他们的世界。这些红军战士的年龄、性格都不一样，但他们都有自己的成长、战斗、抗争、情感、愿望、牺牲。他们身处战争环境中，需要"听命令"、冲锋陷阵，经历千难万险仍坚忍不拔。他们能战斗，也会唱歌、拉手风琴、作诗、打竹板。这部电视剧记录了一个个震撼人心、惊心动魄的历史瞬间，也使我们看到了一代革命先烈的足迹和心灵世界，看到了党如何把普通人引向革命道路，把他们改造为一个个勇敢的人、一个个不怕牺牲的战士，成为一个个大写的人。

这部电视剧中有的场景将人与环境的互动推向了极致。炸弹成片成片地掉下来，地上顿时出现了一片火海，一点可供逃生的空间都几乎不会有，可就算这样，片中的白狗子也敌不过中国工农红军战胜敌人、取得胜利的决心。

在这部军事题材的电视剧中，不仅能看到战争的残酷、战士的勇气，同时可以让人感受到这些人、这些铁血将士的尊严、人性和追求自由的观念。这部作品真实而又有艺术提炼，是一部独特的艺术作品、一部具有不可阻挡的魅力的战争史诗。

电影、电视剧有自己的本性和崇高的使命，那就是要向人们展示一个真实的历史和真实的世界。像十一斤，从一个什么都不懂、什么都不会的孩子，成长为一个战士；像中央纵队给养队的掉队女战士戴斓，因为怕在白狗子的队伍中受辱，所以很残酷地弄坏了自己的嗓子，而且毁了容、烫伤了自己，可是，如果需要牺牲，需要维护红军和战友，她也会毫不犹豫地牺牲自己。战争的残酷、暴力并不能泯灭人性、信仰和尊严。

《十送红军》篇幅比较大，它描写了十个故事，重点表现了十多个红军战士，故事、人物各式各样，表面看起来有些散、有些不够集中，但它做到了三点：一是它的神不散；二是它关注个体而非类型，重视人物的内在的丰富性；三是它有反复提炼的过程，是从隐秘的提炼过程中去讲述故事、塑造人物、表现特殊又感性的内涵。作品中的十一斤，固然有傻和天真的一面，但他也有自己的机智、执着和勇敢，而且，他心里有独特而执着的精神向往和追求，有一份对生命的感悟，给人留下了深刻的印象。

在近年的军事题材电视剧创作中，无论是反映与军事革命战争无关的当代军旅生活，还是表现的革命战争的历史题材，都不乏情感灌注和强烈的生活气息，其中人物往往有情有义，不无草根精神，又完满而富有生气，显示了丰富而可贵的人性，使军事题材的影视剧得到了新的拓展。

五

需要指出，通过创作者们多年的努力，军事题材的电视剧建立起了一个生态系统，但这样蓬勃发展的影视剧的生态与趋向，与社会价值日益多元化的背景下国人对民族、国家的高度认同有关，更与产业发展及其基本走向存在愈加明显而突出的关联。以前电影、电视剧创作主要由政府拨款，20世纪90年代后期，这种单纯的政府投资开始减少，更多的是政府资金和社会资金混合的投资模式。企业为了通过电视剧的播出提高知名度和产生间接的广告效应，作了各种形式的投资。民营影视的崛起更使电视剧的拍摄资金和商业或金融投资、融资的多元化渠道联系了起来。进入21世纪，电视剧的创作和生产再上新台阶，产业语境下的电视剧制作、发行和经济回报，使创作观念、机制和艺术生产深受影响。在回顾当前军旅题材电视剧创作的演进、观察当下军旅剧的现状时，笔者在为军事题材电视剧的制作所呈现的从未有过的繁荣景象欢呼的同时，对这类电视剧创作上的问题和局限怀抱一种忐忑的隐忧。显然，"心造"的幻影难以成就大时代的鼓手，"心造"即缺乏忠于生活的创作态度，一味偶像化，以娱乐性为旨归。像近些年来一些卫视播出的电视连续剧，虽采用军事题材，但表现部队生活，或明暗相协，叙写枪战传奇；或突出重点，着意表现主人公的缠绵心情；或强化自我意识，为正在形成自我同一性的青少年提供后现代的生活方式和价值观"样本"。因为创作上的偏差或态度不严肃，出现了很多观众都看不下去的"抗战雷剧"，长此以往，军事题材的作品或军旅剧"必死无疑"，而且，倘若存活的电视剧都在展现矫情的假话和商业算计，缺乏人文视野和奋发的精神，都成了快餐式消费品，这电视剧的五彩世界势必也会变得了无情趣。因为，在当下的商业语境下，健康的军事题材电视剧的生命力虽然很顽强，但多少年下来若仅注重青年消费群体，没有发展和多元性，一直是固化的样子，那么，电视剧中的思想和创造的活力同样会消融殆尽。

个别的军事题材电视剧中所表现的人物，有时会给我们空浮的、不很真切的印象。因为一表现军人，甚至为了塑造顶天立地、宁死不屈、铮铮铁骨的所谓硬汉，就着力表现他们的无所不能，这未必是明理的、智慧的、自然而又温馨的，也是很难令人信服的。笔者曾看过电视连续剧《舰在亚丁湾》，感觉作品虽在题材选择上有新意，但人物关系和情节的设置并不见得就那么合理。作品写舰长肖伟国率海军编队奔赴亚丁湾护航，他的妻子龚新华也是海军军官，担任护航舰家属委员会的主任，她对待来自农村的军嫂杨灵儿的态度不佳，居高临下的姿态颇为突出，对几个来给杨灵儿新开餐馆助兴的军乐队女孩痛加指斥。她不让女兵穿军装，可自己穿军装到处跑，这样的生硬做派让人反感。龚新华的公公走失，她开着海军部队的军牌车四处去找，用这样的细节和情节设置去表现她对亲情的重视、军人职责和生活工作作风，让人顿感真实性大打折扣。该剧用不少篇幅表现她和另一个舰长的妻子（曹冰冰）吵来吵去，耍心眼、口舌争竞，颇欠分寸感，以致引来网友"这个电视剧应该叫《两个女人在吵架》更贴切"的讥嘲。这种军旅电视剧，若沿着这样的路子走下去继续创作生产，创作之路势必越走越窄。

不消说，作品诚然需要一定的教化意识，甚至需要注意适应市场的主流发展、注意收视群体的要求和宣传要求，但创新性不足、成本缩水、制作快餐化、赶进度，导致作品泥沙俱下，越来越糙，在政治、军事禁忌的限制与市场刺激益深的情况下，规避理性的做法便越发凸显。有学者就认为：中国的军旅题材电视剧创新性不足，不仅仅是军事题材电视剧的自身问题，也是创作者的问题，每隔几年只要有一两部叫好的军事题材电视剧，一些创作者就会为了迎合市场去"翻拍"[①]。如此的"雷同剧"大量产生，势必影响整个军事题材影视剧的市场和发展。显然，对生活挖掘不够，对时代和人性的表现便很可能停留在预设（固化）的浅层，如在当代军旅题材的创作中，诚如有人指出的，当代军人们除了要在服役时面对身体上的痛苦和精神上的迷茫，更要在服役期后、在这个物欲横流的年代，重新回到社会、寻找自己的位置，就算是离开战场离开战争，他们也依然把自己当作他人的保护者，而不是接受指导和照顾的人。这种心态和情形，如何去作大胆直接、全无羁绊的表现，是需要创作上的勇气的。在创作、生产过程中，不辜负自己的责任心、不降低创造性要求，才能感受到心灵深处那最真实的感动，才是创作者应有的态度。无疑，接地气的生活表现，无论是反映战争中的战士还是身处和平环境中的年轻一代，都要注重凸显、挖掘生命和人性的丰富含义，都要在真诚、善良、挚爱、关怀、交流、对话中去作有力而准确的展现。

当下的军事题材作品要实现突破和新的超越，无疑就要直面问题、思考如何改变。如何创新，如何达到深邃、尖锐、独特、包容并具有多元性，已经成为当下军事题材电视剧乃至整个中国影视剧的重要挑战。

首先，相对于政治和市场，创作是根本，要创新、要贴近生活，更要良心，要重视表现普通人的关切。李安执导的影片《比利·林恩的中场战事》

---

① 毕佳敏. 论新时期军旅题材电视剧的成就与问题[J]. 青春岁月，2013（18）：118.

对我们的军事题材电视剧的创作同样富有启示意义。李安执导的这部电影，改编自本·方逊的描写伊拉克战争的讽刺小说，它与《拆弹部队》一样不属于大规模的军事题材的作品——它讲述七名幸存的突击小队成员，因为在伊拉克与当地反对派武装进行了3分43秒的激战，机缘巧合地成了战争中的国家英雄。想来这样的国家英雄，真实可信、充满生活的质感，同样会成为探寻时代和人性的基本概念的一种表达。

创作具有广阔的天地，需要极端认真、负责的创作态度。根本问题是它要反映真实的生活，在生活的本相上发酵情节，兹事体大，关涉全民族的文化审美。贴近生活、有好品质的作品，需要文火慢炖。假如一有创意、故事，便急不可耐地将之转成娱乐，变成买卖，这是极为可怕的事情。其实，电视艺术创作者要想把好市场的脉，成为塑造电视剧市场共同体与意识形态的主要力量，就需要融入人文视野，实现从幼稚到生硬再到成熟的蜕变，克服困难，努力诉诸具体的创作实践。

其次，找寻生动朴素的大众化的表现方式，坚持历史主义的客观视角，注重弘扬历史意识，在多元的军事、社会生活和人物关系方面展示人物的情感、精神与命运，使之充满"人"的魅力，至为重要。《十送红军》之所以取得较大的成功，和这部作品中贯穿的"精神镜像"或者说神韵不无关系。这种"精神镜像"即剧中用艺术手法表现的战士们的责任、牺牲或者说情怀，作品越是向形而下的感性方面进行还原，就越能显示牺牲的价值和情怀的崇高、伟大与动人。这些不同的单元戏，表现了一个又一个普通战士的牺牲和情怀，或者说表现了这些普通的战士如何"走在牺牲的路上"，他们都是英雄，他们的情怀、境界非常感人，充满崇高的精神价值。该剧很精细地表现了他们的牺牲，具有比较强的审美感染力，因为，一个战士的成长、他在战争中得到的友情、帮扶以及亲情，都不如牺牲更让人震撼。这部长篇电视剧的一幕幕画面，感动了很多人。在剧中，红军战士知道自己每天都面临着牺牲，而对于红军战士的牺牲，编剧、导演还有剪辑人员通过不同的视听、影像手段，作了不同的渲染性的生动刻画和传达，像贺坚、贺老憨兄弟俩前后的牺牲，像李复生、伍炳的牺牲，剧组人员对此的叙事、对此影像的造型，都很特别也比较主观化，而且，其对牺牲的表现不断被丰富、更新。这些红军将士，是为祖国、为人民扛起枪，是为人民作出牺牲，是为更多的人活着而选择牺牲了自己的生命。剧中的许多人都牺牲了，也有不少人活了下来，逃离了死亡，可以说是劫后重生，而观剧的我们几乎也成为劫后重生的人。

军事题材电视剧所蕴含的励志意义和精神色彩，为当代电视剧的发展重新找寻到了一个可能的新的方向。过去的电视剧能让一支歌成为经典，现在的电视剧为什么不呢？军事题材作品和军旅剧中的歌曲更容易被传唱，更重要的是歌曲的内容大多健康向上、朗朗上口，容易为观众所喜爱，更能激励符合时代的慷慨奋发的精神。因此，在这里真诚希望能有更多的像《从奴隶到将军》的主题歌《再见，大别山》这样的为群众传唱一时的经典军旅剧歌曲出现。

最后，理性思考和电光石火般的心灵的表现需要进一步加强。无论是表现战争的题材还是和平年代的生活化题材，都是在书写历史或现实军营中的个体的人，未必就要写打打杀杀、"写鸡零狗碎"、写军事生活或职业方面的外在性格。哲学家卡西尔在谈到艺术的审美与创造时说："只要我们只是生活在感觉印象的世界中，那我们就仅仅接触到事物的表面。对事物的深层的认识，总是需要我们在积极的建设性的能力方面作出努力。"[①] 富于个性、活泼有力、用心灵感受并引起共鸣和认同感，对于一部军事电视剧而言非常重要。十几年前的《激情燃烧的岁月》和《士兵突击》别具光彩，蕴含独特的审美认识和艺术感觉，它们能给人留下了深刻的印象，与剧作表现的人物成为一个个中国式奋斗成功的传奇不无关系。导演康洪雷曾说："《士兵突击》之所以能取得成功，那是因为许三多像一面镜子，经常照耀着我们那些不能说的东西，照耀着我们每个人身上跟内心相悖的东西。"若能做到接近并发掘生活的原生态，同时赋予一定的文化符号以表征与思考，就可能更为深入人心。

---

① 卡西尔.人论[M].甘阳，译.上海：上海译文出版社，2004：215.

六

把历史与当代语境相联系,密切反映社会现实的传统倘若能真正成为影视创作标志性的所在,就会鼓励影视人更加不懈地奋斗下去。特别是在全球视野下,优秀影视剧相互借鉴、影响,甚至彼此成就,更具有重要意义。中国的电视剧在日、韩和一些东南亚国家也日益受到欢迎。对中国的电视剧有着较大影响的美剧、韩剧等的成功,与它们模式化、市场化的编剧生产体系息息相关,对中国的影视剧亦具有较为重要的推动作用。当然,影视剧也应超越商业、艺术的分野,站在文化层面上论发展。有人比较中、韩影视剧时不无感慨,说韩国的电影、电视剧影响着政治,而中国的政治影响着电影、电视剧,认为这就是差距所在,这当然是见仁见智的,未必就很准确,需要我们作具体分析。笔者认为:对于重大历史和文化价值主题的表现,我们的影视剧要以一种健康的心态面向世界、走向世界。随着全球化语境与互联网时代的全面到来,人们表达的渠道增多,文化意识正在觉醒。在这种情况下,影视作品的转型和改变是一种必然。这种改变,或可从军事题材的电视剧开始。期待我们的军事题材电视剧不以仅仅反映历史或现实为满足,也能影响当下中国乃至整个世界的政治、社会和生活,乃至更进一步,"预言"着世界的未来。希望有梦想、有责任的人越来越多。唯有如此,中国的电视剧生态才会愈加完善。

"红色题材"电视剧的现代审美趋向*

2010年，央视热播的红色题材电视剧《江姐》《洪湖赤卫队》《南下南下》《一路格桑花》《兵峰》《冷箭》《远山的红叶》等，引起了大众的普遍关注与好评。红色题材影视剧的存在和发展有着重要的现实意义和美学价值，其中的优秀作品，利用影像再现人物形象、真实历史场景、事件发展始末，以广阔的历史视野来体现文化想象，激情澎湃，直指人心，从而唤起观众栖居于无意识母体中的民族忧患意识和历史记忆，对当下社会主义核心价值观的建立无疑具有积极的意义。

对于经历了改革开放的中国社会来讲，在转型和发展的过程中必然面临着历史与现实、传统与现代化、中国与世界等不可回避的现实问题，而只有在对其进行深入思考和研究的基础之上，才能塑造更加完整真实的中国形象。从这些优秀电视剧创作中可以看出，国家形象的构建呈现着一种明显的现代性审美趋向，而这种现代性主要体现在对经典的现代观照和重述，对历史叙事的实证性阐释中体现的现实品格，以及对人物形象人性化的思考和诠释上。

一、重构性与现代性想象

热播电视剧，无论是红色经典改编作品还是新编剧，在对历史进行重构

---

* 本文原载于《中国艺术报》2010 年 8 月 20 日，与董茜合作。

和重述的过程中，创作者对红色经典和红色题材所反映的主流价值体系加以现代阐释，注重由历史出发，赋予往昔时代一些超常的思想与行为以合理性的解释，从而使主流价值的表述和言说更加具有说服力。

红色题材电视剧中的红色经典改编和重拍，显然是当前快速变化的社会语境下对文学经典和名作的一种重读。它通过影像文本的分离、聚合和重组对主流价值体系进行现代性重述，折射出意识形态、社会审美变迁以及民众深层心理诉求，从而塑造更加鲜活立体、与时俱进的人物形象。例如，《江姐》和《洪湖赤卫队》，就格外注重走进人物的内在世界，努力突破以往的创作桎梏，力求人物性格的深度开掘，在一定程度上实现了深度叙事与大众情感逻辑的弥合。传统经典文本往往侧重表现主人公的英雄身份，而这两部作品却不约而同地表现了革命女性从青涩到成熟的心路历程。尤其是电视剧《江姐》的表现更加真实细腻，作品增加了江姐和丈夫彭咏梧还有幺姐之间的情感线，让观众看到了意志坚强、视死如归的女英雄在情感上的挣扎和困惑，表现了江姐在妻子、母亲、女英雄的3种人生中的不同追求和抉择。这种由内在世界出发、贴近大众、贴近时代的艺术表现手法，诠释了当代中国社会的审美价值观，以全新的视角诠释了忠诚、信仰、情感、尊严等主流价值在当代人视野中的定义。

《南下南下》塑造了一群现代视野中的英雄形象，虽然他们的精神内核还是延续着传统英雄人物的革命理想和高尚情操，但可以看出，他们较传统意义上有了很大的变化，已经明显带有现代青年的面貌特征和精神气质。魏九斤、吉林、普荆天、青格尔这些南下青年身上，呈现着浓厚的新革命英雄主义精神：他们满腔热血、积极奋进，以大无畏的精神投身于建立新政权的革命事业，但在面对历史变迁时，在情感和事业的选择中，他们也会彷徨迷失，陷入内心的挣扎和痛苦。但最终他们还是在崇高革命意识和坚定信仰的指引下，走出思想的误区和沼泽，达到一种公而忘私的精神境界。这种重述符合现代观众的审美规范和心理需求，而其对于革命历史精神遗产的继承和亮点开掘亦对红色题材艺术作品的创作具有深远的烛照意义。

此外，《兵峰》《冷箭》等试图建构社会主义核心价值观，努力在历史化的土壤和现实性思考中赋予主流价值多元化的含义。编导着力打造共同的公共话语空间，将不同身份、不同性格的人物共置于一个特殊的历史场景中，从而实现了政治的严肃性、个体的存在感和使命感以及大众娱乐和情感逻辑的有机结合。

这些作品研究特殊情境下的人和人性，关注大历史中小人物的命运，从自我意识觉醒的生命个体中表现主流价值观的神圣性和引导性，从而树立起积极、正面、光明、尊重个体生命价值的国家形象。在当代中国的历史进程和个体发展中，正直、崇高、理性、信仰等价值选择已经开始呈现多样化的精神面貌，作品越来越关注现代社会和现代人的生活境遇、内心困惑和人性深度，试图从中探寻主流价值体系在当代的实际意义，这种重构方式具有现代性想象的审美特征。

二、历史叙事与现实品格

历史通过文本叙事建构起自身，而影像文本在陈述历史的过程中也应具有一定的现实品格。红色题材电视剧通常可被划分为两个层面：第一个层面是对于经典历史文本的再度阐释和建构，第二个层面是当代人在文化想象中对历史的原创性建构和解读。原创性红色题材电视剧主要包含两种题材：一种是现代革命历史题材，另一种是现实题材。现代革命历史题材的作品已非单纯叙述革命故事，而是立足于当下现实重温红色记忆，以实证性的姿态实现对历史的深情回望，重述20世纪的中国革命史。《南下南下》就是其中的一部代表性作品：作品以英雄人物的奇观化革命人生历程为叙事载体，从现代人的独特情感和视角出发，在凸显和延伸崇高价值的同时迎合了当前观众的思考、憧憬和忧虑，在历史和现实的交融与延伸中满足观众内心对于真实情感、崇高理想和神圣信仰的追求。

从新历史主义的观点来看，这种"小历史"的叙事通常是直指当下，并且不脱离"大历史"的意识形态和主流话语的规范。现当代革命历史题材的红色原创剧不仅要面对经典文本在观众记忆中的崇高地位，还须审时度势，分析大众情感与心理需求，找准突破口和切入点。值得肯定的是，近期的几部红色题材电视剧都在一定程度上实现了历史叙事的感性重构以及在现实感上的深度挖掘。有的作品叙事情节主要围绕特定戏剧矛盾展开，剧中真实性的历史细节和叙述元素贴近时代、富有个性和创造力；有的作品思路开阔，汪洋恣肆，充分发挥了创作者的个性、想象力与敏锐的观察力；有的则将主流精神、历史想象和现实意义融入相互补充的艺术手法，使国家形象更为真实、丰满，具有感召力和渗透力。显然，它们的丰富、多样性的创作趋向与选择寓示着历史性、叙事风格、传统和现实的同一性以及不可分的整体性，它们与现代性之间，有着广泛的适应性的联系。电视剧工作者如果想达到一个实质性的成果，就必须在一个坚定的充满主体意识与社会性的真实空间的框架下进行创作。现实题材电视剧叙事时间与故事时间大体上同步线性发展，通常在当下真实生活空间中展开叙事，因而更具有实证性意义，如军旅情感剧《一路格桑花》从普通百姓的视角切入，表现了川藏线军人在日常生活中流露的真实，平凡琐碎中体现的伟大，以及家长里短里渗透的崇高，仿佛将象征着纯洁神圣的格桑花镶嵌在具有真实质感的历史图卷中，符合当代观众的心理需求和审美规范，体现了红色题材电视剧新的审美维度。随着改革开放的不断前进，人们的心理空间和社会公共空间不断扩大，这种具有现实品格的历史叙事是一种艺术创作的内在探索和反思，也是一种与当代中国社会变迁的内在互动，体现了由封闭式创作向开放式创作转换的轨迹，实现了全球化浪潮中多元文化的融会和整合，从而有效地构建了国家形象的真实性和公信力。

三、人性化构建与社会主流价值

当下社会各领域新一轮的思想解放运动和融合社会主流价值观的时代力量的介入，极大丰富了文化艺术创作的内涵，历史题材电视剧的坐标开始定位于一个个真实鲜活的生命个体，并得到新的多样性拓展。电视剧《远山的红叶》选择以人性化的视角切入，在重点讲述原巴中市南江县纪委书记王瑛与腐败分子岳映久的复杂斗争的同时，细致描摹了王瑛的深度情感世界，尤其是当王瑛身患肺癌时，她躲在浴室中放声大哭，表现了其心中充满了对母亲、丈夫、孩子的深情牵挂，对生命的无限留恋，体现了人性中的脆弱与无助。剧中正直英勇、尽忠职守的公安局副局长郎小泉因公私不分和虚荣心最终误入违法乱纪的歧途。这样具有复杂人性特征的形象更加真实鲜活，也更易于为观众所认同和接受。在二元对立叙事模式中，真实的人物个性和人性光辉得以彰显，正与邪、善与恶、坚强与脆弱、无私与私心、无畏与怯懦等特征被完整呈现，社会主流价值得以维护与彰显。

《南下南下》同样着意于对人物命运和情感的关注与深度挖掘，注意细致刻画人物的丰富性和生存意识：魏九斤是一个带有草莽英雄气质的人物，他正直、朴实、英勇、忠义，浑身上下充满了"舍我其谁"的英雄气概，但是在友情和爱情的选择中，他无法克服内心的懦弱和胆怯；青格尔热情无私但我行我素；普刑天坚毅执着却也曾陷入空泛的理想主义的误区，这些形象的塑造颇具人性张力。《兵峰》设置了对于人性考验的典型叙事情境：兄弟班中的高原边防军人和当代女性在自然灾害和突发事件等困境面前，都经历了内心的痛苦拷问、个人灵魂的深层净化、对他人痛苦的理解的过程，甚至发生了生命观的重大变化。这种真实深入的刻画使复杂的人性以一种圆满的形态呈现在观众面前。

国家形象是一个综合体，而其中最直观的形象是人的形象。在这些成功的艺术作品中，创作者着重构建人性化的人物形象，巧妙地把国家观念和社会主义核心价值观置换为人性伦理和个人情感，从而在大众文化逻辑的层面获得了观众的认同和共鸣。从这个角度上说来，只有充分注意类型叙事技巧和策略的运用，塑造具有人文光辉和人性深度的"人的形象"，才能塑造出真实、完整而富有个性的"中国形象"，体现艺术创作者在传统和现代之间的价值选择与创新性的时代趋向，立足国家意识形态，弘扬社会主义核心价值观，真实、深刻地契合中国大众的审美心理和文化想象。

传媒时代的赵宝刚现象*

自20世纪90年代以来,赵宝刚的电视剧在当代中国电视剧创作发展历程中,一度成为一个独特而丰富的文化类型、一个相当精美的奇葩。它建构了自己独特的世界,有着自己特殊的文化想象和比较完整的体系;它具有广泛的影响力,受到市场与观众的追捧和肯定。作为一个重要的文化形态与现象,赵宝刚的作品在国内获得过数十个奖项,受到影视界内外、广大观众的极大关注。这样一种现象,它的产生、策略选择、类型化发展及其独特而丰富的价值意义,是与从社会到经济再到文化的"市场化""娱乐化""媒介化"等时代大背景、大环境密切相连的,它在许多方面为传媒时代中国人的文化想象不同的面向所选择与决定。笔者将这种状况,这种现象,称为传媒时代的赵宝刚现象。

一、赵宝刚现象的产生与我们这个时代

我们都知道,时代与艺术繁荣关系非常密切,社会语境对文化惯例要素、艺术成例的影响是十分突出的。比如,一种新的文学样式、新的电视剧类型的出现,就与特定时代的文化想象、文化发展、文化繁荣密切相关,它既反映了文学艺术形式自身的发展,也昭示了时代文化或环境点滴变化的联系。王国维曾说过:"凡一代有一代之文学:楚之骚,汉之赋,六代之骈

---

* 本文原载于《中国电视》2007年第9期。

语、唐之诗，宋之词、元之曲，皆所谓一代之文学。"这些样式，是当时人们所创造的最适于宣泄和表达的手段，是特定时代的精神、社会心态和审美心理的投射，因而成为特定时代的产物。中国自20世纪80年代以来，社会生活发生了巨大变革，中国和世界同步变化，构成繁荣文学艺术、激发创作激情的催化剂。这是一个伟大的时代。它的特点有三个：一是整个社会处于一个经济、文化、社会蓬勃发展的时期；二是整个中国历史由于全球空间的变化而展现着巨大的活力；三是在文化界、艺术界和影视界，大家有了一个比较宽松的创作环境。改革开放以来，经济增长、社会事业发展都非常快，城市面貌有了很大的变化，人民生活得到了很大的改善。随着一系列政治、社会、文化、经济等政策措施的制定、实施，人们的生活方式、思维方式和价值观念都发生了根本性的变化。社会的言论空间变得更大了，人们的思想比较解放、比较活跃、比较松弛，作家、艺术家和电视创作人员，获得了广阔的文化、艺术创作空间，有可能把自己对社会、人生、情感、历史的独特思考表达出来。处于社会转型时期，很多社会现象、社会问题，与人生、社会民生相关联的前世今生与日常生活记忆，需要我们的作家、艺术家，我们的电视编导去关注、研究和表现。赵宝刚的出现及其身上不同寻常的自信和敢于担当电视创作主力军的锐气与豪气，正可谓对这个时代的正确、及时的回应。

经济、科技的全球化进程前所未有地改变了人们的生活、个体、行动方式和社会价值观念，促进了世界各国、各民族、各地区之间的文化交流、互动、冲突与融合。电视、书籍、杂志、网络以全新方式向人们循循善诱地导入、传递着丰富的信息。网络极大地调动了人们疏懒已久的热情。曾经来北京演讲的《纽约时报》专栏作家托马斯·弗里德曼（Thomas Friedman），是全球畅销书《世界是平的》作者。他认为，在今天这样一个因信息技术而紧密、方便的互联世界中，全球市场、劳动力和产品可以被整个世界共享，一切都有可能以最低成本的方式实现。谁更有竞争力，谁就会胜出。世界是平的、如何应对无可阻挡的全球化浪潮，是每个人必须面对的问题。这种全球化浪潮和文化态势，已经成为当代世界与中国的一个特征。全球化的后果之

一，是消费型的大众文化、通俗文化、多媒体文化的蓬勃发展。

赵宝刚现象，既是一个电视剧艺术创作现象，也是一个文化现象。它把追求观众、征服市场看作一种创新能力和"超绝"本事；它是消费社会转型的产物，而其本身也构成了重要的消费元素。可以说，赵宝刚的电视剧创作行走天下，览尽春色，始终站在这个商业世界、消费社会的核心，他在一定意义上与托马斯·弗里德曼的思想相联系和呼应——世界变平了，从设想到传播，一切如履平地。

二、电视剧的传媒化与赵宝刚创作的策略选择

20世纪80年代，当代中国电视剧创作内部出现了跨出原有的匮乏和压抑的时代的势头，潮起潮落，各类编导星光耀眼，从伤痕文艺题材、知青题材到主旋律作品，电视剧开始占据电视荧屏。但是，那种急转弯中的生活的混杂性状态，那种"喝着上一代人的奶长大"的种种历练与经验，还是被前所未有地复杂化了。尽管过往作品也有大量观众，不少还取得了较高的艺术成就，作品中也没有明显的混乱，甚至往往是清楚的、讲道理的、有逻辑的，有的时候还体现了某种崇高性，但是，新的时代在迅速发展，电视剧创作成为对当下中国市场及社会变化的新的文化反应，它表现着新的选择取向，开始着眼于普通中国人所面对的种种挑战和问题。赵宝刚出现的意义在于，他心怀中正，从容平和，又努力通过自己的作品，尽最大可能驱除人们对于之前电视剧模式已经产生的成见。赵宝刚的电视剧，为当时的中国电视剧创作了新的篇章。

20世纪90年代以来，中国社会进入消费主义时代。消费主义语境对电视观众收视心理产生了明显的影响。大众传媒，包括广播、电视、报纸、刊物、广告、网络、资讯……无处不在，人成了"一天到晚在资讯海洋中游泳的鱼"。传媒化、网络化正在成为改变世界的重要力量，并成为新世纪中国新的不可遏止的趋向。在这样的情形之下，艺术家们不会超越或脱离这种历史的限定。赵宝刚也不例外。以赵宝刚为代表的电视剧的创作趋向，呈现了一

种传媒化（或者说媒介化）、浅阅读、浅观赏的总体特点。这种电视剧，单就艺术媒体的传播作用、功用而言，"作为一种新需求给媒体提供了一个新的市场，一方面，因为速览讲究的是面，所以信息的提供可以从广度上做文章，另一方面，对于一些非常重要的事情，或者对人们影响最深刻的东西，再或者人们解读起来有困难的问题，可以给予一种更加平易的解读方式，和一种更加浓缩的信息的呈现"。①

赵宝刚的创作在媒介化的社会语境中的竞争策略选择，有下述几个方面的特点：

首先，赵宝刚的电视剧编导创作，是以个性风格寻求另类的话语空间。赵宝刚讲到他自己的作品时，曾说过这么一段话：

> 纵观我的作品，《编辑部的故事》《皇城根儿》《过把瘾》《一场风花雪月的事》《无雪的冬天》，彼此的风格都不一样。作品最重要的是个性化，让人一看就知道是某个人的作品，这体现了一个审美取向。如果一个作品没有个性，也就没有了灵魂。像《别了，温哥华》就在共性中蕴含着鲜明的个性，一看就知道是我拍的，它的风格性很强。但是你仔细琢磨，会发现它还是有一些小的变化，通篇的镜头语汇跟《永不瞑目》，跟《过把瘾》比较，是完全不同的。②

赵宝刚的电视剧最有力量也最具魅力之处，源于他的智慧和他相信作品可以陈述真实世界的一切因素，他能把故事讲得有声有色，有理有据，以此复现现实。他的不少作品都由一个故事牵引出另外的一些故事，进而展现人物性格、人物人生历程中的种种细节，和与时代构成某种呼应和精神因缘的众生相。用他的话说，他的作品，是以比较个人化的方式为表意策略的。他说，现在的电视剧多半是川菜，大家喜欢往上面撒辣椒。他自己的作品，则

---

① 张洋. 在浅阅读中寻求秩序和逻辑［J］. 新周刊，2006（4）：49.
② "我的作品比较有大众缘"——导演赵宝刚访谈［EB/OL］.（2002-04-10）［2006-09-09］. https://tieba.baidu.com/p/1331983634.

属于江浙菜系，温和、爽口，稍微带点儿辣，比较有大众缘。

其次，赵宝刚电视剧以雅俗混杂的面貌同时冲击了精英文化与通俗文化。赵宝刚的电视剧作品，都拥有一路走高的收视率。很多人喜欢他的作品。无论什么作品，一挂上他的名字，一般都会"火"。他的名字就是商机、就是品牌。他说他的窍门就是左眼看艺术，右眼看市场。也许他自己并不觉得自己有多高雅，但他主张老老实实地拍戏，拍摄生活中的事情。他擅长讲述故事，能够娴熟地运用电视剧的视听语言与影像技术。他的作品所表现的生活往往显得比较坚实而富于质感。叙述从容，环环相扣，节奏舒缓却又格外精彩。以故事的丰富性，直达人的微妙难言的思绪，见证人性的本质。对电视观众来说，观看赵宝刚的电视剧，就是这样一种仪式：坐在电视机前，将注意力集中在荧屏之上，"来体验故事的意义以及随着对故事的见解而来的强烈的、有时甚至是痛苦的情感刺激，并且，这种感情会随着意义的加深而得到极度的满足"①。

再次，赵宝刚是以纯情、言情剧的成例直接表达中国的混杂的生活，在电视手法和生活方式上对年轻观众构成重要的影响。它以一套复杂的话语运作，创造了一个共有的情感空间，达到了现代唯美主义的新成就。赵宝刚的言情剧，虽然线索明晰，称得上本分，但是往往被加上一些情调，一些"小浪漫"，剧中的人物都比较鲜活，其爱情也比较真实，比较荡气回肠。赵宝刚主张追求美好的东西，他自己也说明，他所追求的东西里面就包含美好的爱情。他的作品，吸引了不少年轻的观众，甚至其观众群是以年轻观众为主的。他在内容表现方面，展现了成长的烦恼、伤心的恋情、慌张的青春……他对故事情节的强化，对曲折紧凑的故事编织，对电视剧造型功能的重视，对影像表现力的尊重等，都体现了他非常重要的策略。有专家曾经说："从技术层面上讲，历史悠久的主流媒体增强自身影响力的关键之一，是降低目标受众的平均年龄，获得更多年轻受众。"②赵宝刚的努力意图，由此可见一斑。

---

① 麦基.故事［M］.周铁东，译.北京：中国电影出版社，2001：15.

② 陆小华.激活传媒［M］.北京：中信出版社，2004：7.

赵宝刚在创作电视剧时，往往选择使用一个封闭式的结构，作品的叙事线索也异常单纯。整体的氛围和气息呈现了清新、丰沛的色彩。这些言情剧，有一些属于悲剧的范畴。鲁迅先生说过，"悲剧是将人生有价值的东西毁灭给人看"。这些连续剧中贯穿始终的主要人物，身上往往体现着一些有价值的东西，或者有价值的维度，他们在故事中有种种离奇的、出人意料的表现，但他们身上并不缺少美德，也不缺少可以引起人尊敬和钦佩的东西。它的悲剧感会引起观众的共鸣，也会给观众带来观看悲剧题材的作品时常常涌起的可被称为"崇高"的情绪感受。

最后，是娱乐元素的全面引入。人们观看电视剧时，一种"唯乐原则"时常会起作用。看电视剧时的享受、放松、开心和被逗得开怀大笑，是其内在驱动。赵宝刚懂得这个道理。他的电视剧作品的表层是被包装得无比光鲜的故事，他有一套非常商业化的制作发行系统；几部作品之间充分表现了一种互文性，甚至是一种互文对称；明星崇拜所造成的偶像效应，也作为一种特殊的表现形态在其中发挥作用。这体现了导演及投资方不同寻常的自信和知识/权力运作的文化力量。当观众几乎是漫不经心地走进赵宝刚的电视连续剧时，他们立即臣服了。他们实在很难抵抗这种诱惑，他们会不禁为剧中那些年轻生命唱出赞歌或哀歌。赵宝刚的《渴望》《编辑部的故事》《一场风花雪月的事》《永不瞑目》《像雾像雨又像风》《奋斗》等，是不同风格、不同类型的电视剧，但总能使观众耳目一新。

三、赵宝刚电视剧创作的发展及其意义

我们都知道，要探究某种影视剧或类型剧创作发展与否，一般可以从三个方面来进行观察：一是要看它的思想容量中是不是增添了新的价值元素和思想维度（主题/题材/人物）；二是要看它是不是以最大胆、最有创意的新的表意方式和成例，扩大了具有自身创作个性的话语空间（故事/视听/美学）；三是要看它的基本作用与价值功能是不是获得文化特性的表现，达到更高的受众面，是不是打造了全新的电视剧世界，成为中国人和中国社会创造现代认同

所必需的文化要素，提升电视剧在媒介化社会与受众心目中的位置（在现代传媒中实现其功用）。因时而动，反思历史，打破主流情节剧意识的控制，从传统文化与本土叙事策略中寻找新的创造性转化，是十多年来赵宝刚可以独步电视剧江湖的秘籍。赵宝刚的电视剧创作可被分为以下几个阶段：

第一个阶段（1990—1994），观照社会，观照人生。赵宝刚的作品并不寻找一种宏大叙事或刻板的寓言框架来表现中国，它的故事主要来源于自己的生活、经历和身边人的故事。作品以近乎原生态的形式呈现生活的真实，同时透露一些信息，一些对于现实、世界和中国的感受。它让我们产生一种感动和亲切感。这期间赵宝刚担任过电视剧《渴望》（共50集，1990）的导播；独立执导了《编辑部的故事》（共25集，1991）；导演了《皇城根儿》（共30集，1992）；导演了《过把瘾》（共8集，1993）。

在那个年代愈趋旺盛的电视剧创作态势中，赵宝刚的作品没有做重复的展开。它拓展了一种新的电视剧形态。这是难能可贵的。当年的《渴望》，以超长的剧集演绎了北京一户普通人家的生活，迅速超越了精英主义的宏大叙事，并将之成功转换为"草根"百姓的家长里短，带来了电视剧在20世纪90年代的第一次轰动。作为一部室内剧，其节制的剧作文本和清晰的铺排故事、描写人物的做法，具有开创意义。同样富有高度开创意义的作品《编辑部的故事》，是一部系列室内剧，却又与以往的连续性的情节剧并不相同。其故事情节相对独立，主要人物具有连续性，创作者进入讲述故事、自由叙述的天地。后来的情景喜剧如《我爱我家》《候车大厅》《东北一家人》等，都是对它的延续与发扬，它们想象的维度与结构的形式与前者是一致的。赵宝刚这一时期执导创作的《过把瘾》，改编自王朔的小说，内容丰富，视角独特，呈现了惊人的力量和人文性的活力，是人们前所未见的，具有极强的感染力，给大家的印象非常深。后来的都市情感剧《牵手》《结婚十年》《中国式离婚》等，都是在《过把瘾》开创的历史成例的基础上的一次又一次的出发与迈进。

这时候的赵宝刚，刚刚拍了三部电视剧，就取得了这样十分了得的成就，想必他会有一丝欣喜、自得和安慰，就像一个智者所说："我从来没这么高兴过，我终于发现我不属于那一群人。"①赵宝刚的开创性创作，其实显示了他独立的民间性和真实鲜活的平民趣味及其精心的盘整、演绎与梳理。我们知道，民间一直隐藏着丰富的想象力与叙事材料，民间哲学和人性化的原生性的东西，对于新的影视文化的建构与历史成例的探索，很显然具有重要的意义与作用。

第二个阶段（1995—2002），观照青春，打造言情剧。其中包括赵宝刚1995年导演的《东边日出西边雨》（共20集）；1996年导演的《一场风花雪月的事》（共20集）；1997年导演的《无雪的冬天》（共21集）；1998年导演的《永不瞑目》（共27集）；2000年导演的《像雾像雨又像风》（共30集）；2002年导演的《拿什么拯救你，我的爱人》（共23集）。这些作品特别注重对情感和角色细节的处理，情节紧凑，故事性强。编剧、明星、导演，缺一不可，形成符号色彩浓重的超强组合。这位"故事大王"一向善于把主人公置于一种两难抉择中，在警匪片中加入爱情线，让人物一直处在分分合合的状态之中，以其特有的激情创造出独立与自给自足的想象空间。

套用米兰·昆德拉（Milan Kundera）的话来讲，赵宝刚这一时期的电视剧作品，其实大抵并不是研究现实而是研究存在的。在他那里，"存在并不是已经发生的，存在是人的可能的场所。是一切人可以成为的，一切人所能够成为的"。作为杰出的电视剧导演，他发现了人们的这种或那种可能，为我们画出了"存在的图"。②谈到言情剧，赵宝刚说他相信人与人之间一定有特别美妙的爱情，美妙得让人痴迷，可是在日常生活中，这种爱情很难遇到。我们可能都想得到更好的更痴迷的爱，可是现实中的我们往往得不到，于是导演就在电视剧里营造它。赵宝刚翻拍的海岩的三部作品（《那一场风花雪月的事》《永不瞑目》《拿什么拯救你我的爱人》）剧情非常复杂，生活中很难遇到这么复杂的事儿。但是海岩写了人的期望，于是赵宝刚就拍了这种期望。所有的言情剧一定都会歌颂美好的爱情，但赵宝刚"以一种完全对立的方式表

---

① 德鲁克.旁观者[M].廖月娟,译.北京：机械工业出版社,2005：23.
② 昆德拉.小说的艺术[M].孟湄,译.北京：生活·读书·新知三联书店,1992：42.

达自己的规范和判断"①。赵宝刚执导的这些言情剧、情感剧，从头到尾都让年轻观众觉得爱情生活实在令人向往，也许是我们的"言情剧大师"把工作做得太好了，也许是作品浸透的平民主义意识形态实在契合我们这个时代，总之言情剧成为大受欢迎的电视剧，并且演示了不同凡响的意义。

第三个阶段（2003—2007），以多元讲述和新的观察视角，显示对人的生活和媒介化生存的一种复杂观念。主要作品有赵宝刚2003年导演的《别了，温哥华》（共22集），它具有非剧情化探索的意义；2003年总监制的《沧海百年》（共36集）；2004年导演的《录像带》（共19集）；2005年导演的《给我一支烟》（共20集）；2006年导演的《奋斗》（共32集）。赵宝刚的感情戏开始较多地关注人物的命运，叙事冲突比较尖锐，但对人物的塑造，更多的是带着坦然的温情。我们说，一个优秀的电视剧导演，要想具有自己的独特性，不想保守地依循旧有套路，就需要不断地去进行自我批评、自我否定，这样作品才会呈现一种新的精神特质、精神取向，这样的电视剧创作和生产才会有活力，才可能营造一个多元化的世界。这对赵宝刚来说，其实也是一个挑战。赵宝刚的作品不仅有说故事的功能，也有其他的层次和定义。其作品既是美的，也是真实的；既是自由的，也是自省的；既是对电视剧叙事传统的接续，也是对电视影像的质疑、批判；既是娱乐，是经营，也是对个人艺术悟性的呈现。正如黑格尔所说的："所有事情都是矛盾的，这个原则超越一切地表达了真实。"正是这种真实，提醒着我们作为一种文化想象、一种艺术对话与构建的赵宝刚现象的存在。

在时代迅速的变化、发展中，赵宝刚的电视剧往往能迸发出很大，甚至是无限的能量，以强势或比较突出的势头，占据市场，并成为市场的宠儿，在剧烈改变的环境中获得成功。文化艺术诚然不能全由普及性文化构成，人类的精神活力、人文关怀、人文情怀不能全靠商业竞争的消费性的大众文化来展现，电视艺术家诚然要警惕利益化驱动的负面影响，注意抵制市场消极因素，但是，在经济转型、社会转型的传媒时代，我们需要清醒地意识到，

---

① 罗钢，刘象愚.文化研究读本［M］.北京：中国社会科学出版社，2000：393.

在新的社会变革与语境转换的条件下，市场经济的竞争机制、激励机制是值得肯定的，市场是文艺、艺术到达受众手中的唯一路径。没有大众传媒市场的繁荣，就没有电视艺术的繁荣，也就不可能为赵宝刚这样的电视剧编导的创作活动激发巨大的生机。赵宝刚在多年的电视剧创作实践中，懂得放下精英的架子，展现并建构尊重市场、学习市场、把握市场、征服市场、提升市场的博大雄心，作为品牌导演，他建立了创作者和消费者之间的信任，以积极的姿态和时代同步，通过真实感与类型化的结合赢得观众，通过市场走向人民大众，其所做的努力非常值得肯定。

《国家"十一五"时期文化发展规划纲要》指出，"文化建设"要"适应社会主义市场经济的要求"，"非公有资本进入文化产业"，形成"以公有制为主体，多种所有制共同发展的文化产业格局"，这进一步确认了在社会结构性变化时期我国文化发展的基本策略和重要任务。这种文化建设趋向，不仅会影响到电视生产与电视剧发展的走向，而且，影视艺术作为文化的重要构成，还需要适应这种文化建设与媒介化社会发展的要求，在其中发挥重要的作用。随着中国社会进入市场化和全球化的进程，市场的风险和生活的不确定性增加，一个以消解公共领域和私人领域的传统分野为特征的消费主义的时代已经来临。生活与社会进一步个体化，人们面临前所未有的挑战，文化诉求、利益诉求也日益多元化，具体的个人在面对挑战时势必会感到五味杂陈，但仍然应直接表达自己的选择，勇敢迎接挑战。赵宝刚电视剧在建构、维系、修正、改变方面做出的努力，发生在当代中国展示新的形态的历史进程之中，具有广泛的影响，证明了赵宝刚电视剧创作所具有的文化力量与本质意义。

四、赵宝刚现象：一个未完成时

基于市场与媒介化社会的观众的选择在今天其实具有新的意义。赵宝刚并没有用作品展示个人的聪明才智、花拳绣腿，其作品奋勇向前，披荆斩棘，同时始终为自身留下多种选择空间，它的适应性与自我调节能力比较强，发展变化的契机比较充分，因此生命力愈加顽强。"过去由于中国历史的紧迫的民族和阶级斗争而被否定的许多东西，在新的历史条件下重新彰显自己独特的价值和意义。"① 网络、生物、文化等新型产业的快速发展，使得中国电视剧传统在新的历史条件下获得了新的动力和意义。要在现代性与合法性的碰撞中寻求原创的可能性，应积极利用大众传播的媒介功能、重新发掘中国本土资源。我们要把中国的电视剧介绍到国外，使之融入世界市场，只有这样才能在全球性的世界传媒结构体系中更强有力地发出自己的声音。

今天的中国正经历着大历史的转变。主流商业文化五彩缤纷、迅疾变化，传统媒体与新媒体同时出现在当下社会语境里。行走在浮华、喧嚣的商业电视剧制作业界里，赵宝刚的作品不会与这种媒介汇流的面孔形同陌路。无论是对想象空间的开掘，还是对电视剧语言本身的探索，其都有着不可磨灭的成绩，他也有制衡市场的韧性坚守。但是，与观众对电视剧的期望相比，声名赫赫的赵宝刚的电视剧的创作风景，总体可能还存在种种问题。全球化和信息化网络化发展带来了文化认同危机，还带来了人文情怀的淡化。清代史学家赵翼有这样的两句诗："国家不幸诗家幸，赋到沧桑句便工。"说的其实就是一种人文意识、关怀意识、人民意识、人文情怀。时任总理温家宝在给文代会和作代会的报告中，在说到他读什么书时，就引用了包括这个诗句在内的话。人类的精神活力，主要靠创新性的文化点燃、不安分的理想展现。"一个人总是要有点精神的"，这是句名言。笔者希望从赵宝刚导演的作品中，能不断听到最具文化想象力和理想主义气质的对这句话的回应。

其实，在笔者看来，真正的电视艺术家应该也是思想家，所以要在世界上取得国际性影响和成就，要真正占有话语权，作品就应该具有深刻的思想性，就要以新的方式，对传媒时代的世界作出新的中国想象。近年来中国影视屡遭诟病的是社会责任感的缺失，思想力量的孱弱，对时代急剧变化把握的无力，对历史事件和传媒发展脉络认知的无能，以及对社会矛盾和现实弊端的刻意回避。这一问题存在两个方面：一是过度追求商机、过于迎合或表

---

① 张颐武.全球化与中国电影的转型[M].北京：中国人民大学出版社，2006：13.

现受众窥视的欲望，就可能以丧失自身的文化品格为代价；二是无视、冷待对价值取向、精神取向的灌注与弘扬，匮乏对大历史进程的正面表现，作品不能兼顾文艺认识、教育、审美、娱悦以及警世等几个方面的功用。现实对当代中国电视艺术创作、对电视人提出了严峻挑战。在这个方面，我们希望更多的电视剧导演能够构架自己的世界并为之赋予意义，担当起一个电视人的责任。

纪录片：眺望真实的窗口[*]

——近年纪录片创作一瞥

世界上最早被拍摄与公开放映的影片是 1895 年卢米埃尔兄弟的《摄影大会代表下船》和《工厂的大门》等实地摄制的纪录片；而 1905 年中国人自己拍摄的第一部影片，通常被认为是《定军山》，作为舞台纪录片，《定军山》也是纪录片的一种形式。所以，纪录片从电影诞生之日算起，已经有整整百年的历史了，也可以说，到 1996 年为止，世界纪录片已经诞生 100 周年，中国纪录片也已经诞生 90 周年。虽然电视纪录片和电影纪录片严格说来是有区别的，但是，电视纪录片的理论与实践以电影理论与实践为不可或缺的重要且基本的依托，是人所共知的，也是显而易见的，因此，我们检视、研讨纪录片创作的新成就、新景观，探索与省思电视纪录片的长久的活力，并引入文化的话题，就具有回顾与前瞻、寻求发展与跃迁的意义。

近年来，电视纪录片在中国展现着相当繁盛的创作景象与局面。一些优秀作品视频获奖；中央台的"东方时空"、上海台的"纪录片编辑室"、北京台的"北京特快"等，业已形成众口皆碑的纪录片专栏节目；纪录片题材丰富多样，既有表现都市生活的《德兴坊》《呼唤》《老年婚姻咨询所见闻》《十字街头》《京城百姓家》，也有展示并探索民族文化与生存方式的《藏北人家》《摩梭人》《最后的山神》《怒族一家人》，更有反映了乡土中国与人类世界相互对话过程中复杂情状的《穷则思变》《沙与海》《龙脊》《北极行》。这

---

[*] 本文原载于《光明日报》1996 年 1 月 11 日。

些优秀之作，都同时给予了我们以心灵的震动与慰藉。与绝大多数电视观众深藏心里的愿望相悖，也有许多充斥荧屏的看似包装精良、实则假冒伪劣的"冒牌货"，与其看那一批批视觉垃圾，不如实实在在地看"前门石阶上发生的""自己的事情"来得过瘾，不如看包括上述优秀作品在内的、令人耳目一新，神清气爽的纪录片。

近年电视纪录片所展现的清新的努力，带有显而易见的文化的深味与底蕴。

首先，优秀纪录片在广阔展示现实生活的同时着意于独到发现，使观众既能"近距离"地观察社会、人生与世界，又能感同身受地获得思想认识，激起共鸣。近年成功的纪录片，如中央电视台的《龙脊》《毛泽东》，上海台的《茅岩河船夫》《大动迁》，北京电视台的《京城百姓家》等，都比较注意开掘有利于现实题材的拍摄线索，并认真对之加以扩充、省察与升华，反映了追踪现实社会、表现了当代人生活与思想的特有的敏感性和深刻性。匈牙利电影美学家贝拉·巴拉兹（Béla Balázs）说，在纪录片里，"艺术不在于虚构，而在于发现。艺术家必须在经验世界的广阔天地中发掘出最有特征意义的、最有趣的、最可塑造的和最有表现力的东西，并且把自己的倾向性和思想意图异常鲜明地表现……"[1]。从这几年的这些纪录片创作中，可以明显地看出我国电视行业在这方面有了长足的进步。这种面对纷繁现实不失锐敏洞察与思想的特点，渗透了各种题材的创作摄影活动，在深层面不断释放着作为抽象精神意蕴的整合性，从而最为深刻地规定与反映了电影纪录片艺术的文化本性。

其次，在高涨的商业氛围中，它们由既定的体裁与本性出发，努力展现人生社会与日常生活中的丰富的文化内容，反映人类心灵活动与普泛的人性和文化因素，保持、推呈与创造一批有文化价值、比较少受商业影响的真实纪录片，尤显难能可贵。这些拥有真正的责任意识与艺术家良心的作者们，站在新世纪门槛前，心中时常涌起种种甜蜜与苦涩交织的复杂感受。他们相

---

[1] 巴拉兹.电影美学[M].何力，译.北京：中国电影出版社，1982：166.

信，不能抹杀自己去追名逐利，在电视创作活动中，不能容得急功近利，那与电视纪录片的本性相去太远，而其作品的长久生命力也无从谈起。因此，他们不仅努力使作品充满个性的文化色彩，而且始终显示着坚持追求真理的精神品质。在1995年的电视纪录片创作中，成绩突出的四川电视台的《回家》、辽宁电视台的《人·鬼·人》，给人的印象十分深刻。前者描写了大熊猫高高在被人工饲养两年之后，最终被人们送返大自然的过程，其中着意表现的人与熊猫的情感交流与眷恋以及大自然对熊猫的呼唤，富有感人的力量；后者记录了一个原日本宪兵的心路，叙述了一个人性丧失与复得的故事，既具无可辩说的历史文献价值，又由人性视角出发来透视、深省那场残酷战争，显示了介入当代生活的独特的艺术创新的意义。

最后，优秀纪录片既注意造型的表达，保护真实空间给人的丰富感觉，又积极发掘对话与想象的活力。当人们不再满足于人为的扮演、精致的情节、美丽的画面，而更关心人在其中生活的那个世界，更希望看到未经修饰的生活的原生态，感受到直接坦率的现实影响力时，如何关心与描写可见世界，保障与增强作品的显示效果，就成为整个电视艺术创作，尤其是纪录片创作的首要课题。在这方面，除内容必须是非虚构的，即必须展现生活中真实的存在的事实，还要做到真正向自己所面对的世界持一种开放的、对话的姿态，对被摄对象投注感情并评价其价值，作"参与的观察"、想象、透视与探索。其中尤为关键的点在于是否对拍摄题材所指涉的民族、社会、文化等方面的思索有独到见解，对人性心灵与文化真实的描绘、剖析是否达到一定的深度。应该说，那些年涌现的一批富有实力的青年纪录片创作者，如高国栋、王小平、孙增田、王海兵等，他们的成功就与其在这方面的不懈努力有关，而且从一定意义上也可以说，这个时期有影响、有力度的作品，都或多或少地对电视语言表现力作了有益的开拓，从而在丰满又深刻的叙事中，为广大观众打开了一个个眺望真实的窗口。人们欢迎它们，不仅因为其展示的客观事实，而且因为其负载的情感，因为其多样、生动的解说与感受，因为其能使人于真实之中寻求真理。

当然，也需要看到纪录片创作尽管发展较快，但水平却并不整齐，优秀作品仍是少数。数量甚多的电视纪录片，有的比较片面，不够丰富，有的缺乏对社会人生的深刻、成熟的见解，有的模仿力有余，创新意识不够。此外，如何进一步打开纪录片创作的新的精神进向；如何由现实资料抽引出极具飞翔性的思想资料；在深掘生活的沃土的同时，如何走向历史与未来；在现有成绩面前，如何永不止步，把"生命"灌输进去，使热情变成力量，使热烈的追想成为某种存在的亲历性的证明，仍然是需要认真思索的大问题。总之，总结经验，"取之于过去""展开于将来"，在现有创作基础上，深入叩问纪录片文化底蕴，寻求更为丰满的启示，探取更加彻底的确证，是完全可能、非常必要的，也是纪录片创作者们大有可为的。

第三部分
作品：世界的共生

"心灵现实主义"创作新景观[*]

——关于近期热播电视剧的再思考

文艺作品的生命在于真，电视剧尤其如此。2021年热播的电视剧《觉醒年代》《跨过鸭绿江》《山海情》《装台》《巡回检察组》等，剔透、真实地呈现了电视剧创作者不懈追求的心灵视野，形成了"心灵现实主义"创作新景观。看完这些剧集，一股精神力量萦绕于心。就理论研讨而言，对现实主义美学的倡议与再思考是必要的，也是顺理成章的。为什么？因为一种现实主义创作的兴起，必定有一种美学理念在起作用。

一、作至诚之声

近期，现实主义电视剧创作呈现了一种深刻的心灵性，其组织化的、介入性的特征越发显著，这类电视剧可被归为审美的修辞力量的典型特征。在特殊的社会环境下，有它必要的一面。《最美逆行者》《在一起》等作品，《山海情》《江山如此多娇》《花繁叶茂》《石头开花》《金色索玛花》等小康和扶贫题材电视剧，《觉醒年代》等庆祝建党一百周年的历史巨制，之所以可以被归类为精品创作，是因为其呈现着一种强烈的心灵性和精神气质，它们在讲述中国故事、凝聚民族心理和情感方面无疑起到了重要作用。

我们在体会这些作品价值表达的同时，会受到作品的思想性和心灵性力

---

[*] 本文原载于《当代电视》2021年第3期。

量的浸染，清晰看到并感受到影像美学的磅礴气势和随美学之壮丽而来的电视剧成熟气质。像《觉醒年代》表现革命者和知识分子，表现了鲁迅在1907年写的《摩罗诗力说》中呼吁的当时中国"为精神界之战士""作至诚之声"的真实进程，作品呈现的景象既是真实的思想探索、真实的有质感的城市，更是心灵里的上海抑或北平。作品将目光投注到20世纪消长起落又浩瀚无涯、深潜奔涌的中国现代新文化的思想潮流中去，让今日的我们，不能不伫立在这些中国历史新纪元开创者、先驱者的塑像面前久久沉思：在现代中国的启蒙主义运动中，他们有着怎样的历史面孔，有着怎样的共性与个性？面对中西文化的历史交汇、撞击与震荡，他们在传统与现实、世界与中国的纵横坐标上，作了怎样的文化选择？为跳出传统的渊薮，接受历史的责任，走向现代化的路途，他们经历了怎样的历史阵痛与心灵历程？拂去李大钊、陈独秀等人身上的历史尘埃，充满美学自信和文化自信地展现这样的先驱，我们会发现，原来历史的要求与责任，对文化的思考与选择，在我们与先驱之间如此共通！《觉醒年代》作为主旋律电视剧，将一代人的文化选择放到救国救民、净化人的心灵、改变人的精神状态上，不消说，这是入心入脑的，是接通历史和当下的，合乎时代对接受、思想、启蒙、审美判别的要求。因此，它也就更可能深刻而持久地影响更多的头脑与心灵。

二、嵌入心灵性的教育

在现实主义之前冠以"心灵"，体现了一种美学的、艺术的观点和评价标准。创作须注意集中性、有效性，作品须努力让叙写历史、现实生活的题材内容及其特征体现时代所要求的主旋律目标，抓住所描绘事物的心理演进特征，嵌入心灵性的教育思想，同时追求创新性，敢于向历史纵深挺进，这样才可能深刻地表现历史特征或心理特征。

需要重视的是，影视剧创作的集中程度，未必达到能起实际效果的程度。有的主旋律创作也会出现套路化、模式化、雷同化、简单化等与电视剧精品创作要求相反的共性问题，或者出现无法保持有学者所说的"史实与虚构之间的合理与平衡"的问题。

追求并实现艺术作品价值的效果，关键还是要心中有火、眼里有光，甚至是脚下有泥，至少要做足扎实研究。要让创作从大地汲取力量，将作品叙写为火焰之桥，关键是要将心力贯注于"真"，把"真"作为创作心理的基础。

"真"包含中国经验及其心灵性、精神性以及面对历史、面对人生和人性的真相所充溢的真实或纪录的元素。这涉及一种创作心态，当然不是指触碰禁忌，而是指创作观念的突破，指对自我呈现和探索发展的直接性的勇气，指追求自然而健康的审美表达的崇高模式。电视剧《在一起》之所以在播出后引发广大受众的热烈讨论，就在于它选取真实的人物、故事，讲述平凡人不平凡的故事及其背后的爱与善意，它也因此获得了广泛的社会影响力。《觉醒年代》着力展现中国共产党成立的宏大历史，人物栩栩如生。从1915年《青年杂志》问世到1921年《新青年》成为中国共产党机关刊物，时间线清晰，对李大钊等一代革命先驱寻求救国真理的特定环境的表现格外真切、真实。《跨过鸭绿江》不无史诗特质，在搜集大量历史资料的基础上，真实刻画了当年毛泽东、周恩来、彭德怀等政治家领导中国人民志愿军赴朝作战、捍卫国家尊严的事迹。面对人民大众，面对历史，面对艺术的审美创造，电视剧创作都应有朝圣般的诚挚之情，但主旋律剧中的人物不应是神格化的人物，而应是人格化的有血有肉的人物，电视剧呈现的现实主义，包含着和题材内容相连的不同社会背景、社会心态及由此而来的不同创作视野，从不同的维度与视野承担着为国写史、为民抒情、文化引领、艺术化人的功能。

三、心灵现实主义

法国的加洛蒂在20世纪60年代曾提出"无边的现实主义"的口号，主张根据当代作品的特点来赋予现实主义以新的内涵，强调他心目中的"现实主义"是个连卡夫卡都能包容进去的、广泛到"无边"的艺术概念。彻底的、绝对的、终极的"现实主义"其实不存在。在电视剧的创作中，概念不是真实表现的敌手,心灵不是现实复原的敌手,不是唯有极致真实的艺术才是完美的,才得以生存与发展。在我们进行理论研讨时,是不是可以径直开放地在现实主义之前冠以"心灵"呢?能不能在现实主义之上实现心理与精神上的协同共生呢?也未尝不可。

心灵现实主义具有生产性的开放的文本含义,在题材选择与主题挖掘上以小见大,电视剧描述与表现的是放大并印刻于历史个体的公共记忆里的东西,因此需要我们站在观众的视点多加考量,"应随着受众的要求更细分化,更具目标感"[①]。对于现实主义创作来说,宏大历史主题的陈述并不是单一空泛的东西。《装台》讲述劳动者的故事;《巡回检察组》讲述新时代检察官维护人民合法权益和法律尊严的故事;《大江大河2》接续第一部的内容,展示20世纪80年代末到90年代初政治经济领域的改革、社会生活的嬗变,重点仍是以宋运辉、雷东宝、杨巡等人的奋斗历程为主线,刻画他们的心灵觉醒和变化;电视剧《安家》《以家人之名》《二十不惑》《三十而已》《流金岁月》等剧着眼于当下,内容选择小事件,描摹小人物,表现生活、事业、家庭、情感等问题,展示的是最真实的个体,其情感交流、集体历史记忆是亲密切身、交融互通的,因此引发了众多观众强烈的共鸣与讨论。

"心灵现实主义"除了在文本生产方面具有开放性特点外,还包含典型环境、人物和观念"构建"及其包含的格局和视野"构建",更重要的是如钟惦棐所说的,它"是严格的现实主义,在传统的基础上升腾到一个新的美学层次"。以风格论,它是基于现实、"力图表现再创造"的构建性。《山海情》以科技扶贫为叙事主线,反映了宁夏吊庄的移民故事,讲为梦想而奋斗的脱贫故事,未采取宏大的全景视角,真实感却很强,而且格外生动。8年时间,让近1亿农村贫困人口全部脱贫,这样的人类减贫史上的奇迹,在不拖沓的故事讲述中得以亲切呈现,也得以让观众铭记。《石头开花》用10个单元剧,围绕脱贫十难(实难)这个主题,以明确的思想与情感观照,展现了丰富多

---

① 丁亚平.改革开放30年中国电视剧的自我特征及其价值选择[J].中国电视,2008(12):40.

彩的影像讲述、价值关怀和扶贫伦理。《江山如此多娇》聚焦"青春和理想"，其最成功之处是在主题发掘、剧情呈现的过程中，塑造了具有丰富个性和鲜明色彩的人物形象，激发了创作的想象力。"江山如此多娇"，是因为有了这些大写的"人"！

对于进入"后疫情时代"、后工业时代的中国电视剧而言，2021年是转折点也是新的起点，坚持现实主义电视剧创作原则，重视心灵现实主义的重要性，凸显开放的构建性，让更多的人"参与意义的建构"[1]，拓展新时代更趋多元化的创作方式，运用心灵现实主义的新理解为中国电视剧寻求新增长赋能，成为主旋律电视剧甚至整个中国电视剧发展提质增效的关键点。

---

[1] 费斯克.理解大众文化[M].王小珏，宋伟杰，译.北京：中央编译出版社，2006：127.

新时代具有突破意义的影视书写*

《石头开花》围绕"脱贫十难"的主题，呈现了一种复杂丰富的特点，以明确生动的思想与情感观照、丰富多彩的影像讲述、价值关怀和伦理，表现不同的地理空间贫困程度、脱贫难点各不相同的贫困地区的世态风貌，讴歌基层扶贫干部和当地困难群众攻坚克难的不屈精神，可以说是属于我们时代的有突破意义的影视书写。

《石头开花》被称为"集锦剧情"，这使创作者获得了一种开阔的眼界。全剧当然有宣传效应，有任务色彩，但它建构起一个时期的历史文化影像的视觉政治和媒介记忆，呈现的是在一个独特语境之中展开的，甚至比现实世界更为真实的思想，体现着它比较饱满的艺术感的视觉美学。笔者从两方面谈谈这部剧的特质和创新之处。

一是这部剧典型地体现了当代影视创作的"三问"和集体创作性。作为新的模式，《石头开花》提出并回答了"三问"。"三问"就是影视创作者如何面对扶贫、怎样通过影像文本去认识扶贫、如何叙述不同地理空间的扶贫故事，并令人深思、令人感动。改革开放以来，小康题材影视剧创作围绕反映中国人民走向小康的历史进程，取得了令人瞩目的成就，而扶贫题材的影视创作是这些年有关小康题材影视剧的新形式，聚焦表现的是齐心协力的扶贫故事，当然有当下性，也有难度、有挑战性，因为它要融入具有当下性内涵的丰富复杂的思考和认知。

---

* 本文原载于《中国广播电视学刊》2021年第2期。

《石头开花》是集体创作，参与其中的可以说都是合格称职的影视艺术创作者，他们愿意投入时间和精力精心创作，我们能够感觉到他们充满了对于扶贫、对农民、对乡村生活的热情，这是我们应该致敬的，这种集体创作展现的是一种共鸣和共情，包含了主体创作的一种心灵性、精神性。我们都知道，扶贫让中国乡村绝大部分普通人、底层人受益，这不是一件简单的事，它切切实实地让广大农村人的生活变好，并且被赋予了一种入骨的影响，打下了一个鲜明的记号。

多年前的一部电视纪录片《穷则思变》讲述了一个段落，在西部省份的一个偏远地区，政府给农民发了几只羊让他们养羊致富。有的农民从几十里路以外的地方赶到乡政府领几只羊，从乡政府回到家，又是几十里路走回去，还没走到家，几只羊就被他们吃完了。农村乡村靠天吃饭，靠山吃山，靠水吃水，但人的问题其实是最难解决的，有的人缺文化、懒、怕苦、短视，甚至不无封建思想，所以人是穷的原因，乡村改变受益于我们的扶贫政策，更受益于受过良好教育的人。扶贫工作的意义体现在这样一个扶贫战略实施中，更呈现在扶贫干部身上，真的很让人感动，他们身上有一种使命和责任，他们无所畏惧，充满热忱。很多人成就了平凡而伟大的事业，成了人民的好干部，让人感动、让人尊敬。

《石头开花》以一种独特的叙事策略整体上呈现了一种集体性的书写，不仅得益于优秀的编导团队，演员在剧中的表现也非常精彩，可能是因为单元剧的原因，有的演员表演非常放松，但很有分量感，有创造力，这也增添了这部剧的艺术感染力。例如第11集、第12集讲大石村扶贫干部，其中一个女干部叫彭莉，她组织易地搬迁，巧妙化解矛盾，被村里人称之为"小彭子"，这是一种很有意思的呈现，能让人共情，但这种精彩的演绎也和演员有很大关系。这部剧展现了一种新的乡村书写、一种乡村事业的召唤，对于我们认识扶贫、认识当代中国的乡村变革和转型很有价值。

此外，这部时代报告剧没有有意识地展现一般视觉奇观和喜剧化效果，但它追求真实，作为一个时代报告，在呈现一个照进现实的电影实证、影像实证方面，做了许多美学化努力。

比较值得注意的，虽然有的人物可能有原型，有的是概括性创作，体现的多是扶贫干部的群像，但群像又让人感觉生动、形象、难忘，这也许是因为剧中重视表现人的情感、人性的丰富，展现真实的、丰富的人的世界。有些单元剧集里也呈现了一些负面的乡村人形象，比如刘善来、守德叔，但其实他们是动态的、复杂的，本质上不坏，不具有危害扶贫的攻击性，这一点给人的印象也非常深刻。它呈现的是一种真实，不是猎奇，也不是高度戏剧化，而是具有一种表现性的写实风格。剧中还写到年轻扶贫队员的爱情，不少扶贫题材的影视作品中都有爱情线，剧中虽然对爱情线表现得不那么充分，但当剧中陈振和紫玲两个年轻人戴上辣椒花环时，从某种意义上来说，他们在身份和认同上融入了乡村，给人的印象还是非常深的。还有的剧集，演员衣服比较干净，或者说太干净，有的女演员比较白皙丰腴，不太像村民，但仍呈现了一种人物美，当然更呈现了一种浪漫主义的、精神化的美。这部剧的画面、美景、音乐、节奏都很美，这些给予了观众视觉、听觉以表现主义的美学化想象，展现了影视创作实践及其中美学理论实践的可能性和广大空间。

与时代同行：发现春晚的新"魔棒"*

央视春晚在过去的岁月里，特别是20世纪的八九十年代经历过自己的黄金阶段，其呈现的大量有影响力的节目，影响了整整一代人的成长。如何在新时代发挥春晚的积极效应，从时代视角、观众场域、高技术等角度对春晚的内核进行创新性呈现，是一个重要挑战。2019年的春节联欢晚会，精彩纷呈，别具风格，通过个性化、可视化和互动化的新方法，让人们发现了春晚的新"魔棒"，赢得了一片喝彩。

一、时代的回声与个性化制作

2018年是改革开放40周年，2019年又恰逢中华人民共和国成立70周年，春晚以"奋进新时代、欢度幸福年"为主题，气氛热烈，让中国声音、中国元素传得更开、更广、更深入，成为时代的见证。因为这份特殊的意义，2019年的春晚在内容和手段呈现与创新上被大家特别期待。2019年的春晚用四个多小时的节目将历史和现代融合，突出创新，丰富的节目内容和形式包裹着这个时代每个人特定时刻的情感和精神标记，实现了这台重要文艺晚会传播的精准化与个性化。

除了北京主会场外，春晚设立了江西井冈山、吉林长春（一汽）、广东深圳三个分会场，其蕴含着丰富的历史意涵。革命老区的"井冈山精神"跨越

---

* 本文原载于《光明日报》2019年2月7日。

时空,吉林长春老工业基地同样可以做现代化重启,作为改革开放前沿城市的深圳则培植和集聚了创新的力量,分会场历史符号、地域元素鲜明,借景透情,成为时代的镜子。春晚用主流价值驾驭历史、结合现实,既彰显了现代中国的历史元素,又符合改革开放的路线及未来方向,显示了在空间布局上应和时代的创新点。

春晚节目形态丰富,呈现不断变化的实践性。时代发展、民生热点、普通人关心关注的问题,都被通过个性化制作得到聚焦。开场歌舞在设计和内容选择上有所创新、庆典性与时代性相结合,通过不同空间之间的错位布置,让观众视线在其中穿插和迂回,给人带来喜气洋洋迎新春的美好体验。众多实力派歌手演唱的《妈,我回来啦》、佟大为等主演的《站台》等,让我们在节日气氛中和亲情相遇。语言类节目,葛优、蔡明、潘长江等主演的《"儿子"来了》,孙涛、林永健、句号表演的《演戏给你看》,闫妮、周一围、沈月等人表演的《办公室的故事》,沈腾、马丽、艾伦等人表演的《占位子》,贾玲等人表演的《啼笑皆非》等,表达关注现实的思想内涵,或鞭挞假恶丑,或以幽默搞笑进行善意嘲讽,令人印象深刻。这些小品构思巧妙,既质朴生动又犀利,诠释着别样的意味。

二、接地气的可视化内容

在2019年的春晚中,歌曲、舞蹈、魔术、相声、戏曲、杂技、曲艺、小品、武术等,风格各异,可视化强,极富现实内容和民族神韵,有的为观众带来浪漫和青春的活力,相互辉映,和谐共生,为观众带来了本土艺术的绝佳体验。舞狮民族特色浓郁,突出喜庆的文化色彩,体现特有的趣味氛围和意境。安塞腰鼓、塔沟武术、刘谦魔术等节目,可看性都比较强。

不少的歌曲、舞蹈、武术节目,演出人数众多,场面热烈,舞美灯光变化多端。有的舞蹈融杂技、曲艺于一炉,有的歌舞充满浓浓的深情和活力,有的小品和相声则具有独特的幽默感。刘秉义、胡松华等老艺术家献演的《我和我的祖国》、歌舞《映山红》《难忘今宵》等更是大家熟悉的旋律,好作品的惊喜重现，让人神清气爽，情感和精神为之一振。

岳云鹏、葛优、开心麻花参与的节目，喜剧色彩很浓，都有相对密集的笑点，令人耳目一新。更值得一提的是，朱一龙、陈伟霆、王俊凯、王源、吴磊、周冬雨、景甜、易烊千玺等青年演员，颜值高，粉丝多，他们表演的歌曲和花式炫技，吸引了年轻人眼球。一台晚会，老少咸宜最重要。对于中老年观众来说，看春晚是习惯。对于年轻观众来说，如果没有流量明星，他们可能就不看了。从某种程度上说，年轻观众等于网络观众，吸引他们就吸引了隐性观众。

在春晚呈现的源源不断的精品力作背后，是浓浓的年味。春晚在阖家团圆之夜为广大观众和全球华人送来祝福，献上一道丰盛的年夜大餐。民族符号在喜庆色彩的采集、生产、接受、反馈中得到描绘，桃红柳绿，富有暖人心、筑同心的喜庆感、文化感和认同感。广场舞、街舞登上春晚舞台，充满积极向上的年轻的元素。戏曲《锦绣梨园》重点演绎了"万里神州是一家"等传统文化精魂，神采焕发。至于其他作品，也都各有所长，如岳云鹏和孙越的相声，使人开怀大笑；成龙、孙楠、张杰、韩磊、雷佳、凤凰传奇等表演的歌舞，打开"心之所托"情感的窗子，展现"我们都是追梦人"的热烈，温暖了年轻观众的心；一群孩子参与的以森林为主题的少儿节目，表现了大自然的生机盎然，同样吸引了年轻一代以及少年儿童的喜爱和关注……1500余名演员，数百名工作人员，他们热诚参与，激情如火，让春晚聚集起莫大的人气。

春晚有一种仪式感，更有一种"今晚有约/今晚欢乐无限"的向心力。"有你的地方，才是温暖的家。"过年回家，不论家在哪里，人们都想回家，过年过的是个喜庆。幸福岁岁年年，春满华夏福满门，通过接地气的精品制作，成功地将春晚变成民族特色耀眼的独具味道的"娱乐"装置、展现理想化的憧憬，温暖每一个过年的中国人，是晚会亮点所在。

三、全媒体传播：互动化传播魅力无限

2019年的春晚加快拓展了移动传播阵地，在大型电视文艺晚会互动化传播上实现了较大创新，这体现了央视在新时代迸发的热情。2019年春晚的社会融合度，不仅体现在节目丰富多彩和"中华民族一家亲同心共揽"上，也体现在把全国道德模范、楷模请到现场，让川航英雄机长与电影《中国机长》的主演张涵予互动讲话的出其不意的设计中，更体现在多地制作上。这些举措和春晚作为现象级新媒体产品的精准化实施紧密相连。

现在电视发展在全媒体时代的核心优势是技术，央视春晚也是这样，因为春晚融汇了各种资源、又备受关注，现在要观众有观众、要资金有资金、要剧组有剧组，唯一要挖掘的就是如何发挥高科技优势，并注重社会融合度和新媒体高度的相互依存。过去春晚在技术运用上一直在做尝试，现在更在做超越，换言之，春晚实现质的飞跃要靠科技。2019年春晚在技术突破、融合传播上有着不凡的努力。以"好运中国梦想成真"为主题的红包互动，有效增强了春晚的参与功能。

多频道联动，百度、抖音等新媒体的全程参与，让全媒体传播在4K、5G、AI等多方面进行的技术创新有了新的呈现形式。春晚带给大家快乐和感悟。春晚播出后在自媒体进一步发酵，并被广泛传播。

在新的融媒体传播语境下，"一次采集、N次加工、多元化传播与多终端适配"的春晚发展之道，无疑增加了春晚的参与热情和关注度。制作者、传播者和广大观众更倾向关注和选择自己喜闻乐见的融合形式，互动性强，令人期待，在春晚的舞台，融媒体技术献上神奇的"魔术"，给大家带来共享的开心一刻。新的春晚迎来新的起飞，增强了凝聚向心力和凝聚民心的作用，同时饱含热烈的中国情怀和青春气息，有着更大的融合力度、发挥着塑造心灵的作用。

沿着2019年新的改变和坚持之路，愿中央广播电视总台奉献更多属于我们这个时代的力作，发出更加嘹亮的时代之声。

近年来青年题材电视剧的演变与突破*
——从《北京青年》到《小儿难养》

当前社会快速变化,知识爆炸,信息更新很快,新事物、新知识层出不穷,这对当代人,尤其是青年提出了与时俱进的要求。对于年轻一代来说,要成为适应社会的有为有用的人,成为社会需要的新人,要付出更多、要有相当的适应能力,才能重新启动,真正做出成绩,在整理思想、抵抗诱惑、直面选择与挑战后获得健康的发展。当然,做到这一点,其实殊为不易。一方面,社会进入一个新的特定阶段,在青年中出现复杂的问题,存在着炫富、"拼爹"、傍校等现象;另一方面,社会发展搭建起一个和青年攸关的结构,离不开青年的热情参与。青年的成长与救赎对社会而言至关重要,在青年健康成长的过程中,他们的要求若能被听到,这个社会、时代,就会变得成熟、健全得多。2013年出品的《北京青年》《小儿难养》等青年题材电视剧,表现了年轻一代的人生、生活与救赎,相当精彩,其中包含的价值意义值得探究。

一

五四时期,文化界提倡平民主义,胡适也曾盛赞"民间的语体""民间的活语言"。现在看来当时的文学艺术作品实际上远远没有做到使用它们。电视

---

* 本文原载于《中国电视》2013年第4期。

剧作为真正的大众媒体，社会影响非常大，这和它触及中国的广泛阶层，特别是以青年为主体的新知识群体有很大的关系。在电视剧中表现青年的成长故事，聚焦、观照青年的奋斗、价值与发展，记录一代青年生活的足迹，是非常有意义的。从早先的《奋斗》《蜗居》，到后来的《北京青年》《小儿难养》，青年题材电视剧成为电视剧制作的一个重要组成部分。它们引出了一些令人感兴趣的问题，它们大多色彩缤纷，很感性、很独特，体现了对年轻一代选择、发展、成长较为深层的人文关怀。

年轻一代的人生路程，经历从幼稚到成熟的过程，他们脱离父辈、改变自身，"新陈代谢"，不断寻求变化、发展，是一种必然。只要人类社会存在，青年就需要面对人生问题以及种种选择问题，也就需要面对选择的艰难、疼痛。《北京青年》中的何东、何西等人，个性躁动，对任何事都不会无动于衷。在特殊的快速变化的环境中，也没有人可以阻止他们的改变、选择和发展。他们的改变和选择几乎从未受他们父母预设规划的约束。他们以某些独属于自己的方式参与和社会生活的公开对话。面对真实的要求和生活的矛盾、困惑、痛苦，他们不会像父母一代简单地用一张面纱将它们掩盖起来。

青年有思想、活力，也有作出选择和改变的冲动，体现了梦想的力量。《北京青年》中的青年人物，个性不一，情感心理错综复杂，但面对时代社会要求，面临各种选择，他们追随自己的梦想，为了他们的青春前进，努力赋予自己的生命以意义。在他们的身上，有困惑、迷茫，更有不能输的压力和压抑不了的渴望。周围的一切（包括他们的父母）可能长时间处于麻木以及由之形成的彻底麻痹的状态，但青年们不会把自己禁锢在一件只有一种尺度的紧身衣中。面对现实的生活，他们要去改变，要敢于去改变，要相信自己能去改变，能给自己能力范围内最好的生活。《北京青年》选择当代社会，特别是21世纪快速变化的社会中"学新知新"的年轻一代的群体形象进行表现、探究、倾听、反映青年的要求与呼声，刻画他们的心理、思想和人生路程，在梳理、把握当代青年题材创作中观照、表现较少的青年形象流变的隐性轨迹，深入表现其演变背后的社会文化语境，富有一定的文化意义与社会价值。

何东是大哥，虽然比几位弟弟成熟很多，但也有他的犹豫痛苦、焦虑不安，为了"别开生面"地生活，他做了一个重要的选择，辞了职，去南方，努力去改变生活，立志重走一回青春路。是何东"吹皱一池春水"，提早引爆了自己和他周围几位青年的人生问题，当然，唤醒了权筝、何西他们的是何东，更是他们自己藏于心底的人生梦，是他们自己人生、心理发展中必要的追求，当代日渐丰富、复杂的人生、社会吸引着他们，产生了动力，引起了他们强烈的共鸣。他们改变自己僵止不动的生活的尝试在最初虽是失败的，但他们相信他们不会一直失败下去。更重要的是，即使会失败，即使有致命的、强大的客观外力阻止他们，即使需要脱胎换骨，他们也有雄心，愿意面对、重启、前行，去做痛苦艰巨的斗争，而且，这是他们自己喜欢、自己选择的人生。

二

青年题材电视剧的目的，从本质上说是促进社会健康发展，因此包含了一种完全积极的主张。虽然生活无常，青年的成长、感情以及婚姻离不开挫折失败、吵吵嚷嚷，但这类题材的电视剧表现的重点不完全是这些，不是简单表现逝去的青春和从指缝中流走的爱情，而是人间剧场中所包含的生活的正能量，是生活的责任与目标，是"一张蓝图绘到底"，是永远不会因为时间、因为生活的烦恼而褪色的梦想。

我们看到，《小儿难养》这部电视剧处处为我们传达着简单却感人至深的温暖，有的地方很感人。要解决心灵的难题、情感的难题，还是要靠爱与理解。而且，它让人感到，生活不一定需要华丽的衣物，爱情、婚姻和曾经陪伴着我们的青春，同样可以厚人伦、美风化，我们面对心灵的问题，碰到危机的时候，必须重新评估自己的人生，审视从自己到身边的人，再到他人；从自己的价值观再到社会的价值观。总之，它所表现的深度思考和救赎旅程，不是时下一般的时尚剧所可同日而语的。

《小儿难养》重点表现了青年、当代人的自然状态，这部电视剧内容非常时尚，戏中的几乎每个青年都拿着新型手机，但这个戏主要不是在表现这些，它更重视的，更多关注的，还是青年的生存、奋斗、竞争与情感的历程，其中包含着个人生命中的种种层面。尤其是家庭、职场、心理、情感和精神层面的东西，非常丰富。人性本就复杂，世间亦无绝对的好人与坏人，好与坏与时空环境转换、变化，是联系在一起的。这样的处理，笔者十分欣赏和喜欢。

一直以来，"爱情""婚姻"以及"家庭""伦理"在影视界都是颇受关注的话题，从影视创作到大众媒体的评论，都能听到这样的词汇，看到这样的演绎和聚焦，但它也有多义性。

涉及爱情、婚姻和家庭伦理观念，涉及青年情感的戏，包括家庭伦理剧，不同的时代语境，不同的文化人群，面对这样的主题、概念，要表现这样的题材及艺术时的认知角度存在着明显的差异，但这种认识不太可能是非常不真实、是离谱的。因为我们每个人都有生活，都会作出回应和选择。这部戏，体现了新的年轻一代的感叹、认知和把握。江心说："人生的每条路，都像迷宫。"电视剧《小儿难养》的主创，将片中人物江心、简宁等人真实，甚至可以说是不寻常的经验记录下来与我们分享，让我们从这些经验中得到宝贵的认识，它在这一点上做得非常成功。

这部戏中的简宁，最看重的是婚姻。她把婚姻的成功当作自己人生最大的成功。她认为小富即安，过得快乐就可以。她想要听到老公对自己说"又爱了你24个小时"的甜言蜜语，但是她幸福不幸福，就如人饮水，冷暖自知。她抱怨自己再也没有光滑的肚皮了，唏嘘自己长斑了。到后来，她虽然不再害怕柴米油盐浸透浪漫，但她和江心的关系还是出了问题。如何过好日子，让她和江心都感觉异常困惑。她一度感叹："不是孩子打败了婚姻，是细节打败了爱情。"（第32集，简宁对简艾语）

当然，简宁、江心依然幸运、坚韧，依然懂得爱、珍惜以及原谅，懂得追求幸福生活靠自己的道理。简宁坚持挺着大肚子工作，俨然一个职场女强人。工作给了他们"希望"和"温饱"。他们也在努力使自己成为成功的人，成为内心强大的人。这部剧展现了他们真实的心理。作为社会公共空间的普遍伦理，真诚待人是时代需要的美善之举，真诚关乎你我他。

按正常的剧情思维走下去，这些角色也许会在各自生活、工作、商战或各种社会生活升迁平台上取得可能的成功，会收入很高，很满足，会忘记最初或曾有的梦想，但从《北京青年》到《小儿难养》，角色及其背后的主创人员对这种"赤裸裸的物质主义者"，甚至是对一种有条不紊的伪历史，都持批判态度。

《北京青年》选择表现的权筝、何东、何西、何南、何北们走的是另外一条路。他们有软肋，有痛苦、矛盾，他们过的是平凡人生，他们不是英雄，而是你我他。他们的情感、思想和生活是在奋斗过程中、在青春路上被重点表现的。对这样的普通人的真实思想、真实经历，对他们的选择、发展，对他们的人生之路，对他们付出的代价，对他们的人生的意义，需要深刻的理解和准确表现。

《小儿难养》的主创人员希望表现的在某种意义上来说并不只是一般的爱情故事、家庭伦理故事，其中还有现代性反思，甚至涉及社会学的问题。这部戏名为《小儿难养》，从一般的叙述故事的层面看，虽然概括的是两代人对老话"小儿难养"的体认的过程，但这样说好像还是不那么具有概括力。深入一些去思考，我们就会发现它其实揭示的不是恋爱观、家庭观的问题，而是社会学的问题。这包含两点：一是追寻自己生命的方式；二是对现实和传统关系的反思。而且，这样的内容，都不能被看作在时空中静止的东西。

有了小孩，简宁、江心觉得自己都快成"囚犯"了。他们忙碌、疲于应付，面对生活别无选择，生活的庸常、压抑，使得他们对自己的生活充满了无奈。这部剧所写的，不是一般的爱情婚姻问题，它所写的是人类在感情生活、生命旅程中都会遇到的一种难以弥补的缺陷。最后，这部戏通过简宁、江心等人的结局，提醒我们即使"告别了浪漫时代"，也要眼界宽广，目光长远，要相信自己，永远不要放弃自己，永远不要放弃自己的梦想、自己的理想。精神的觉醒与转变，对于简宁、江心打破身上的物质枷锁和心灵上的精神枷锁来说，是有意义的。

三

每个人都有自己的故事，表现青年和他们的故事，在文艺创作、影视创作上没有定律，但影视创作作为对大众影响最大的艺术表现形式，需要创作者提升思想观念，在现实、生活发展的复杂性中把握趋势，寻求范式、通例，总结规律，尊重人性、历史和现实的发展变化，从理性角度出发寻找其中的内部逻辑关联，准确表现每一个阶段新的探索，更需要对真实、准确和深刻的追求。在这方面，青年电视剧作品做得格外成功。它们往往着力表现青年的思想心理和行为选择的真实、丰富、复杂的维度。一方面，这些电视剧表现了青年们不放弃自己，并不断理清思想、情感并转变的过程，证明了时代的进步。另一方面，其中有对前辈观念的继承，更有一种改变、更新，彼此隔断的所指，富有思想上的意蕴。在《小儿难养》里，婆婆、妈妈、姥姥常常围在简宁、江心身边，虽然表现了一种亲情，但有时也让他俩有"都快成囚犯了"的感觉。特别是姥姥这个角色，一旦简宁、简艾有什么问题，她都关注，都指点一番。虽然她的观点有一定道理，但其占据道德制高点、占据真理（有时是智慧）的制高点的意味、色彩比较明显。

剧中部分人物认为父母、家人对孩子的事情有着绝对的话语权。甚至好像在婚姻、爱情上，他们都有插手、"管一管"（管控）的权利，而且这样的权利必须被尊重。我们的社会发展很快，但是这个发展很快的社会似乎没有改变这些。因此，简宁，还有那个有时流里流气，有时简单、单纯的简艾似在挑战这种观念的态度显得尤为难能可贵。按照自己的理想和意愿去安排自己的生活，无可厚非。作品对此进行研究、切实表现，反映了一种更丰富层次和更深刻意义上的反思、概括与总结。

不难看到，青年题材电视剧，像《我们无处安放的青春》《奋斗》《士兵突击》《蜗居》《北京青年》《小儿难养》等，其中轻松幽默的喜剧元素以及热烈奔放的具有流行元素的插曲，为此类题材的电视剧带来了现代感和灵动之气。但是，《北京青年》等青年题材电视剧具有可看性、观赏感，更在于其具有深厚的现实主义色彩。其中包含的有关青年、爱情、家庭和社会的种种表现和反思，一定意义上可以说是反映了新的变动不安的社会发展，舒张、发挥了青年的本质和天性，蕴含着人道主义或普遍主义的修辞，它能帮助我们更好地体验人性、人文关怀，这是其非常温暖、感性的一面。而且，虽然它不符合现实的标准模式，但它相信未来，它提供的经验往往和年轻一代的经验相吻合，反映了一种真实性（一种精神层面的故事的真实性），具有比较丰富、新鲜的时代气息。作品指涉、展现青年努力改变的过程，总体上并不低俗、消沉或抑郁，也并非简单地表现如何发泄痛苦，更不是一味把一些事情合并成一个灰色的故事，而是重点通过描绘他们如何做飞翔的梦，表现他们怎样勇敢地实现它，为自己的梦想和情感追求竭尽全力，怎样乐观、勇敢地生活，用一生去寻味飞翔的感觉，呈现青春的光泽和人生、人性与情感的美好。说到底，这也正是更具有鼓励青年、促进社会发展的"正能量"，是我们这个时代无比需要的。

电视电影与国家形象塑造*
——评第12届电影"百合奖"获奖影片

电视电影作为一种概念正不断得到新的诠释与把握。但无论我们如何命名它,21世纪初的10年中,电视电影题材贴近现实、深度挖掘特色资源的特点,都在中国主流电影创作中发挥了重要作用。基于电视播出平台之上的电视电影,在国家大力提升文化软实力的时代语境下,结合当代社会最强势的大众媒介,努力展现当代风貌,将电影创作提高到了一个新高度。第12届电影频道电影"百合奖"获奖影片,创作价值取向鲜明,影像建构富有特色,充分发挥了影像媒介文化的引导作用。

一、历史记忆:浓厚的英雄主义精神

在第12届"百合奖"获奖影片中,历史题材的影片大多根据真实的历史人物和事迹改编而成,表现革命历史人物和英雄主义精神的一批影片给人以强烈的震撼。影片《成成烽火》《孔庆德生死护送卡尔逊》《旋风司令韩先楚》《抵抗!抵抗!》《百年情书》等,承载着历史记忆,严肃大气,对英雄形象的塑造极富特色和风格。

《成成烽火》以抗日战争时期山西成成中学鲜为人知的战争生活为聚焦对象,表现一群热血青年在特殊年代里的理想与信念、激情与追求、勇

---

* 本文原载于《文艺报》2012年5月11日。

敢与牺牲，选材新鲜，富有感染力。《孔庆德生死护送卡尔逊》和《旋风司令韩先楚》属于电影频道"名将系列"中的两部，在创作上有一定的突破。它们改变了"将军打一仗就取得胜利"的模式，在故事的推进过程中通过情节来制造戏剧性，将性格的刻画与全片的基调融合起来，把富有作战指挥经验、有勇有谋的我军指挥员表现得自然、生动。影片氛围明朗，传达了活泼、乐观、积极向上的革命英雄主义气息，具有别具一格的英雄史诗品格，荡气回肠。

《骆驼客》《抵抗！抵抗！》《百年情书》同样立意鲜明，在故事讲述、人物形象塑造以及摄影、音乐上具有感染力。《骆驼客》的故事背景也是抗日战争，历史感颇强，而且叙事晓畅，画面、镜头语言以及道具（如角弓、快箭、洋枪）的设置都富有张力；《抵抗！抵抗！》选择"九一八事变"当天"义勇军之父"黄显声率众抵抗日本侵略者的故事，叙述人物在国难面前的不同表现，力求将战争中的敌我冲突转化为丰富、复杂的戏剧冲突，人物形象鲜活；《百年情书》讲述了广州起义烈士林觉民与其妻陈意映的爱情故事，在对历史的还原和想象上达到了统一。主创者通过作品描摹人物及其具有的不平凡的伟大人格力量，表现了中国人民的血性和民族意识。

这些影片贯穿着现代国家民族的观念与民族身份意识，不失为高扬英雄主义精神的佳作，内涵丰富又富有特点，拉近了作品与普通观众的距离，具有较为重要的开拓意义。

二、现实表现与多元的影像建构

第12届"百合奖"参评并获奖的不少优秀影片都紧贴现实，以深刻的思考书写时代精神，以民族化的表达方式铸就电影的文化品格，用鲜活的艺术形象传达电影的审美意蕴，所取得的成功令人瞩目。

这些作品，包括《信义兄弟》《骆驼客》《糖豆八部》《盛糖乐队》《双人床条约》《父亲的草原母亲的河》《足球小子飞毛腿》《第二个也是铜像》等，它们的现实表现，色彩缤纷，视野广阔，整体水平和层次不断提升，丰富而生动,具有一定的艺术真实表达的向度与广度。

《信义兄弟》作为以真人真事为原型的作品,通过对现实的观察、揣摩和细致入微的表现,高质量地完成了人物的真实塑造。此片围绕诚信、伦理的议题,努力挖掘人物内心世界和人性光辉,以情动人,成功塑造了具有极强时代感的道德楷模形象。《父亲的草原母亲的河》表现了人物浓郁的草原情怀,是一首关于亲情、爱情的草原赞歌。影片具备一种明确的向上基调,富有诗意现实主义色彩,其中浓郁的少数民族人文景观,守护心灵的真实感和精神力量清雅感人。作为青春励志电影,《盛糖乐队》通过故事表现和情绪渲染,传达了"努力追求自己的梦想,不放弃,不妥协"的思想,引人深思,在观众心理上起到了积极的情感渲染作用。《糖豆八部》构思巧妙,取材和表现角度新颖,用青春的意识为我们讲述了极富当代生活气息的故事,同时折射出都市语境下人们真实的生存状态和深邃的中国式纷繁复杂的世态人情。《双人床条约》表现中年夫妻在离婚后的共处过程中重拾爱情,最后回归家庭的故事,对都市情感的观照真实、生动,时尚感强,喜剧风格浓烈。作为一部难得的励志儿童题材影片,《足球小子飞毛腿》表现的人物朝气蓬勃、鲜活生动,基调轻松活泼、风格明快、节奏鲜明。主创者重点表现了"足球小子"在少年足球队的组队、选拔、比赛过程中的成长历程,体现了协作精神和少年儿童间的纯真友谊,艺术构思独特,让人产生心灵的共鸣。

这些现实题材作品,贴近现实、定位准确、表现生动,是有诚意和时代感的作品。它们的核心和主题比较契合观众,特别是当代青年观众的口味,既给他们带来独特的生命感受力和艺术感染力,又具有积极向上的价值导向,是对中国形象的生动刻画和对国家形象的成功传播。

三、主流电影发展的新趋向

电视电影创作中充满诚意的创新性影片,作为一种多面向的存在,努力发挥电影国家性的精神导向作用,争奇斗艳、开放包容又富有实践智慧和现实主义精神,逐渐聚集并形成当下主流电影生动发展的基本面貌。第 12 届电影"百合奖"评选出的这些优秀作品，无论是历史题材还是现实题材，都形象丰富、立体、自然生动，紧扣时代脉搏，较好地体现了作品思想和艺术的积极融合，表现了鲜明的价值取向和多元的影像建构，我们不妨将其解读为中国电影在当下与未来发展的必由之路。在大众传播上，这些电影作品凭借电视平台不断创下收视新高，影响力日益增强，呈现着当代电影文化塑造与产业发展的重要特点与新趋向。

需要注意，在降低准入门槛和培育市场竞争主体方面，近些年来电影频道为民营电影企业大规模的参与、电影产业的开放提供了有力的传播路径与产业链背景支持，从而激活了整个电影业的跃升与快速发展。第12届"百合奖"参评及获奖影片，大都由中小规模的民营电影公司拍摄，并经由电影频道节目管理中心的悉心"培育"（组织剧本论证会、审查和搭建创作团队以及资金支持），因而在相当多层面上体现了当下中国电视电影的生产方式、成绩和趋向。只是贪大舍小，会让观众产生审美疲劳，尽管大片具有蓬勃的生命力，依然是未来的主流，但改变大片一统市场的格局是非常有意义的。不同的电视电影有不同的受众群，不能用一个相同的标准来要求它们，对大众作品的评论应客观公正。对于一些愿意看电视电影的群体，需要也应该为他们提供优秀的作品，这是成熟的中国电影市场发展之所需。

电视电影的不断发展，拓宽了整个电影业的思维空间，从而提出并开辟了主流电影的新的发展可能。笔者认为，当下甚至以后的中国主流电影格局发展，会因此有进一步的重要改变，并有重新洗牌的可能。主流电影表现的途径和发展生机蕴含其中，超越了电视电影概念的演绎本身，照耀着21世纪中国电影文化的光影想象。

挑战宏大话语模式：纪实的现实主义之路[*]
——评40集电视剧《五星红旗迎风飘扬》

历史题材电视剧的历史感并不仅仅是通过对历史的理性展示而获得的。如果只是从安全、保守的角度，由元语言远距离观察历史，满足于建构历史发展的线性叙事，那如何能够赋予作品再创造的灵魂，又怎样能够求新求变，达到创新、创造艺术上的新境界？这对于一部献礼剧式的重大革命历史题材电视连续剧而言，在某种意义上是非常有难度的，可谓是戴着脚镣跳舞。它越是纪实，越是受制于真人真事的局限，在艺术表现上就越是要下大功夫、下真功夫。在这个方面，40集长篇电视连续剧《五星红旗迎风飘扬》作为一部好作品，从导演、编剧的创作到演员的表演，特别是唐国强、孙维民等的表演创作都是非常成功的。该作品寻求突破，找到了创作、表现上的自由度，尤其是它将事件史转化为叙述史，挑战宏大话语模式、富有纪实的现实主义的精神和特点，彰显了创作者的真诚。

从题材上看，称这部长篇连续剧是电视剧中的历史巨著，也许并不为过。《五星红旗迎风飘扬》以中国两弹一星建设者与新中国一起走过的披荆斩棘的风雨历程为纪实表现对象，热情讴歌了中华人民共和国领袖和钱学森等杰出科学家的卓著功勋和感人的牺牲精神，深情赞颂了国家和科技建设取得的成就，充分展示了新中国开拓者的艰苦岁月和昂扬的精神风貌，感人至深。创作者在创作历史剧，特别是创作重大革命历史题材的电视剧作品的过程中，

---

[*] 本文原载于《中国电视》2011年第4期。

可能总会呈现一定的史诗情结，但是，史诗本身未必有独立存在的价值，即便是史诗也需要依赖于真实的历史叙述。写史诗、写大历史，仍然需要落笔在微观上，反映历史真实，呈现为一种独特的纪实化的叙述。将历史材料以时间顺序组织起来，同时将内容组成一个前后呼应的故事，这是剧情的主干。但是需要注意以下几点：第一，这种纪实性叙述的大历史，仍然是有丰富、丰满的大大小小的情节、细节、人物布满、点缀其中的；第二，重要的是表现"人物"而不是"环境"；第三，虽然是以"叙述"而不是"分析"作为表现的侧重点，但不管是表现人物、事件、细节还是环境，都要力图呈现、处理"特殊"和"具体"，由表象探及人物、社会、符号秩序的深层，并不断趋向心理、文化的丰富意蕴展演。

这些年来，中国电视剧发展的速度颇为可观。现在的电视剧，包括历史剧、谍战剧、战争剧，好看的、有影响的不少，但能写出大历史，创造新境界、大格局的作品并不多见。由王晓明担任总导演的《五星红旗迎风飘扬》大气雄浑，激昂热烈，它展现的新气象确实令人兴奋。此剧记录了一代科技工作者在极其困难的条件下艰苦奋战和勇于牺牲的壮志豪情。当年，为了自主研制"两弹一星"，广大的转业官兵、知识分子和工程技术人员，响应号召纷纷奔赴大西北建设的第一线，在戈壁滩中，勘测、设计、修基地、搞试验，锲而不舍，甘之如饴，用血肉之躯谱写了感人的篇章。时空流转，历史在此有一个光彩照人的转折，成为新时代精神的汇聚之源。此剧并未剔除诸多真实的历史细节，因为虚构的文本和影像离不开真实，通过真人真事，表征中国形象，着力践行新中国的国家核心价值体系，塑造中华人民共和国领袖和伟大的科学家的先驱形象及其承载的光荣传统是该剧的终极目标。

作品讲述了参与自主研发、制造"两弹一星"开路者的感人事迹，注重塑造人物形象，深情凝练，在观众心中引发了比较深的共鸣。钱学森、钱三强、王淦昌、彭桓武、郭永怀、赵忠尧、邓稼先、陈能宽、周光召、于敏、黄祖洽、陆祖荫等成千上万的杰出科学家和工程技术人员在党的号令下，慷慨出征，克服重重困难，坚定而豪迈。

此剧中的人物性格被刻画得颇为深刻。毛泽东的举重若轻、运筹帷幄，

周恩来的巨细无遗、事必躬亲，钱学森、邓稼先等科学家个性生动，行事干练且低调，有一种"君子敏于行而讷于言"的科研精神（周恩来语，第3集），他们在国家最需要，也是国家最困难的时候，勇挑重担，"饿着肚子搞攻关"，打硬仗，开拓奋进，勇敢无畏。随着故事的展开，无论是伟人还是这些杰出的科学家，他们性格丰富的一面都得以呈现。毛泽东对毛岸英的牺牲伤痛不已，周恩来对钱学森等科技人员关怀备至，邓颖超说周恩来穿衣是新三年、旧三年，缝缝补补又三年，而钱学森、邓稼先与妻儿在一起的亲情互动，也颇为生动而感人，人们从中可以看到传统的、民间伦理道德的张扬。

我们还可以注意江青出现的几处地方。在36集电视剧《毛岸英》中江青没有出现，很多人感到很费解：江青是毛泽东同志的夫人，毛岸英的后母，也给予了毛岸英很多关怀，还曾为毛岸英织了好几件毛衣毛裤。作为毛泽东和毛岸英身边的人物，江青没有在《毛岸英》中出场，这可能是因为受到了多方面的限制。

但是，在《五星红旗迎风飘扬》中，作品主创对此有所突破，对江青在剧中的几次出场的分寸掌握得比较好。其对人物形象的表现较为克制，她几乎从不多话，形象清秀，也能看得出来对毛主席是十分关心、敬重的。在第3集中，叶子龙劝毛泽东别吃辣、少吃些辣椒，说江青同志那边不好交代。毛泽东还回了一句："她吃她的，我吃我的。"语言很有个性。当然，这只是铺垫，接下来毛岸英在朝鲜战场牺牲的消息传来，叶子龙来请示周总理，周总理先是将消息压着没有立即报告给毛主席，后来周恩来指示将电报转江青报毛主席，还附上了一封简单的信："毛岸英的牺牲是光荣的，我因你们在感冒……"在第18集中，李讷从学校回到家中吃饭，毛主席、江青看到自己的女儿正在长身体却饿得不行，两人都不好受，毛主席抓起桌上的报纸进行翻阅，江青起身出门。

我们需要看到这个细节里蕴含着的、记忆和历史中斑驳的创伤。毛泽东面对国家经济困难的复杂心理，看李讷回到家中在餐桌上的狼吞虎咽，为毛岸英的牺牲伤痛，一再关心刘思齐再婚的事，都透露了主人公无法承受的、无以名状的痛苦与内疚。同样，剧中对蒋介石的故园情，他的"叶落归根"情结，他感叹"自己的这片叶子落不回去了"等内容也有不少渲染。蒋介石看到航拍的溪口照片，得知未被挖祖坟，感慨万千，回想起自己当年不尽道德的行径，深感不安。这些触及到对人物的感觉、情绪、行为模式、价值以及心理状态的表现，它们也是这部电视剧所关注、聚焦的对象。而且，作为一种探索，这种心理深层揭示同样为全剧展示国家形象补充了一个新的历史向度，也就是在研制"两弹一星"的过程中究竟有怎样的内涵和历史、社会、现实与心理动因。在朝鲜战争期间，新中国边打边建，越打越强。最后新中国鼓起雄心壮志，决心研发原子弹、导弹，很显然与近代中国备受欺凌、中国人民不断遭受外侮的屈辱以及因为军事装备落后，志愿军在朝鲜战场上吃了不少苦头有关。而且，在"冷战"的语境中，中国的国家形象建构非常重要、紧迫。剧中的毛主席说："中国是一个大国，大国就要有发言权。"（第19集）"中国对美、苏从没低过头，为什么，就是要一个平等的地位。"（第24集）多少年来，中华民族从来没有屈服过。"即使一百年搞不出原子弹，也不会向苏联指挥棒低头，也不会被美国核讹诈吓倒。"宋任穷在苏联专家撤走后对邓稼先等科研人员鼓劲，"他们骂我们脑袋一片真空，骂我们中国人没有裤子穿，他们诅咒我们要卖废铜烂铁，我看他们这些预言肯定要落空。因为我们中国人，一向不怕邪。我们要拿出我们的民族志气来，造出我们自己的原子弹，让他们那些预言都见鬼去吧……干出个争气弹来，让那些瞧不起我们的人，看看中国人动起气来是啥样子！"（第14集）这些都显示着，该剧通过持续的置换与叙述，通过唤醒被历史尘封、掩盖的内在创口，超越了思想、符号域的框范，触碰了历史真实，颠覆了既有的历史表现与叙事，呈现了别具一格的纪实化的现实主义精神品格和可贵的创作眼光。

创新性的思想维度与形态[*]
——电视节目《论道》及其启示

《论道》是一档由贵州卫视打造、以博鳌亚洲论坛原秘书长龙永图为嘉宾的高端谈话类电视节目，节目于2007年5月14日在人民大会堂召开新闻发布会，宣布开播，先后推出150余期，影响广泛。节目追求高度、深度和关注度的理念，内容上包括热点事件、焦点人物和国际风云等方面。从节目的表层形态而言，《论道》存在一定的劣势：节目采用的是背景短片、嘉宾谈话、简单道具和观众互动相结合的基本形式，这种"素面朝天"甚至有些刻板的形式，在电视节目"泛娱乐"的当时似乎缺乏市场竞争力。但是，《论道》恰恰是以"内容为王"，不唯收视率论、主打高端模式和影响力，在理性精神、思想性和公共性的定位上非常突出和明确，被业内誉为中国电视谈话类节目"追求公共价值"的典范。

那么，《论道》中的"道"究竟是什么？笔者认为，正如胡智锋教授所言，《论道》"强调了主流价值观的坚守和论道为代表的高扬主流价值思想的力量"，因而，这个"道"可以被理解为高端模式下传统文化价值观的现代性阐释和转换，进而可以被看作现代性思想在当代中国现实中的表现和延伸，它在节目议题、语言及诠释中撑开一个融合古今中西的意义网络，使媒体哲学与当代文明接榫，释放了它以其智慧诊断、治疗当代各种社会、文化弊病的力量，其核心目标是普世化，是全人类都能理解并加以运用的思想，以此

---

[*] 本文原载于《现代传播（中国传媒大学学报）》2010年第7期，与董茜合作。

倡议人文与科学、价值理性与工具理性的统一。从总体上看，基于时代新起点上的有价值的思想及其蕴含的基本原则和主流价值规范，贯穿于《论道》的发展流程，并被用于剖析和探讨国际国内的热点问题，栏目将求"道"之旅作为最终目的和最高理念。真实性的思想表述，多元文化构建以及平等性的交流方式赋予了节目独特的文化底蕴和厚重感，使其散发着具有时代理念和现代性思考的清新气质，这对中国电视高端谈话节目创新性的思想维度和形态的建构有重要启示，有力地挖掘了潜在的电视资源，并实现了跨界资源的整合和公共平台影响力的增大与拓延。

一、现实品格：在议题和客体之间

电视栏目的有效性，完全取决于议题和客体之间的正负关系。要实现这一目的，首先要以议题和体系之间的贯通性、融合性和现实性为基础。该标准与要求在《论道》的财经类话题中表现得尤为明显。2010年1月16日的《国进民退到底存不存在》，主要针对在2009年金融危机情况下国有企业和民营企业的发展状况是否平衡展开讨论。"国进民退是否存在"是一个具有争议的话题，《论道》秉承媒体的责任意识，敢于对中国现存的敏感问题大胆讨论，注重把握尺度，并尽力挖掘该现象背后的深层次原因。两位嘉宾，中国民营经济研究会原会长保育钧和中国人大经济学院副院长刘瑞都是权威话语人物，他们对于国家宏观调控对国营企业和民营企业的不同影响，市场经济体制下主体的组合和发展和市场配置资源等问题展开激烈的话语交锋，以务实的态度将话题层层推进并不断深入，逐渐解开观众的疑惑和谜团。龙永图的发言强调"国进民退"不是问题的关键，主要在于是否能用市场化的方式来发展经济。最终，参与者就战略性的改组、市场化的进程、宏观调控的合理化等问题达成共识，普遍认为实现国营、民营的平衡性发展，优化市场资源配置，调整企业内部结构最根本的举措就是应当遵循市场经济发展规律。总的来看，谈话内容都围绕一个中心展开，那就是对于客观存在的经济规律的遵从。用新道家的话语来读解，就是要遵从"道"，以经济发展的客观之"道"来督导中国市场经济的运

行,这也是一种提纲挈领并切实有效的解决方式。

此外,2008年11月26日的《房地产业的"冬天"来临了吗?》、2008年12月3日的《金融危机下的新机遇》、2010年5月15日的《新商业文明,从何处起步》等几期收视率较高的财经类节目,也都围绕热点议题与问题探寻中国市场经济发展本身的自然规律,在纷繁的争论中得出一个较为清晰的指向,使得科学议题和时代之间的符合性没有停留在观念层面,而是通过一种创造性的转换成为解决现实问题的实际方法,具有现实品格和前瞻性。

二、和谐与发展之"道"

中国社会目前处于全球普遍关联的场景之中,要想对传统文化及思想的身份作出明确定义并获得认同,使其价值和意义具有更加普适性的阐发,就必须有新的时空维度和全球意识。《论道》的宗旨就是"论发展之道,论和谐之道",而这种和谐和发展之道本身也是符合全球潮流的。2010年4月24日播出的《从博鳌看世博,城市让生活更美好》,就充分表达了编导意图在全球主流价值观的引导下,面对共同关注的问题如经济增长方式、科技新能源、全球文化的多元性以及城市发展中的中华智慧等,表达了"和而不同"的价值观,体现了其应和时代思想的理论形态和内涵精髓。"和谐"和"发展"作为当代中国社会主义核心价值观的重要内容,也是对全球理念的表达,世博会竭力将"和谐"和"可持续发展"作为最高理念践行,效果十分显著。在192个参展的国家中,有21个国家并未和中国建立外交关系,但此次合作就是一种真正的人民外交和公共外交的体现。"地不分南北,国不分东西",这说明中国正以一种真正自信、开放和包容的大国姿态出现在世界民众的面前,在将中华文明自觉融入其中的同时,坚持主流价值观念,保持文化多元性和传统基础上的主体意识和创新理念。

在2009年8月22日的《中国智库:期待国际话语权》节目中,仍然可以感受到《论道》一贯维持的严肃和深刻的谈话风格。这期节目的参与者以更深远的思考方式和批判性的目光来剖析"中国智库"这一社会热点问题。在对话过程中，嘉宾之间的思想碰撞和交锋无疑是非常激烈的。中国智库研究专家之一的薛澜教授保证了话题探讨的权威性和引领性。另外两位嘉宾，王辉耀是国内海归智库的领军人物，王莉丽则是年轻学者的代表人物，观点较为新锐、前卫，与世界的潮流脉动息息相关。三位嘉宾就中西方之间对于智库的定义和形成的差别、智库和政府之间的关系、中国智库的话语权等问题展开了一系列激烈争论，充分体现了节目思想上的平等性和厚重感，形成了多元性、开放化的对话空间。

节目主创人员在文化精神上的包容性精神和议题设置上的自由主张，与现代社会在文化观点上的多元需要颇有相通之处。正如贵州卫视副总监、《论道》总制片人包晓竹所言："从理念上来说我们比较追求讲真话，凡是到过我们栏目的嘉宾都有一个感受，来《论道》参与节目挺放心的，好像肯定不用担心到时候节目会被恶搞一通，或者设一个什么陷阱（让他们）往下踩，或者规定我必须只讲哪些，哪些不能讲，它搭建了一个比较宽松的舞台，每个人到这儿都认真说话，每个人都讲真话。"《论道》在追求真实性的基础之上，对思想的对抗采取了一种倡议和鼓励的方式，摒弃"伪沟通"和"吸人眼球"，追求一种"和而不同"的真实表达和诚挚交流。所谓"和"并不是机械的一元化，而是多元思想在深度交流中寻找契合点，即形成一个真正和谐共生、多元化且具有包容性的局面，使中西智库能够在各自的历史发展轨迹中发挥作用，从而使世界思想律动维持在一个相对和谐、同频共振的状态之中。

三、时代坚守的主流价值与乐于称道的媒体境界

从 2010 年开始，《论道》节目更加侧重对能应和时代需求的民本观的体现，其整体策划和选题更加倾向民生，关注"蜗居""蚁族""赌球风暴"等大众生活热点问题。栏目组先后制作了《户口是个"冤大头"》《谁能打开"蜗居"的心结》《民以食为天》等多期收视率较高的节目。在 2010 年 4 月 24 日的《户口是个"冤大头"》中，龙永图和几位专家学者、评论员、记者就

"北京户口"这一社会热点问题展开讨论。在中国,户口始终牵引着百姓的喜怒哀乐,在街头采访的短片中,北京市民对户口问题表达了不同的观点和看法。随着中国改革开放和市场经济的发展,户口簿上的附加利益不断增加,教育、房产、社会福利等一系列相关问题都被捆绑在户口簿上,而所有复杂问题几乎都指向了一个关键性问题,即社会的公平性。几位嘉宾就户口背后的利益、户口带来的公共服务的差异等几个尖锐问题展开讨论,表达了对户口制度的自由性和公平性的期待。龙永图作出总结性的观点表述,认为户籍制度涉及社会公平、长治久安和社会发展,同时是一种人的尊严和平等的表现。这些观点,都是对一种真正民本观和民生意识的重要呈现和挖掘。

当中国民众想要表达内心的困惑和疑问时,总会发现真正让他们畅所欲言的节目寥若晨星,而《论道》中的很多观众就是为了和龙永图就某些问题进行沟通和探讨走进演播厅的。这期节目成为一个质量比较高的典范:整体气氛轻松活跃,内容却仍维持着一定的深度和理性,主持人、嘉宾以及观众之间的互动也非常充分。当节目录制变成一次轻松而富有启示性的谈话时,其价值意义也得以深化和扩张。所谓"论道",也就是追求真理的方向,在这条路径上,来自政界、商界、学界的领军人物自然能够发出高端、真实和多元化的声音,但当节目传递"意见领袖"们的先锋言论时,也必须重视大众的深层精神需求和交流欲望,尤其是电视节目,只有保持与大众群体之间天然而亲密的联系,才能真正具有媒体责任感和公信力,体现真实思想力量的交锋,发出符合当代中国社会现实状况的时代最强音。

"理论在一个国家的实现程度,决定于理论满足这个国家的需要程度。"[1]因此,从某种意义上讲,《论道》中体现的主流价值诉求,从根本上也是由于其契合了当下中国社会和民众的现实需求。《论道》中表现的文化思想与核心理念成为支撑和引导当代中国社会发展的精神力量之一。世界快速变化,取得了巨大发展和众多文明成果,但同样面临资源危机、空气污染、环境恶化

---

[1] 马克思,恩格斯.马克思恩格斯选集:第1卷[M].中共中央马克思恩格斯列宁斯大林著作编译局,译.北京:人民出版社,1972:10.

等生态问题和理念缺失、价值紊乱等诸多问题，我们要应对挑战，就需要广泛借鉴中西各种文化的精华对种种现实问题进行综合化、现代化诠释，需要敢于尝试、敢于失败。通过《论道》节目，我们不仅感知到它勇敢而明确的价值诉求，更重要的是在一种"道"的庇护下，《论道》敞开心灵，自由驰骋，使得天、地、人与"道"同往，达到和谐共振的、使人乐于称道的公共媒体境界。

总而言之，高端模式、主流价值诉求和使《论道》的文化特性得以多维呈现和传播的诉求，使得这档电视节目被赋予了独特的文化内涵和精神价值。《论道》节目经过多年的发展，整体构思和形态日趋成熟，节目形式经过改进也更加灵活丰富，收视率逐渐升高，构成了较有影响力的高端品牌效应。在全球化的浪潮中，注重科学理论和实践的一致性，以前沿思想参与媒体世界的对话的格局是正确的。构建一个真正高品位的谈话平台，需要多种资源的不断积累和整合，多元化、开放性和创新性应成为其生命力的源泉。《论道》是中国电视媒体开始有意识地探寻本民族文化理念和价值规范的一个典型文本，它在发展中不断反省、修正，进行现代性思索和阐释，使其对话形式结构获得根基深厚并具有实质性的思想内容，这种努力和探索是值得肯定并让人尤感欣慰的。

突破与建构：电视春节晚会发展之路*

在各种电视形式的创作活动中，春节晚会（以下称春晚节目）的创作特点往往并不指向创作本身，而是指向艺术之外，又或单纯传媒领域之外的对话领域，春晚创作的复杂因此颇为明显。电视春晚主创人员之所以令人敬重，不只是因为他们的坚持和执着以及一往无前的无私又严肃的创作态度，还因为电视春晚节目无法被简单定位，春晚办起来非常不易，主创人员总有许多难言之隐。有人说，20世纪八九十年代，基本上是电视专题、电视春晚节目的年代，春晚成了人们电视消费与关注的热点、焦点。但是在20世纪90年代中后期，它就不再那么火爆了，人们发现，电视突然风头一转，电视新闻、电视纪实、电视栏目、电视谈话、电视直播、电视游戏娱乐以及电视产业化等应运而生，电视传播样式、艺术样式以及电视发展趋向，变得多种多样、丰富复杂了起来。这个看法，确实反映了当代电视作为大众传播媒体的发展态势，反映了中国电视飞速发展的客观事实。但是，就春晚节目的现状与发展趋势说来，我们未必完全透视与反映了春晚通过遮掩日常电视形态的痕迹而发挥节庆仪式等文化功能的事实。在这个意义上审视春晚节目时，我们可以看到，一方面，它可能持续成为电视节庆文化创新不充分的标志，也就是说，观众不大买它的账，电视人也不再将它视作对过去被电视观众体制滋养的文化装置的独立度的指标；另一方面，它仍然是最具电视魅力的富有中国特色的重要节目，作为一种直接实践，维持其活力的循环并未终结。问题的

---

* 本文原载于《现代传播（中国传媒大学学报）》2006年第3期。

关键仍然在于电视人需要担负自己的责任并行动，以自己的力量，展开真正的创新或救援活动，通过对自身不足的彻底批判，促成春晚甚至整个电视文化的创新与独立。

一、电视春晚节目作为一个责任道场

我们都知道，2006年初春，娱乐界流行的话语是"一个馒头引发血案"；商业界流行的话语是中国企业的"软竞争力"；电视界，尤其是春晚节目创作领域，流行与关注的话语，大概就非"创新"莫属，也就是要强化"创新"意识，实现社会责任。

春晚节目毫无疑问比其他形式的电视作品更为复杂，大众对其的要求也更高。春晚节目的制作者因此感到惶惑，感到前所未有的压力。有领导同志在看了2006年的中央电视台春节晚会以后，曾专门就中央电视台春节联欢晚会发表过谈话，对2006年开门办春节晚会表示肯定，并指出，春节晚会就是要创新。

在我们看来，加强责任意识，无疑是与创新的要求相一致的。春晚要寻求新突破，就需要主创人员具有为社会服务，为观众服务，承担更多社会责任的意识。只有这样，他们的工作才能在更大程度上逼近受众的心灵，逼近时代、生活乃至生命的本源。这或许便是我们所寻求的新突破之所在。

2006年不少台的春晚节目，锁定爱与和谐的主题，用晚会的形式表达了社会道德与社会责任等朴素的道理。2006年，中央电视台春节联欢晚会《天地人和万事兴》就是围绕团圆之夜、喜庆之夜、和欢之夜做文章的，主题非常鲜明，节目特别丰富，处处显示着在内容层面上的完全自觉。北京电视台《2006北京新春大联欢》的一大特色，是以现代北京、和谐社会为主题，从时代出发，节目质量比较高，名家荟萃，在表现欢乐、和谐的主旋律的同时，强调创新的重要性，整台晚会有其特定的意义和优点。内蒙古电视台2006年春节晚会《你好，内蒙古》以亲情为主题，由回家、团聚、笑语、欢歌四个部分组成，风格朴实又神采飞扬，歌舞等节目非常富有创意，很多商业传播

方法、播映手段既和自由发挥草原文化的独特韵律相结合，又令我们看到中国电视文艺的社会责任要求与求新求变的趋向。

除此之外，昆明电视台、广州电视台等十个城市的《姹紫嫣红中国年》、天津台的《魅力津城喜盈门》、安徽电视台的《放飞心愿》、甘肃台的《和谐之春》、河北台的《和谐的春天》、山西广播电视总台春节联欢晚会等，虽然在不同程度上存在对社会和谐主题过分经营的情况（有主创人员说要在注重热闹的气氛的同时"不忘主旋律的构建"，就是指的这种情况），但都具有极强的时代感，比较能激发观众强烈的心理震动，显示电视春晚最富自觉的一面和多元化的生动风姿。

2005年的一些春晚节目也非常不错，如上海东方电视台制作的《欢乐反串功夫会——明星主持人新春大联欢》《十大快乐明星家庭颁奖晚会》等，都是为人称道的好节目，将电视审美形式和晚会的可看性结合起来，既具有良好的创意，又积极调动多种艺术手段，形式新颖，个性鲜明，将形式和风格选择与情节性选择、艺术创造和东方道德观念与大众性融为一体。《楚天合家欢——2005年湖北电视台春节联欢晚会》的创作者执着认真，重视对话与潜对话的结构方式，节目结构紧凑，又有深度，在主题、选材、风格、样式等方面努力实现了新的开拓或突破。但是，和2006年相比，2005年电视春晚节目创作在整体成绩上不如2006年，在通过电视文艺的丰富展现来强有力地表现大众对于时代与生活的整体感受与社会责任上，仍有发展空间。

关注和观看电视春晚节目的人非常多，其影响很大，说它具有社会责任，也许有些抽象，但是假使我们拿人来比较，若要让一个未成年人或者一个没有什么能力的孩子尽社会责任，他是很难尽到的。只有具备一定的能力和实力的成年人，才能尽更多的社会责任。电影《蜘蛛侠》中有句台词说得好："权力有多大，责任就有多大。"就春晚节目的重要性和影响力而言，它的责任确实非常大。这是需要我们电视人一起来分享、充分去体认的。

二、建立电视春晚节目创作的自我广角系统

我们记得，2005年北京电视台的《红红火火又一年——2005年北京电视台春节农民晚会》《2005外国人中华才艺大赛走过十年晚会》《"南馋北嘴"挑战赛——2005（食全食美）春节特别节目》等春晚节目，普遍得到非常好的评价，之所以赢得好评，是因为其能够明快、直接地掌握叙述故事的形式，并具有高度敏感性，因而也就构成了节目本身的内在张力。2006年北京电视台的《2006年外国人中华才艺大赛颁奖晚会》《欢乐农家院——2006年春节农民晚会》是该台较具特色的优秀晚会节目之一，这两个节目的创意特点是以小见大，它们的包容性在于从个人视角出发，让参与者在其中得到彻底的展现，形成文化与艺术交流上的对照、互补与融会贯通，并因其多元化的理解力和极强的生命力，广受观众欢迎。

应该说，作为春节晚会，它的灵活的"可见的形式"的艺术与对受众社会学内涵的关注，互为表里，缺一不可。但是，在具体的创作活动中，主创人员抛开主导文化观念，建立起广角系统，就可能获得更多选择的可能性，甚至能引发创新、激励思维。不少地方台的春晚节目，给人喜忧参半的感觉，既缺乏鲜明的地域色彩，又没有酿造出一个可见的形式，设计元素较少，也便失去了创新的可能。比如，2006年春节播出了一个名叫《欢乐中国年》的晚会，虽然具有较为开阔的视野和一定的地域特点，但节目构思创新不足，结构和内容较散，总体质量就显一般。2005年也有一台名叫《好一张大年画》的晚会，节目创意很好，带有探索意义，在纪实性与歌舞表演结合方面，也努力尝试寻找一个交叉点，其中一些节目真实、质朴地体现了创作者对生活的发现，只是"年画"主题与节目缺乏内在关联，作品因而未能在故事、串联点及讲述方法上显示成熟、老到以及厚重之感，让人看后不能不为它感到遗憾。

春晚节目制作，难能可贵的是在特别鲜明的宣传讯息之下，让晚会仍保持艺术性、创新性。在对2006年电视春晚节目进行全面回望与评论的过程

中，人们曾对观察与评论的标准做了这样的归纳：导向要正确，主题要明确，策划创意要好，艺术水平要高，特色要浓厚，电视制作要比较精良（包括舞美灯光、图像、镜头、主持人串联语言、剪辑等）。

其实，对春晚节目进行反省我们发现，在构筑政治意识形态之外，构筑电视文艺新的公共空间，显得非常紧迫，或者说更为紧迫。

这方面，除了央视、北京台、上海台等电视春晚节目平实细致，主题立意均见深意，节目创作与制作手段相当娴熟，2006年的十个城市电视台的《姹紫嫣红中国年》、华东六省一市电视台的《春风颂》以及黑龙江电视台与海口电视台合作的《雪之韵椰之风》等，同样创作态度严肃、庄重，以合作为契机，从感性与艺术角度脱离脚本与主题设定。它们进一步在晚会节目中，表现种种不同的风格、种种不同的意识，在歌舞、娱乐节目中展现喜庆的节日气氛。它们貌似简单的设计安排，既可以让人观赏其所展示的精品节目，又可以让人作出政治层面的解读，甚至拥有指涉文化取向的潜在文本。

无疑，政治在有的时候会成为电视春晚节目创新发展的一大障碍。在许多地方，办好晚会节目是宣教部门的重要的、政策性的中心工作。各电视台的政治任务负担很重，这就使得有的春晚节目政治味太浓，套话连篇。比较起来，在这方面地方台有时赶不上中央台或一些大台，中央台反而套话少。

上海文广集团的《响亮2006——华人群星大联欢》，创作心态松弛，或者如主创人员自己所说的，他们对娱乐心态、时尚心态把握得比较好，节目原创性非常高，它以"全球华人"和"节庆联欢"两线并行的方法，荟萃四十余位华人艺人，以歌舞、魔术、杂技、小品等节目形式，将实验的技巧和感情的负载融为一体，制作精良，营造了独特的视觉效果，给人深深的震撼。春晚要老少咸宜，要有时代所要求的敏锐思考以及丰富的节目，还要能经得起时间的考验，为中国节庆仪式留下一幅真切的素描。

三、从知性的角度寻求自我超越与创新

创新有时也会引起人们不同的看法，最大胆的晚会创作有可能得到"两

极分化"的评价。大众这种不同的标准和取向，与主流意识形态和评论者、观众的兴趣有关，虽不一定会出现"君之佳肴，我之毒药"的情况，但不同观众的认识确实会产生差异。

内蒙古电视台的三台晚会，各有特点，它的汉语春节晚会《你好，内蒙古》磅礴大气，蒙古语春节晚会《吉祥欢歌》民族风格浓郁，锡林郭勒盟春节晚会《天堂草原锡林郭勒》也是特色鲜明，立意很好。三台节目并没有太多的形式化、套路化表现。"蓝蓝的天上飘着那白云，白云下跑着那雪白的羊群。羊群好像是茫茫的白云，撒在草原上，多么爱煞人！"晚会中唱响的《牧歌》，既具浓厚的草原味道，又极具生命气息、富有情调。这也让我们体会到，晚会中灌注的生命的真挚感动源自和现实、和世界、和表现对象的最亲密情感融合。这是电视春晚节目创新的母题和活力源泉之所在。

我们看了那么多电视春晚节目，确实深为节目主创人员所力求表现的创新意识和他们对寻求突破性表达的实在的热情、敏锐的思考所感动，但我们也不无隐忧。电视创作、电视春晚节目的自我超越与创新，需要去除浮躁，主创们若被逼迫着去创作，就会消耗春晚资源甚至造成非常有害的后果。

这里可以举一个与电视春晚创作相似的小说创作的例子。有一份杂志叫《大家》，刊登过作家王安忆在华东师范大学的一次座谈讲话，在讲话中，王安忆对小说的当下处境表示出担忧。她认为，过度消耗小说资源就是问题之一。她说二十多年前，她刚开始写小说的时候，有一次花了大概一周时间写了一篇短篇小说，但是她的同事花了半个小时就把它看完了。那时还没有今天这样的消费状况，但这种消耗可谓大量、迅速、过度地消耗。她常常听到别人说，王安忆，你好像很久没写小说了嘛。可是她算来算去，她一直在写小说，最多是几个月没发表作品而已——即便如此也有人觉得她很长时间没写小说了。王安忆担心，人们这样要求作家，加之市场化条件下的出版社都并不要求什么精品，不要求作家写得精致，更不指望这些小说在将来能成为经典，作家的积累慢慢地就会被消耗殆尽了。

凤凰卫视就音乐抄袭现象也曾进行连线讨论,并请来著名音乐人和上海复旦大学的一位法律教授来做探讨。这位音乐人在连线中反复说,由于市场的逼迫,公司为适应市场,要求歌手或乐队不断将所谓新的音乐作品推向市场,所以不少乐队、不少歌手就可能去抄袭,并以自我解嘲的方式将其音乐中的所谓"瑕疵"合理化。这是一种悲哀。我们说,市场化与创新的结合,可能为当时春晚节目的"闷局"带来新鲜感,也可能带来为创新而创新,自我创新力不足,甚至互相抄袭或自我抄袭的现象。一些地方台的晚会节目其实并不"弱",策划也是其主创人员的拿手好戏,但是,不少台的节目出现了一些愈演愈烈的演员走穴现象——他们不断跑场子,表演的节目完全一样,或者只改换几个地名、人名,就在不同的电视台表演如出一辙的节目。2005年湖南卫视的《2005年春节联欢晚会》展示了湖南台积极的探索性趋向。节目通过情感/心理的线索与社会/发展的线索的结合,既注重个性、创造性的讲述,将结构重点放在故事本身及其被讲述的可能性上,又注意晚会的大众性与情感性元素,将晚会旨趣、依据、逻辑和方法维系于自身,赋予节目透明清亮又斑斓的色彩,丰富感人,颇具魅力。这个晚会在当时广受好评。但是,2006年湖南台的联欢晚会,虽然在一些节目上仍然注入了不少新的元素,编导人员为此付出了辛勤的劳动,总体质量也还是不错的,但是,与2005年的晚会相比就显得新意不足,甚至简单沿袭了湖南台办的其他晚会,如金鹰奖颁奖晚会的模式以及风行一时的"超女"模式,试图借此让"超女"继续掀起春晚的热潮,因此未能超越上一年春晚的成绩。

实际上,一个晚会由不同的节目串联而成,是一个间接的叙事体。有一些台的春晚节目,注重谋篇布局、起承转合、挑选细节、避免重复,比较懂得节制,比较有章法,但主题简单直露,没有在主题之外提供那些观众不熟悉的、足以触动观众、震撼观众、吸引观众的东西,没有超出电视的俗常节目,也没有蕴含审视社会生活的别样的目光、识见,更没有对节目进行特殊的视觉影像处理,让人感到非常遗憾。并不是简单地拥有庞大的人力、物力,拥有所谓"金字招牌"的保障,就能"相看俨然",自成格局。主创人员关键还是要回到本体,要有积累、有想象、有电视人心中良知的烛火,才能富于巧思，才能超越许多创作上的层出不穷的悖论，超越主导文化话语的要求与审查，才能摆脱创作资源短缺之苦的困扰，摆脱失败的阴影与文化的桎梏，摆脱圆滑性。笔者在此从知性的角度呼吁突破与创新，寻求更丰富的春晚节目并热切地表达对电视春晚节目的虔敬的心意。

永不褪色的颜彩[*]
——评电视连续剧《西圣地》

怀着期待而激动的心情，笔者看完了长篇电视连续剧《西圣地》，很受感染。这部电视剧不是没有缺失和受限之处，但它色彩鲜明，简单纯净，充满激情，为观众开启了一扇扇心窗。

一、英雄释义

作品讲述了中华人民共和国石油事业的起步和第一代拓荒者的故事。战斗英雄杨大水随部队整体转业到克拉玛依，来到戈壁滩，开始了新的艰苦的战争。行前，团长说要打一场大战役，谁知却是转业到新疆找石油，而且这个仗要打一辈子！杨大水和土豆子掉队了，他们的脑海里只有部队和战友们，他们钟爱部队，部队就是他们心中的家。到了部队，到了新疆，到了克拉玛依，他们就心安了。但是，"杨大水们"接到了一个比他们想象中更为艰苦也更富挑战性的任务。战友们上了钻井台，当了钻工，甚至当上了钻井队长，仿佛得到了一个个魔法气球，而杨大水，这个战场上的战斗英雄，却被分派到地质队当了一个炊事员。地质队上的年轻的大学生对他这个英雄敬爱有加，称他为老英雄。他对这些学生说："你们以后别叫我杨老英雄了。第一，我不老；第二，我不是什么英雄了。我现在是炊事员。"杨大水虽不无沮丧，但

---

[*] 本文原载于《中国电视》2006 年第 9 期。

他还是用真心、真诚,很自然地回归本色,在某种意义上成了反英雄的英雄。他并没有为他头上英雄光环的消失而感到惋惜,更没有感到自己人格意义甚至生命意义的缩减。他满怀热情地揉面、蒸馍,把一份份饭菜放到餐桌上的时候感受到一种真正的体面:他能从中得到享受、得到宁静。

后来,事情变得有些复杂。原因主要是杨大水有个在村子里等着他的心上人兰妮。他想在油田当个钻井工,而不是现在的伙夫。他心里盘算:等我当了钻井工再把兰妮接过来,现在我是个伙夫,丢人哩。人们熟悉的英雄逻辑,不是这种意义上的逻辑。作品中有一场戏是沙漠中驮水的几匹骆驼走失了,杨大水把它们找了回来。事后,广播宣传稿高调地说他如何只身一人,历尽千辛万苦去找骆驼,终于找回了骆驼,自己一口水也舍不得喝。可是,杨大水并不认同这份宣传报告。他对人说:"大风把我的帽子吹走了,我去找我的帽子,骆驼队的骆驼挡住了我的帽子,我就找到了骆驼。一口水没喝,是自己忘了喝了。"

对这种意义上的"英雄"的展示与表现,是《西圣地》的出色之处。这显示了创作者选择独特主题的能力。我们很难想到,这样的英雄的意义还能得到如此深刻的挖掘与思考。

在杨大水身上有一种虔诚,笔者认为这也可以给我们很大的启示。由战场走向油田,对他来说意味着重新开始,意味着一种新的责任。他很快就爱上了茫茫沙海和戈壁滩,爱上了油田的一切。他给他的爱人兰妮写信:我不回去了,你快来吧。他和地质队上的青年知识分子的关系展示了一套微小的、二元对立的文化,他们的思想观念之间有细小的不同。杨大水看不惯徐正成:"喝水就喝嘛,喝点水你弄那么复杂干吗呀?"曾浩用仅有的一点贵如油的水洗头,他也弄不懂,说:"他咋把洗头看得比喝水还重要?"他似乎很难弄得清楚其中的原因。他已经和年轻的知识分子们联系在了一起,但他在意识到他们之间的区别时的态度却是庄重的。杨大水的激情、热情、同情以及言行,复杂而真实。他虽然感叹,人这一辈子总要遇上自己咽不下去的事情,就得往开处想,但他也相信有什么不顺心的,到戈壁滩上吼两嗓子,就什么都没有了。领导曾有好几次要提拔他,而往往在这个时候,他就会"惹事"。在他的心中，对真理和事实的亵渎是他不能容忍的。他心中的英雄之举，不仅是消灭敌人，还是敢平天下不平之事。杨大水的故事，在开启了无穷的意义可能性的同时，昭示了一种真实的人性。

二、年轻的梦

电视剧展示了中国石油事业初创期的严酷与艰苦，戈壁滩、大沙漠、地窝子、晃动着的石头，还有漫天飞舞的狂风暴雪。在这样的环境里的人们表现了异乎寻常的坚韧与刚强。"开发油出""奋发图强"，成为他们同时"在场"的共同要求。油井第一次打出石油的时刻是一个历史性的时刻，杨大水、土豆子、小豹子、曾浩、田可、戴虹等人的坚守更是历史性、时代性的，在油田的工作生活是他们生命主题的变奏，是他们生命中的一段精妙而高贵的成长与历练。

大西北对于曾浩、戴虹、丁宗宇、徐正成等人来说，是一道美丽的风景线，他们充满热情却又几乎是漫不经心地走进了这个荒漠之地。他们面对困难并没有失去勇气、信心与力量。曾浩对自己说：把巧克力，把牛奶把上海都忘了吧！他有青年的迷茫，有成长的烦恼和伤情。他不能超脱现实，再天真，抑或再绝望，也难以做到事不关己，但是他坚持信念，不怕苦，不怕牺牲，在重重困难面前，决不退缩半步。这使他赢得了杨大水的信任与友谊，也通过了人生中最重要的考验。岁月霓虹、昔日往事，并未被艰苦生活碾压和粉碎。拥有残酷命运的角色在电视剧创作者的眼里，变成在特定背景下被检视的对象，更成为观者深刻思考的材料。

徐正成是另一种典型。他说曾浩身上的资产阶级动摇性非常明显，对曾浩一直存在偏见，认为他这样的人搞科研动机不纯。可是他自己在特殊政治氛围中一度被扭曲，他爱慕虚荣，政治投机，疑神疑鬼，心胸狭小，做了很多小动作。他甚至不能光明正大地和自己倾心恋慕的人相爱。杨大水认为徐正成自私，"机灵，聪明，可就是人太滑"。杨大水、曾浩甚至戴虹等最看不惯他的虚伪。虚伪是道德品质的问题，是徐正成人生的污点。他在"文化大革命"期间的戏剧性结局出人意料，也实在具有讽刺意味。他本来心地不坏，怀抱着满腔的热情，是为了建设大油田才来到西北的。在他心里，也有着一个年轻的梦，那个梦虽自有其幽暗阴影，但在更深的层面持续存在着的仍旧是他残留的人性。离奇的场景和那个年代似是而非的逻辑，以及他几乎荒谬的行动使整个事件处于喜剧的边缘。当然，醒来的人实际仍然处于梦中，徐正成的结局，是让人感叹的。

三、伦理学的意义

如果说，对克拉玛依的油田创业的回顾是建立在人的历史思维展现之上的，那么，这部电视剧还向我们展示了一种伦理问题。电视剧中给人印象较深的女性角色是漂亮的戴虹、兰妮和田可。戴虹年轻、美丽、热情，兰妮不失古典的温馨与温暖，田可纯真、敢爱。她们的内心与性格是如此不同，这些女性形象配合了作品总体色调，编剧对她们进行了不同的诠释。戴虹虽然单纯，想做一个普普通通的女人，甚至还想让胡杨林见证自己的爱情，但受错误风习浸染的影响，加之徐正成富于心机的频频"进攻"，她的爱情变得非常复杂，她也不知不觉地进入了一座人性和入世的围城。她明丽的忧伤，她在情非得已的情况下对徐正成说她知道自己应该如何去生活，以及她最后的离去，都让人不得不发出感慨。兰妮怀抱深切的悲楚孤独前行，为找到大水付出了巨大代价。她未必弄得懂爱情是什么，但是她活着的信念和动力，正在于对真爱和大爱的追寻。作品末尾，她终于得见大水一面。她回到家中，心里念叨：我总算找到你啦。你过得好，我就再没有什么牵挂啦！往后，我也要过自己的日子了。这个人物身上的悲剧性令我们隐隐作痛。田可崇拜英雄，崇拜杨大水和小豹子这样的英雄。她追求爱情，又懂得忍耐，在小豹子死后，大水成为她的精神寄托，虽然他们很难真正走到一起，但她心里永远有爱，她开始了一种感情性、精神性的生活，她对感情的纯真追求显示着一种地老天荒的凄清。这几位女性不是奋不顾身或盲目的，她们身上无疑展示着一种个性化的人的价值。杨大水、曾浩以及小豹子、徐正成追求情感的态度和这些女性似乎并不一样。多年来一直守着克八井的杨大水，对兰妮有着一种强烈的思念，在他身上也有着一种对理想和人格的坚守。在感到寂寞的时候他会仰望天空、与茫茫戈壁怅然相对，对望到眼中噙满泪水。正因为他对兰妮有情，自然就有了忠诚，有了坚守，因此对旁的女人不感兴趣。但是，反过来，我们从一直爱着他的田可的角度来看，杨大水多年来不谈心中真情以遵守某些规范，这种克己其实已经变成问题，并且造成了对自己和他人的伤害。以至于多年以后，郭局长忍不住对杨大水说："你坚守信念、道德，这难能可贵。但你也是人啊。让人受委屈，这不道德。"在那种被夸张为普世准则的价值标准规范之下，真情和幸福的欠缺，其实就是道德的欠缺，甚至会演变为生活价值的欠缺。曾浩当然绝不甘于使自己过一种没有意义的生活，但他正直、善良，仿佛永远长不大，他的那一份率真的感情、本真的爱心，其实是一种清澈的"柏拉图"式的爱。他仍然敬佩真正的英雄和伟人，追求真正的情感与美丽的感性世界。在他的心中，只有能够让他忘我的事情才能够使他的生活获得意义。小豹子对田可的爱，属于任性、任情又真挚的爱恋。他的爱同样体现为一种真性情的爱，一种真心、真实之爱。徐正成对戴虹的追求被体制生活所改装，变成一出政治的甚至是规范化的戏剧，但其背后仍然是真切的情感。尤其是在他生命的最后旅程中，他对感情的认知应该是深刻的。这部电视剧由对一般情感问题、人生问题、伦理问题的关注，走向了对较为形而上的问题的关注，最终体现了一种难得的浪漫精神与理想主义。作品中的克拉玛依像暴风雨一样具有一种净化功能。这个"西圣地"，不仅是一脚能踩出石油来的地方，而且这里有那样一群或温柔如水，或侠肝义胆的人，他们懂得努力去探寻生活的意义并使之具有人性的光辉。伦理学真正要探寻的是如何做一个幸福的人，或者说如何使生活有意义。《西圣地》，正昭示并解答了这个伦理学的问题。

《一介书生》：托起明天的太阳[*]

教育，是全社会的事业。教育决定一个时代、一个人和一个民族的精神面貌。面对新世纪的太阳，也是面对当代社会与公众，我们要共同负起自己应负的责任。教育是根据人的天分和可能性来促进人的发展，教育虽然不能改变人与生俱来的本质，但是正是教育唤醒了人所未能意识到的一切，正是教育使世界接近了人，正是教育具有无人事先能想到的巨大作用。教育所具有的重大作用与意义，是笔者在观看六集电视连续剧《一介书生》的过程中想到、感觉到的。这部平实道来的剧作，记录了一个教师的成长，为广大观众开辟了一个新的精神空间。

教师称得上是这个世上，尤其是当下这个特定时代里的最高尚、最伟大的职业。教育是教师需要无条件地为之献身的神圣之物，但在这部写教师、教育的电视剧里，看不到多少形而上的东西和绝对化的话语。这个"一介书生"让人感到亲切。笔者自己也当过中学教师，虽然时间不长，而且那段日子已经过去了很久，但笔者每每回想起自己的教师职业生涯，想到自己受惠于人文教育，自己国家的学子也可以过去、现在与未来在文化、道德和智慧上接受教育的影响，就感到异乎寻常的幸福。教师这个职业，不是不花力气就能做好的。这一点笔者深有体会。回顾自己初为人师的过程，那种艰难、惶惑与痛苦，是常人难以察觉的，是身边的长期勇敢地献身于教育事业的教师前辈们以自己的言传身教唤起并诱发了笔者的热情，是他们朴实、热忱、

---

[*] 本文原载于《中国电视》1995年第11期。

无私的精神帮助了笔者,是他们的诚挚深刻地影响了笔者。现在,笔者虽然早已不做老师了,但常常深深地怀念他们。看到《一介书生》中主人公魏书生的形象时,笔者眼前一再闪现出他们的身影。

笔者的感激之情油然而生,这部作品内在的真实感动了笔者。艺术反映人们熟悉的生活事件,深扎真实的生活,又成为来自前沿的报告,这就是其所持巨大魅力的永远的谜底。

《一介书生》用真诚、质朴、平和的语言讲述了一个有真实原型的教师的往事,在纪实形式的背后,有对飞扬人生的感喟。创作者们着意将创作视点放在生活上,没有拔高,没有醉心于华丽的炫技,也没有一味沉湎于故事的迷宫而忽略真实的情节,而是有意回避某种绝对化的艺术表现观念,回避种种既定模板的拘束和限制。创作者们有意无意地运用了新的眼光,站在新的立场上,用朴素的形式演绎严肃的主题,用最贴近生活的方式,抵抗某种非此即彼的生活与艺术规范,从而让艺术重新回到松散、自由和世俗化的平常状态,使剧作不再对某种理想或道德的空洞呼喊,独特的艺术不再局限或停栖于封闭孤立的小天地里。

主人公魏书生年轻时就想当教师,他从一开始就不想惊天动地、一鸣惊人。在"文化大革命"那动荡的年代,他到农村插队,仍然坚持读书,相信读书没有错,读书使他进入了不同的生命通道,他逐渐拥有了自己读书、别人也能读书的共享知识的渴望。看到乡下小孩没有条件读书,他振作起来,不向外界求援,默默承担起教书育人的重任。由乡下返城时,他看到学校里一天到晚乱哄哄地搞批斗,已经不是学习的地方,心里一片荒凉。当他在乡下教过的学生小刚问他"县中学咋这么乱呢"时,他无言以对。这时候在工厂里做工的他,甚至不知道自己是什么和自己能干什么,但他懂得必须去尝试。他甚至不想上大学,他只有一个越来越强烈的意愿:我想教书。教书,做教师,在特定环境下,当然不是一个轻松的选择。然而,他意识到了这种选择的严峻性,而且,正是这种选择的严峻性,才使他坚定了走这条路的决心。一封封申请书石沉大海,毫无出路的绝望不仅不曾使他泄气和沮丧,反而使他愈加执着,让他的勇气和信心倍增。他没有感到自己有任何不足，即使在那匮乏时代寒冷的阳光下，他也能感到心底的那种汹涌澎湃、涌流不止的情感的勃兴、热烈与灼人。一百五十多次的书面加口头申请，终于使他如愿以偿。在这里，某种内在的、个人化的、执着的生命意识获得了前所未有的凸显。由人物本身传达出的这种勇于挑战与永不妥协的姿态，让人们可以感到平凡个人所蕴含的强烈的精神力量，有一定的文化指向意义。

魏书生的勇气建立在对自己潜在的能力、内聚力和基本的信念的预设与信任之上。他的理想只是做一个普通的教师。他说："我从来就没有想过要成为一个了不起的人，我只想使自己成为一个有用的人，一个有价值的普通人，一个称职的教师。"他的渴望能为他带来什么，他在行动中能得到什么，他并不能确切预知，但他认为自己做了教师就必须努力，而只要努力，只要去做，就会有所收获，同时他相信，通过教育可以完全改变一个人，直至改变整个社会——"社会的丑恶，首先是人的丑恶，但人本来是可以不丑的，如果让现在的孩子们受到真善美的、健康的教育，他们就会有能力抵御丑恶的东西，从而成为有益于社会的健康的力量，消灭社会的丑恶。"基于这样的信念，魏书生当老师时一直充满激情和强烈的责任感。他不顾客观的情况如何，总是千方百计、尽其所能地去做教育工作。一方面，他坚守价值立场，顺应其教学天赋行事，另一方面，他宁可花费多出正常工作好几倍的精力心血，也要避免俗套，尽其精神力量，探索出一条教育改革的新路。

这部电视连续剧始终指向教育现实。作品在魏书生的教学探索与改革方面着墨良多。因此，在这个意义上，其实也可以说它是用电视剧形式对教改进行了有益尝试。

教育的界限不能被事先划定，需要在实践中观察、探索、把握。这部电视剧集中了一个优秀教师对教学生涯经验的思考，通过有意识的方式，以一种特殊的艺术形式表现了一种自由的启发式的教学方法。其中透视并寄寓着教学方法甚至整个教育观念的某种深刻转化。

魏书生在教学过程中，努力以最纯粹的形式和最简单直观的办法把抽象的语文知识教给学生。他带着极浓的兴趣观察学生,聆听他们的观点,尽量把他们从好奇、渴求引向亲身体会、顿悟。他让学生学会思考,张开想象翅膀,培养学生读说演练的实际能力,甚至放手让学生自己改作文,自己教育自己,自己管理自己。这种做法可能被不少人视为歧途异端,不合时宜,但事实表明,这在可能的范围内仍然可以成为一种值得肯定的教学思路,并且能够带来中小学教育方法甚至目标的改变与转换。人们习惯于事物难以察觉的渐进性和连续性,而对创造与探求往往表现得非常冷漠和"残酷"。魏书生的这种做法也许仅属于不经意的探索与追求,但其实质上是一种对传统的悖逆,一种对惯习的有力挑战。然而,让人感到真正欣喜的是,正是在这部电视连续剧展示与传达的一代新型教育工作者的精神气氛中,人们看到了教育领域某些方面的非此即彼的绝对立场的崩溃。"曾经一度是向上的生命力的东西,今天却分崩离析,甚至会反对自身而导向随意性的极端。根据效用标准来评价的话,这种生命力已再无任何意义,它的真正任务在于,接触事物和道出事物的本质,而只有当生命力被纯粹的内涵和自然世界的可能性重新注入灵魂时,它才能去接触和解释事物。"① 这种根本性的裂变,为人与文化在历史中存在的多元性所规定。关于教育的理解,也只有在这种生命的多层次形态中才能展开。魏书生的可贵,就在于他并不把自己看作教书匠,除了教书育人和勤勉的工作外,他时时葆有一颗诚挚的爱心,或者说,一种对教育的良心。

面对学生,魏书生并不端架子。他努力和学生交朋友,和学生交心。这说起来也许容易,但真正做起来却并不轻松(笔者在过去短暂的教师生涯中对此体会良多,此处不赘)。这需要一种教育生活中的真爱。爱在这里是一个可以不断增殖的最宝贵的财富。可以说,正是在这种博大的爱心中蕴含着交心的秘诀。唯有在爱的交往与对话中,人才能成为自己,爱显示着其神奇的相悦而解的魔力。魏书生说自己不止一次默念过一句话,"人的心灵是一个广阔的世界"。他坚信每个学生的内心都是一个广阔的世界,相信每个学生

---

* 雅斯贝尔斯.什么是教育[M].邹进,译.北京:生活·读书·新知三联书店,1991:74.

都"是有潜能的,而潜能可以超越自身、成为希望的源泉"①。教师的责任就是发现并拓展学生内心深处的潜能,唤起他们潜蕴心底的真善美。他不使自己站到学生的对立面上,不去训斥他们、排斥他们。他管理班级的诀窍是把每个学生当作副班主任,他让学生学会实实在在地生活,甚至非常高超地把课堂所传授的知识内容恰如其分地运用到与生活的巧妙结合之中,如他讲授作文,提示学生一篇作文有多少种写法时,就会更进一步道:"做任何事情都会有一百种办法等待你去选择。"话虽平实简单,却蕴含着至深的人生哲思,不啻对年轻的孩子们所进行的一次实实在在的心灵启蒙。

饰演魏书生的演员李幼斌,将人物表演的分寸把握得非常准确,在他身上一点儿也看不到通常会在旁的影视演员身上见到的那种矫饰与"过火"的不良倾向。李幼斌用力而又不露痕迹地塑造的这个十分朴实的人物形象,给笔者异常的亲切感,和笔者接触、了解的许多献身教育事业的教师形象非常吻合。这也是这部电视文艺作品在树立新的生活影像的努力中取得的一个突出成果。当然,《一介书生》这部连续剧最突出的贡献,笔者认为还是它在社会迈向未来之际,用形象的语言,深入阐释唯有教育才能保持生命活力的历史性内涵。唯有教育秉持的创新生命的力量,才能托起新世纪的太阳,充实在新的时代的生活的意义。该剧在第五集曾借剧中人之口这样说:"谁不尊重老师,不尊重教育,就是天王老子也不行!"这话是对某种精神告慰的寻求,笔者相信也是创作者发自内心的呼喊,是作品的主要用心所在。一个社会、一个民族如何尊师重教,怎样看待教育的精髓要义,不仅决定着个人未来的生活,更关乎整个民族的历史与命运,关系到我们的民族精神和道德,尤为重要。

---

① 布鲁姆.走向封闭的美国精神[M].缪清,宋丽娜,译.北京:中国社会科学出版社,1994:12.

叙述与对话：从历史走进心灵[*]
——论 8 集电视系列片《穷则思变》

在某种意义上，电视创作本身即创造世界的一种实验，它源于创作者对世界本体上的认同与投入。对于电视文本而言，它被首先认为具有一种电视效果、语言效果。既然在电视艺术创作过程中，语言的运作是基于真实的基本运作，那些坠落到人们内心的文本才能被称为真实的，那么，我们看到的这部《穷则思变》的真实的叙述手段，就显得格外重要了。

个人仅仅处于历史的一隅，仅能在自己所处的时空的范围内观察现实，思量历史。我们的视觉、听觉、嗅觉、触觉、味觉都不同，它们也各自携带了不尽相同的"现实"。《穷则思变》的创作者们深谙这种饱含个人眼光的真实。他们毫无戒意地选择了一种朴素的纪实手法，抛弃种种高调的浪漫想象，还圣为俗，以其日常化的、平实的电视画面语言，讲出了一个为人所熟悉的无须证明的历史故事。这部剧作没有刻意求工，矫揉造作，平常得如同我们常见的一块石头，一顶草帽，一辆叮当作响的脚踏自行车。

真实具有自己悠长绵邈的声音。看了这部电视系列片的人，想来都不会听错。它能带给人们一种巨大的真实感，是因为电视语言所具有写真的效果。创作者们当然有自己的体验和理解，也有自己的眼光，但他们通过长镜头等朴素的拍摄手段与其他电视语言，意在复原画面所表征的原初体验和所象征的原初的真实世界，使观众能像理解自己一样去理解他人，像观看周遭事物

---

[*] 本文原载于《中国电视》1993 年第 10 期。

一样观看电视所展现的真实图景。作品展示的重心确实不在新鲜奇怪的故事，虽然那家徒四壁、低矮破败的棚屋，那衣衫褴褛、为贫困折磨得完全麻木了的男人与女人，那在沙浪排空中顶风拉车的孩子，还有那粗重喘息的浑黄河水，那满山荒石、满目苍凉，我们从前可能并未都亲眼见过、亲耳听过，但我们并不会对它们感到陌生和疏远。

这部片子讲述的故事普通而平常。一个汉子，一辈子没去过县城，也不知道县城在哪里；一把由祖辈传下来的木犁，不仅还在被人使着，而且它的主人坚信自己的儿子、孙子还能把它用下去，一百年、两百年地用下去；一个年纪轻轻的壮实小伙子，不敢走出贫困的桃花源，怕到外边叫人家"扒了皮"……这是一部关于人的故事，编导尽可能抹去故事中的种种人为的衔接、修饰与巧合，按照日常生活的本来面目来展现与叙述一切。作品成为已知的逼真性的化身，在展示人的命运与历史命运的同时，逼近了一种真正的戏剧性。

显然，编导通过一系列的纪实手段，意在使观众与作品话语之间建立某种自然的、可信赖的关系，以期获得最佳艺术效果与感染力。卡勒说："我们允许作品构成一个半自足的世界，其内在规律与我们周围世界的规律不尽相同，然而它的内在规律却使该范畴以内的行为和事件具有可理解性和逼真性。"[①] 作为电视系列片这一特定样式，《穷则思变》在强化使用同期声、长镜头等叙述手段的同时，有效掌握了独白语言、对白语言以及序词歌曲穿插使用方法，从而在人们的种种视听期待中，营造了独特的逼真性效果和沉郁的艺术文化氛围。不仅给人鲜明的印象，而且颇具对思想的冲击力。

作品的序词由李雪健用低沉而略带喑哑的男中音念出："多少辈子受穷/创了几千年的土/咱庄稼人遭罪/可没唠叨过苦/老辈子的骨气/少辈子的胆/如今的活法/不同往常年。"这里有沉重，有忧伤，有关切，也有憧憬、期待，氤氲了一种浓浓的文化情绪，一下子就将观众带入了特定的情境。

---

① 卡勒.结构主义诗学[M].盛宁，译.北京：中国人民大学出版社，1991：216.

与序词相比，作品的独白（旁白）显得更加成功。我们看到，独白提升了语言的价值，以不同寻常的梳理与概括，改造了人们对人物及其经历的感觉，深化了人们的认知。这里试以第5集"生命的代价"为例略作说明。该集一开始，主持人采访了贫困地区几个虽然生活艰难，却仍然具有强烈的生活和热情的人：一位中年男子有5个孩子，一位中年妇女总共生了7个孩子，而那个悠然处于一种生育丰收的成就感之中的老人，则有6个儿子、5个女儿、9个孙儿子、12个孙女儿、9个外孙儿子、11个外孙女儿！面对这种现象，作品不无愤懑与忧虑地评述道："过量繁殖的人口吃掉了原有耕地生产的粮食，吃掉了新垦土地增加的粮食，吃掉了国家全力以赴运来的粮食，吃掉了本可用于扩大再生产的各种社会积累，直吃得山薄水瘦，天苍地黄。""大量的人口增长，使土地都只能用于种粮食，先解决吃饭问题。大自然中挤满了人，再也腾不出空隙来干别的了，生存吃饭的压力使中国形成了一种经营内容单一的农业经济。这种经济实际上是很脆弱的：只要农作的条件一旦受损，社会便会发生全面的经济危机。实际上……这种单一的农业经济危机一旦出现，立刻就断绝了人的吃饭之源……多么残酷的历史悲剧、生存悲剧！"这种有力度的独白，没有任何矫饰，渗透着创作者的气质、宏识与焦虑，使语言驻留于人们意识的时间得到了延长，作者那种深深的关切、忧虑，那份沉重错杂的心绪，在独白中得到了强化与展开，令观众久久不能释怀。

　　不难看出，《穷则思变》这部系列片的独（旁）白是一种询问，也是一种探索。这指涉三层含义：①历史与现实融汇。作为叙述手段，作品展示与表达的过程，也是对历史的处理的过程。从电视构成形态上讲，一些历史资料与画面处理固然重要，而直接展现种种潜藏于内的历史文化代码的独白、旁白却也不容忽视，对于具有政论色彩的专题片，尤其如此。《穷则思变》的每一集都显示了编导郁结于心的历史感和现实感。其中第4集、第5集、第6集、第7集，将历史与现实融合为一的尝试尤为成功，如第4集（"永恒的家园"）指出，塔克拉玛干那莽莽万里的沙海中，曾有相当大的一部分是人类的家园。考古学家已探明，那里有几十座古城遗址。如今，这些残垣废墟只能孤零零地守望着星飞日落，月起沙惊。编创者感叹："不懂得爱惜生存环境，人类只好不断地演绎着'失乐园'的悲剧。"②自然与人的思考。这种思考，是伴随着巨大的痛苦与剧烈的内心震荡而展开的。我们看到，纠缠着编导的是许多悖论：对于那些生活艰难的贫困地区百姓来说，他们处在一个二难境地中，不在自然中砍伐采掘，生活便难以维持；如果在已经濒临绝境的自然中掠取，那么，他们将在不远的明天遇到同样的危机，最终失去自己的家园（第4集）；人在恶劣的自然条件下艰难生活，而人的贫困又是大自然赐予的，这是一种"自然性贫困"（第7集）；高山巨壑的阻绝使人们陷入了一种贫困的、桃花源式的生活，也让人们产生了一种贫困桃花源生活中的惧外心态。然而，即使在没有地理阻绝的平原上，贫困的桃花源生活也会带来一种惧外心态（第6集）；所以，最可怕的是精神的贫困、文化的贫困。人能带来财富，只有开发人，提高人的质量，才能实现那个不再受苦的古老的梦想（第4集、第8集）。③泛人类意识。《穷则思变》一片试图昭示人们：全世界有志于解除人类贫困的人正在逐渐认识到，贫困对于任何一个国家或地区来说都不是耻辱。不深思贫困的原因，不共同抵抗贫困，是人类真正的遗憾。"只要还有一个同类没有吃饱，那么，全人类就没有吃饱，只要还有一个家庭没有走出贫困，人类就不能宣告自己已经富裕。"这样的一种总体性的观念，并非一种乌托邦式的意识。无论是对世界还是对中国而言，同贫困的斗争都将是长期的、艰巨的。目睹种种现实，人们从乌托邦的幻梦中苏醒过来，将注意力转向存在本身，《穷则思变》在试图穿透这张实存的网络的过程中，表现着其对人道主义的关切和激情。

海德格尔说："思维之所以是思维，是因为思维根据存在生发出来，它从属于存在。与此同时，思维之所以是存在的思维，就在于思维由于从属于存在而倾听存在。"电视系列片《穷则思变》中体现着的关于存在的思维，何尝不也是这样。由于编导无一例外地被抛入存在的真理中，就不得不去听从存在的召唤。《穷则思变》摄制组行程几万千米，在200余天里走了18个省区的100多个贫困县，拍摄采录了大量资料，然而，他们看到的也仅是一小部分的现实。然而，《穷则思变》一片正是基于这些基本事实，卓越地展开了自己的叙述与言说。编创人员意识到事实对艺术的修正力量，有感而发，在仔细观察、感受的基础上,协同种种信息与代码,为观众制造了巨大的真实之感;遵循历史与事实,在倾听与服从的基础上探索一种深刻的概括。每集呈现的都是真情、实事,让人看了之后就不会忘怀,就会多一份沉沉的记忆,多一份同情与理解。

《穷则思变》的话语当然不仅包含着一种深刻的概括与普适性的情愫,总而言之,它也是一种对话,是心灵与世界的对话。

对话是人的本性,人正是凭借彼此之间的理解与对话才能生活在一起的。人们的言说和交谈,乃至意识活动和内心独白,都是为了寻求理解与自我理解。心灵、语言和社会构成了一个巨大的动态的对话并存体。我们看到,在多重层面上,《穷则思变》正是以对话的方式出现在我们面前的。

对话当然不仅指两个人之间的交谈,但是在《穷则思变》中,主持人与片中被采访者的对谈,是我们探讨该片对话语境的入口。先举几个例子:①采访甘肃会宁农民申万英(第4集)。A:今年这年景,一亩地收多少斤麦子?B:九斤。A:一亩地收九斤还是九十斤?B:九斤。A:一亩地麦种有多少?B:十五斤。②采访四川万县(今重庆市万州区)承包果园的农民平永贵(第3集)。A:你有没有自信和愿望,想没想过自己会成为一个农场主?B:我们这个地方还不够那个条件。A:你敢不敢这么想?B:……③采访在葫芦河洗澡的一个想当科学家的小学生(第1集)。A:想不想改变这黄土黄水?B:想改变。A:想把它变成什么样子?B:变成个游泳池。A:那游泳池应该是什么样子的呢?B:豪华型的。A:好!

由这几段对话我们不难看出,虽然在主持人身上偶然也会出现站在高处俯视采访者的姿态,但总的来说,他尽力采用了平等的、日常化的观察对象的距离与视角,而且接受了隐藏于日常用语中的价值尺度。这不仅反映在他情不自禁地叫"好"之中,也表现在其鲜明的感情投入上。在上面示例的第一段对话之后,该片紧接着插入旁白:"庄稼不收年年种,种下去的几乎是无望的收成,收获的是一堆操劳和伤心。"同情关切之心溢于言表,令人为之黯然、泫然欲泣。

对话中总有观点表达,访谈自然也是一种体现着价值差异的活动。《穷则思变》中时时插入的这种高质量的采访，不仅加强了全片的纪实性，更显示了编导殉道的决心与毅力。其中展现着他们投向生活的独特视角，更展现着一片时时映现、燃烧着的心灵的原野，那里正充分焕发与孕育着蓬勃的生机。

在片中，我们看到对话其实并不限于这种两人之间的实际交谈。在更普遍而深刻的意义上，对话是一种广泛存在的状态，在这部系列片中，对话也在该片创作主体的自我与环境之间，以及自我与另一个自我之间进行着。

不消说，在创作主体与环境对话时，需要强化参与意识与"自我领会性"，这样，编导才能以积极的思想探索，自觉地参加文化建设，使作品获得丰富而深厚的内涵。在第 5 集 "永恒的家园"中，随着干燥的蓝天、赤裸的黄土与浑浊咆哮的河水的画面切换，编导幽幽地讲述了一个古老的故事："山上无树，原上无草，风吹走了表土、雨冲了表土。几千年来，人们不懂得保护这层黄土上的植被，过伐过牧，移民屯垦，毁去了万顷佳木茂草，植被消失后便是罕见的大面积水土流失。地表形成一厘米土壤需要三百年到五百年，而现在黄土高原平均年流失厚度已达一厘米。假如对这层表土毫不怜惜，任其被风雨侵蚀，那么，再辉煌强盛的文明都会永难复兴地衰亡。"《穷则思变》的编导直面痛苦和焦虑，又不由自主地陷入一个困扰："黄河上中游文明向东南迁移，同水土流失的走向是一致的。"不难看出，这种对话已经不是被动的回复，而是主动的应答、追问和揭发。

一切理解都是自我理解，对周遭环境的锲而不舍地应答、探寻，构造了一个认知自我的存在过程。在这个意义上，《穷则思变》一片反映的创作主体的自我与另一个自我的对话或许更值得注意。在这里，编导将自己最内在、最深刻的内心生活转化成了认识对象、表现对象。"流走了水土，也就流走了富裕"（第 4 集），"生育本来是人对人的创造，可当它超过了生存环境条件许可的程度，就变成了人对自身的一种摧残"（第 5 集），"贫困文化在抑制着人们改变生产与生活的创业冲动的愿望，阻碍着人们走出那贫困的桃花源"（第 6 集）既有其独特的意旨，又是一种充满个性的宣言。编导在热情宣讲自己观点的同时，有沉思、疾呼、焦虑，也有悲天悯人的博大情怀；有强烈的自我投入，更有深深的精神反思。于是，自我对话包括了自我剖析的过程，自我

又直接成为此过程中的客体。这部不无政论与思辨色彩的电视系列片，因为采用多声部对话式的交流方式而显得多少有些散漫，但它努力发扬自己的优长，显示了自己独一无二的思想冲击力，而使全片有了含蓄的深度，这是难能可贵的。

一部成功的电视系列片，它的画面、剪辑总要指向视听符号所表达的社会、历史、文化以及意识形态的内容。这种内容意蕴是《穷则思变》责任和义务的深刻体现。显然，编导将这种责任和义务提炼成了一个"爱"字，献出了一份广大的爱心。它昭示着人们的良知，警示人们不要忘记在那片土地上默默劳作的人们和那些生灵。《穷则思变》深怀这样的文化理想在观察世界和人生时秉持求实态度，由历史走进心灵，将现实引入一个精神世界，给人以启示与警醒。笔者认为，《穷则思变》的成功之处主要也在此罢。

第四部分

言说：理念生产

融合与突破：认识自己与他人，走向中国电视的文化自觉*

——近年来的中国电视学研究

互联网的出现改变了世界发展的节奏，媒介融合随着互联网的进一步发展不断演进，为电视产业的发展提供了全新的生存空间。2015年"互联网+"的概念正式提出，成为包括电视在内的文化产业发展的主要驱动力。随着互联网从消费领域拓展至生产领域，在O2O模式基础上衍生而出的T2O模式①使电视节目的内容生产更为丰富，实现了电视与全媒介更为紧密的融合。其后的两年时间里，电视产业在媒介融合发展的洪流中进入产业结构调整与转型的重要阶段。在"互联网+电视"的模式下，中国电视产业加强海内外的双向传播，整合新媒体环境下的多元传播渠道，借"一带一路"倡议积极增强国际传播力，汇聚正能量，搭建跨区域民心和人文沟通的桥梁。

新的环境为电视产业赢得了多维度发展的新条件，过度泛化导致的同质化也可能带来媒介生态的失衡，国内学界与业界的专家学者在中国电视复杂化发展态势下极力保持理性的态度，直面挑战，对整个电视产业的发展进行

---

* 本文原载于《传媒艺术研究》2019年第1辑。

① T2O：TV to Online。"电视+"模式的两种实现模式："电视+电商""电视+服务"。一方面，是指观众可以在收看电视的同时利用电商平台的App扫描电视屏幕出现的二维码或者使用微信"摇一摇"功能直接进入电商页面，并可在相关页面上购买该节目中出现过的商品的商业模式；另一方面，观众亦可通过这种方式获得相关红包或优惠券。例如，自2015年起，中央电视台在春节联欢晚会上和微信、支付宝展开合作，联系大量品牌商为全国观看直播的观众分发红包。

或宏观或微观地观察，从自身的专业素养与学识出发，对电视产业进行丰富多样的跟踪研究。近年，中国电视产业的发展整体下滑，面对"电视将死"的言论，针砭时弊的文章和评论以客观冷静的态度为电视产业的发展敲响了警钟，具有重要的引导性和指向性意义。2015年以来，作为对电视产业、电视理论、电视史论、电视批评、电视节目等方面的深入分析，"影视新视野丛书""现代传播文丛""电视丛论""媒介研究创新丛书""中国第一套电视剧口述历史"等系列丛书以及专题性著作与专业学术研究文章的出版与发表汇集了电视产业多角度的研究成果与前沿动态，展现了电视学研究领域的学术图景，细致入微地对电视剧及多种电视内容生产、媒介传播、产业市场等具体问题进行了针对性探究。电视业的发展与研究著作、文章相互融合，学界向业界灌注更有力量的新鲜血液，在彼此不断促进中相互提高。

一、电视剧：中国电视业发展的压舱石

中国电视剧的生存环境随着互联网的渗透越发开放，互联网播放平台为传统电视剧提供了新的传播渠道，网络剧也呈现良好的发展态势。新兴媒体与传统媒体的融合发展形成了多元互补的局面，为中国电视剧的海外传播和国际市场的开发提供了平台。2015年，国家新闻出版广电总局"一剧两星""限外令""限广令"等政策的相继出台，加强了对电视剧播出的管控，均衡了各卫视资源，积极促进电视剧资源的优胜劣汰，丰富了电视荧屏，重塑了电视剧的发展格局。在新政策之下，互联网播出平台相对自由的优势得到突出体现，不仅是观众，制作方也将目光投向视频网站，将其作为收回制作成本的重要途径。如此一来，互联网视频播放平台与传统频道卫视形成优势呼应、多屏联动的共生互补局面。2016年，互联网用户数达到7.31亿，其中手机网络用户数为6.95亿，视频用户数达5.45亿[①]；而截至2018年6月30

---

① 中国互联网络发展状况统计报告（第39次）[EB/OL].（2017-01-22）[2018-09-20].
https://www.cac.gov.cn/2017-01/22/c_1120362500.htm.

日，我国网民数为 8.02 亿，上半年新增网民 2968 万人，较 2017 年末增加 3.8%，互联网普及率达 57.7%。到 2018 年 6 月，我国手机网民数达 7.88 亿，上半年新增手机网民 3509 万人，较 2017 年末增加 4.7%。网民中使用手机上网人群的占比由 2017 年的 97.5% 提升至 98.3%，手机上网人群比例继续攀升。① 互联网视频用户成为传统电视剧与网络剧观众的主要群体。2015 年以来，中国电视剧的年产量均为 300 余部，2017—2018 年的电视剧年产量更是创下自 2011 年以来的新低；与之相反，网络剧的发展经历了兴起、爆发、调整之后，发展方向逐渐从重规模转向重质量。2016 年，网络剧《他来了，请闭眼》打通台网壁垒，成为第一部互联网反向输送一线卫视的网络剧，网络剧与电视剧界限的模糊使精品剧能够获得更多的市场话语权，马太效应的持续放大注定会将粗制滥造的作品彻底淘汰。2018 年，尽管在数量上同比有所下降，但电视剧与网络剧"爆款"频现，观众对于优质内容的电视剧要求进一步提高，精雕细琢的剧集始终不会失去观众和市场，中国电视剧在朝着健康良性的方向发展。高收视率与高播放量重合的优质电视剧正在努力冲破媒介屏障，内容的重要性超过了播放渠道的差异性，多元化播放平台增强了电视剧作品之间的竞争力。周根红的《新时期中国电视剧的文化生产》、张慧瑜的《文化魅影——中国电视剧文化研究》以及《中国电视剧产业发展研究报告》等多种著作从不同角度对 2015 年以来的电视剧发展进行剖析，有关电视剧的建设性评论较为全面、系统，推动了业界对中国电视剧文化与产业的认识。

互联网对电视产业的渗透无处不在，产业格局的变化是电视剧发展的重要生态因素，电视剧在复杂多变的环境中面临着来自市场、观众与意识形态阐释的冲突等多方面的压力，研究者从电视剧的整体发展、"互联网+"环境、电视剧改编、题材研究以及海外传播等方面把脉。2015—2017 年电视剧的发展，给人丰富的启发。《中国电视剧产业调查报告 2014》、周斌主编的 2014 年度、2015 年度和 2016 年度的《中国电影、电视剧和话剧发展研究报

---

① 第 42 次《中国互联网络发展状况统计报告》[EB/OL].（2018-08-20）[2018-09-20].http://www.cac.gov.cn/2018-08/20/c_1123296882.htm.

告》《中国移动电视发展报告（2017）》《中国电视收视年鉴（2017）》以及杨旦修的《中国电视剧产业发展研究》、秦俊香的《平民化与史诗化——电视剧风格论》、王利丽的《新世纪中国电视剧创作与审美研究》、张智华的《中国网络电影、电视剧、网络节目初探》、万小谈的《中国内地电视剧的意义系统与审美呈现》等论著，对电视剧产业进行了研究，全面而深入。《进入多屏时代的电视剧——2014年国产电视剧创作》（尹鸿）、《2014年中国热播电视剧盘点》（李胜利、杜斌）、《2015年中国电视剧的生态与格局之变》（张陆园等）、《2015年电视剧创作述评》（李跃森、张梦晗）、《2016年电视剧的生存语境与审美趣味》（许婧）、《2016年中国电视剧竞争特征分析》（刘晓雪、张凌微）、《跨入两栖时代：2016年中国电视剧观察》（杨慧、尹鸿）等学术文章以年度电视剧的发展态势为研究对象，指出在传统卫视和视频平台的双重驱动下，电视剧产生的文化影响的覆盖面越来越广，以其独出机杼的洞见对年度电视剧发展进行评述、总结并提出针对性建议。

  电视媒体将互联网思维融入整个电视产业发展的基因，电视剧作为电视产业的核心组成部分，互联网环境促进中国电视剧进入多屏共生时代，相应改变了电视剧的产业链与传播链格局。从"先台后网"到"网台同步"再到"先网后台"，这是电视剧资源在互联网时代以观众的观看习惯实现资源优化配置的过程，2015年以来，学者们对"互联网+"时代电视剧的发展进行了持续性的关注。刘永昶在《电视剧跨界平台的构建——媒介融合语境中的视频网站角色考察》中以视频网站成为电视剧的跨界平台为背景，考察视频网站在电视剧产业链中起到的作用与影响。张海欣在《"互联网+"时代国产电视剧的IP开发与品牌运营》中指出电视剧IP的最终目标是塑造电视剧品牌，实现电视剧IP品牌的可持续健康发展。通过开发IP文化内涵塑造品牌文化；创新IP粉丝营销方式扩大传播效果；有效开发衍生品，实现利润最大化，将电视剧IP塑造为品牌，长远考虑还需要开发全产业链，培育原创IP品牌，为电视剧创作和发展搭建一个具有开放性、娱乐性和广泛传播度的平台。吴雷在《大数据时代电视剧产业生态的嬗变与重塑——基于受众互动体验逻辑的考量》中指出大数据更新了电视剧观众的体验度，驱使电视剧产业在内容生产、宣传营销、受众接受等层面的大数据重塑，也为电视剧的发展提供了重要的数据支持。作者同时指出数据分析不能取代艺术创作，过度依赖大数据容易导致艺术创作的同一性，反而会成为电视剧创新的羁绊。电视剧产业从业人员应运用好大数据为电视剧艺术创作提供数据分析，把握电视剧艺术创作与大数据之间的平衡。胡智锋、张国涛、张陆园在《多屏时代中国电视剧的变局与困局》中论述了在互联网语境下，陷入变局和困局中的中国电视剧呈现的全新图景，既在内容生产和传播层面亮点频现、推陈出新，同时遭遇广告收入大幅下降、人才不断流失、观众分流等问题，在多屏共生的时代环境下，中国电视剧产业应在政策、生产、传播、产业等方面作出相应的调整和改变，不断完善和加强电视剧在不同发展环境中的应急应变能力。在互联网衍生的媒介融合的环境下，电视剧市场容量不断扩大，研究者以不同视角对网络环境下电视剧的产业环境、运营策略、评价机制、跨媒体传播、叙事策略等方面深入分析，找准近年来电视剧发展所面临的机遇与挑战、优势与劣势，对于指导电视剧创新内容生产、丰富传播渠道、完善产业链都至关重要。

全球化进程加速了不同国家、民族之间的文化融合与对话，世界多元文化格局的形成为中国传统文化的跨文化传播提供了契机和平台，国产电视剧作为传播中国文化、讲述中国故事的重要载体，通过海外传播"自塑"中国形象，提升了中国文化在全球范围内的影响力。2015年，《何以笙箫默》剪辑版登陆Netflix网站，并以"My Sunshine"为名在韩国MBC电视台播出；2016年，由华策克顿制作的电视剧《亲爱的翻译官》在美国DramaFever视频网站首播并取得排名第一的好成绩；2017年，由正午阳光制作的《琅琊榜》在YouTube的播放量达到1.54亿，《欢乐颂》的播放量更超过2亿；优酷自制网络剧《白夜追凶》《反黑》的海外发行权被Netflix网站买下，在全球195个国家和地区播出。从2015年的全国影视内容产品和服务出口仅8000万美元到2017年超过4亿美元，尽管近年来国产电视剧海外传播的成绩明显提高，但国产电视剧"出海"之路仍然任重道远，学界对此的关注也从未停止。孙铭欣撰写的《电视剧国际交易研究》针对中国电视剧尚未真正实现"走出去"的问题,以文化自觉和文化自信理念为指导,通过研究电视剧的国际交易发展,归纳总结电视剧的国际交易模式,探索电视剧的国际交易规律,基于"内容银行"的理论,提出国产电视剧参与国际交易的新选择,尝试建构新型电视剧国际交易框架,对于加速国产电视剧的海外传播具有一定的理论和实践指导意义。相比美国、英国、韩国、日本等国的电视剧在国际市场的占比和影响力,中国电视剧与它们还有不小的差距,相关学术论文也对国产电视剧的国际传播进行了多维度的探究,在对国产电视剧海外传播现状分析的基础上,助力国产电视剧探寻"走出去"的正确路径。刘婷在《中国电视剧的跨文化传播》中在明确了国产电视剧发展遭遇问题的基础上,提出了采取质量提升、健全体系、构建与完善产业链条,较大限度地扩展、加强其国际文化传播力。刘雁在《浅议中国古装历史剧跨文化传播力的构建》中以古装历史剧为例,发散讨论了中国电视剧的跨文化传播。古装历史剧凝聚了中国传统文化,在承认差异、追求平等、升华品质、畅通语言的基础上构建中国古装历史剧的跨文化传播能力,能在提高中国国际地位的同时增强文化软实力,引导世界更全面地了解中国文化。张婧在《新世纪中国电视剧对外交流特征研究》中总结了1978年以来近40年的电视剧对外交流的五个特征:①21世纪中国电视剧受多种思潮影响;②21世纪中国电视剧在曲折中发展;③监管与鼓励双管齐下,21世纪引进剧更为丰富多元;④中国电视剧对外交流的途径被不断拓宽;⑤中外合拍日益频繁。中国电视剧在国家政策、类型革新、内容创新等多方面的进步中提升了在世界影视行业的话语权,电视剧的内容制作与传播渠道日新月异,中国电视剧仍然需要不断革新自我,有效地进行对外交流与传播。周根红在《电视剧的海外传播与国家形象建构》中分析了功夫武侠剧、历史剧、现实题材电视剧的民族精神与人文精神,探讨了此两者如何建构国家形象。在全球化语境下,中国经济快速崛起,国产电视剧"走出去"仍然步履沉重,张斌、莫茵在《从产品到资本——国产电视剧"走出去"的路径探索》中探讨了此背景下国产电视剧的走向、策略,指出面对不同输出地,需要因地制宜的探索与尝试,这不仅涉及国产电视剧"产品"的走出去,还涉及了"生产""平台""资本"等多元要素的走出去,为国产电视剧的海外传播提供了新思考。中国电视剧产业链条不断完善，国际传播、营销能力日趋提升，朱新梅、唐琳在《媒体融合环境下中国电视剧国际传播态势分析》中提出通过长城平台或自建平台直接落地、联合开办中国电视频道或电视栏目、进入海外视频网站、加强国际合拍、参加国际影视节展五个方式搭建多元化、融合化营销渠道与平台，传播中国优秀文化，提高中国的国际影响力。汤天甜、李琪在《国产电视剧对外传播的创新策略探析》中对当前中国电视剧对外传播的成功案例进行整理分析、总结经验，提出拓宽创作视野，推动电视剧出口；立足海外市场，建立国际化制作模式。中国正值文化产业转型的关键期，随着国产电视剧制作水平的不断提高，中国电视剧市场已经具有相对稳固的国际传播基础，国产电视剧应以形成海外市场为目标，加强与国际团队的合作，制定相应的传播策略，扩大国产电视剧在海外的影响力。在"一带一路"倡议之下，中国优质国产电视剧的海外传播成为传递中国特色社会主义核心价值观的重要渠道，学界对于国产电视剧"出海"进行现状分析、策略分析、环境分析，以期降低文化折扣，达到更好的传播目的。

中国电视剧目前产业规模化、集约化程度不高，造成中国电视剧多而不优、多而不强、良莠不齐的情况。近年来，中国电视剧年度累计播出逾9000集，现象级电视剧不断制造"全民话题"，成为"热搜大剧"，尽管国产电视剧因其整体质量不高一直遭受诟病，但不可否认电视剧仍然是一种具有全民共赏性质和广大受众群体的文艺样式。作为大众消费的主要电视节目类型，电视剧的题材选择是电视剧创作的基础，从总体上进行分类，中国电视剧有现实题材与历史题材，《2014年现实题材电视剧述评》（王黑特、陈友军）、《2014年历史题材电视剧述评》（郑淑梅、张利杰）、《多样化的题材·多元化的风格——2014年中国电视剧创作研究报告》（欧阳宏生、徐书婕）、《2015年现实题材电视剧述评》（王黑特、陈友军）、《2015年历史题材电视剧述评》（郑淑梅、廖宋倩）、《2016年现实题材电视剧述评》（王黑特、陈友军）、《稳步前行——2016年现实题材电视剧论要》（李勇强、李跃森）、《论改革开放40年中国历史题材电视剧审美观照及其历史观演变——电视剧的"祛魅"与历史正剧》（丁亚平、姜庆丽）等文章宏观论述了现实、历史题材电视剧的发展脉络。具体而言，2015年至2018年，农村题材、军事题材、革命历史题材、抗战题材、少数民族题材、法律题材、商业题材等不同题材的研究性著作文章对相关题材电视剧的发展走向、叙事变迁与创作症结等进行了思考。吴匀撰写的《中国武侠电视剧空间研究》以武侠电视剧的影像叙事文本为研究对象，以"空间"为切入视角，在阐述中国武侠文化的基础上，完整、全面地剖析了武侠电视剧的类型化特征与艺术结构，进一步完善了中国电视剧研究的理论成果。杜莹杰撰写的《中国历史电视剧审美研究》从文艺美学、文化诗学与传播学的角度对中国历史电视剧的真实性、悲剧性、史诗性、陌生化、审美现代性、审美接受性进行阐述，总结概括历史电视剧的艺术审美特征，深入研究其史学因素和审美因素的互动关系，为电视剧研究提供了全新的研究角度。自中国电视剧发端以来，农村题材电视剧就是其重要组成部分，《被遮蔽的乡村与被想象的农民——新世纪中国农村题材电视剧创作批评》（张新英）、《农民工返乡创业历程的媒介传播研究——以中国农村题材电视剧为例》（成婧）、《农村题材电视剧的"乡村影像"叙事变迁》（张帆、黄婉彬）、《农村题材电视剧中的城市想象与主题建构》《新农村题材电视剧的缺失》（王利丽、崔亦鑫）、《新时期农村题材电视剧的审美突围与产业拓展》（丁莉丽）等文着重指出当前农村题材电视剧整体质量不高、产量有所下降、创作趋于模式化、审美内涵不足、农民形象缺乏人性深度等问题。研究者针对不同问题在文章中提出相应的对策：拓展农村题材电视剧的产业生存路径；加强农村题材电视剧精神启蒙和现实表达的能力；强化农村题材电视剧的艺术观念等。作为展现中国农村变迁的、不可替代的电视剧题材类型，农村题材电视剧肩负着讲好中国乡土故事的责任。抗战题材电视剧与军事题材电视剧在某种程度上有相似性，传递着中国人民追求正义与顽强拼搏的精神信念，尤其是抗战题材电视剧近年来蔚然成风，而抗日"雷剧"的出现也令其深层价值迷失。《谈谈抗战剧的作为》（丁亚平）、《抗战题材电视剧娱乐化对爱国主义思想传播的影响》（刘心）、《抗战题材电视剧述评》（孟繁树）、《新使命新担当：抗战题材电视剧创作的现状与反思》（徐书婕）、《全球文化视野中的中国军事题材电视剧及走向》（丁亚平）、《军旅题材电视剧的五大元素》（杨洪涛）、《论当代中国军旅电视剧的发展与问题》（丁亚平）、《新世纪以来我国军事现实题材电视剧创作的反思》（胡辉）、《对近年来军事题材电视剧创作趋势的分析与思考》（文卫华、胡婉媚）等文章，及时总结电视剧的发展特点，直指弊病，为该题材电视剧更好的发展贡献建议。题材电视剧创作容易因其局限性造成同质化，"百花齐放、百家争鸣"的文艺创作需要打破陈规、开阔思路，赋予作品更深层次的阐释空间与理解维度。

二、大众文化的"复调"演绎

新兴媒体与传统媒体的优势互补、融合为一的运作理念与方式改变了传统电视类型节目的制作与传播，打破了原有电视节目受固定时段与平台播出的局限，承载新媒体的互联网平台既是拥有海量信息的多媒体平台，又是能够增强用户体验感，及时交流、发表个人见解的信息平台。尽管借助新媒体的传播特点和互动便利，电视节目的时效性、内容生产得到了有效优化，但"山寨"流行与海外电视节目引进也在某种程度上"摧毁"了中国电视节目的传统模式。以综艺节目为例，2016年是中国的综艺大年，各大卫视累计有400档综艺节目开播，涉及真人秀、素人选秀、歌手竞唱、游戏竞技等多个种类，涵盖面广、数量繁多，但其中高收视率节目集中于引进海外版权的节目。2016年，国家新闻出版广电总局发出《关于大力推动广播电视节目自主创新工作的通知》，就电视节目加强自主创新、电视节目海外版权引进的管理模式、920时段编排等作出了进一步明确指示。新规定限制了一线卫视对海外版权节目的引进，迫使各卫视转向原创节目，却因此使"山寨"海外电视节目出现。《神的声音》与《天籁之战》；*Produce 101* 与《偶像练习生》；《尹餐厅》与《中餐厅》；*Show me the money* 与《中国有嘻哈》；《三时三餐》与《向往的生活》；《无限挑战》与《极限挑战》……这些节目早已超越"借鉴"的范畴，2017年韩国放送通信委员会统计数据显示，至少有29档中国节目存在侵权嫌疑，面对韩国方面的质疑，中国方面并未给予回应。湖南卫视总监张华立2015年表示：

对于电视台来说,未来出现伟大原创的可能性非常低,除非咱们传统的电视台进行破坏性、颠覆性的制度改革。网络媒体在可预见的一到两年之内出现伟大原创的概率也比较低,除非把他们(互联网公司领导层)专注于技术的更新,专注于资本运营的心思分出来,给内容板块更加合理的制度安排和环境安排。社会公司在未来一两年出现伟大原创的概率也比较低,除非他们从现在流行的热衷于概念的、热衷于资本的急功近利的状态里解放出来。①

然而,事实并非如此,传承中国传统文化的原创爆款电视节目在全国掀起了收视热潮,《中国诗词大会》《中国成语大会》《朗读者》《见字如面》等原创节目口碑极佳,在全国范围内产生了相当大的影响力,这充分说明中国自主研发的电视节目完全可以获得市场广泛认可。迈入"互联网+"时代,电视节目数量之多、体量之大、规模之巨,引起了学界高度重视,相关研究的著作、论文浩如烟海。《把脉我国电视节目娱乐化"症候"》《境外电视节目形态本土化中的文化自觉》《中国电视节目的形态演变》《电视节目低俗化批判研究》等著作从整体上论述电视节目的发展演变,在当前电视节目的泛娱乐化现象严重的形势下,作认真观察、严肃剖析,为电视节目健康发展提供了学理支持和思想资源。

电视节目在媒介融合时代改变了原有传播渠道与终端,其题材类型、叙事元素、内容模式等更为多元化,在传播与接受之间与受众形成了有机统一。杨凯南、卜彦芳的《多屏视域下对电视节目运作的新思考》,叶思诗、周晶的《中国电视节目跨屏融合创新态势》都指出,跨屏融合与媒介融合催生电视节目形态正在不断更新,我们应强化电视节目的精品 IP 与版权意识;优化电视节目传播环节与传播生态,在跨屏融合中实现优势互补。从固定终端到移动

---

① 广电总局推动电视节目自主创新业内:山寨节目或流行[EB/OL].(2016-06-19)[2018-09-20]. http://china.cnr.cn/news/20160619/t20160619_522438111.shtml.

终端，在多屏竞争时代，电视节目应顺势定位，改变节目的制作方式与运营活动，针对不同屏幕终端进行系统化定位，开创电视节目在跨屏融合下的发展新格局。张蓝姗的《传统电视节目与网络自制节目的博弈与发展》，张智华、李金秋的《论中国电视节目与网络节目的互动与促进——以爱奇艺、搜狐、乐视等为例》都以传统电视节目与网络节目之间的较量为切入点，认为从内容上看网络节目是电视节目的必要补充，同时，网络节目的强势崛起能够反向促进传统电视节目在这场博弈中汲取网络节目的新鲜血液，相互渗透，提升信息技术与内容生产，从而获取新生。从中国制造走向中国创造的电视节目应更加注重正确价值观的引领、重视文化传承、强化公共服务，黄楚新、彭韵佳的《我国电视节目模式发展的现状与创新》，蔡骐、唐亦可的《电视节目模式：在全球化与本土化之间》着重论述经过多年的不懈努力，电视节目从独立研发走向联合研发，探索新的电视节目模式，利用本土资源、传达本土人文价值，真正实现"1加1大于2"的优质合作。

中国综艺电视节目在媒介深度融合的环境中，产业化运营初见规模，节目的制作编排与播放模式趋于成熟。中国综艺电视节目成为支撑收视率、铸造品牌的受大众欢迎的主流电视节目。中国综艺电视节目往往涵盖音乐、美食、竞技、喜剧、生活体验等类型。不可否认，飞速发展的综艺电视节目仍存在产业结构不合理、未能实现价值引领、艺术旨归稍显欠缺等发展短板。李翔的《电视真人秀体验式传播研究》与王小娟的《电视综艺节目的平民公共领域建设研究——以当代中国电视真人秀为例》重点以中国真人秀综艺节目为样本，进行具体化分析和定性研究，阐述了真人秀综艺节目的传播路径，提出了构建中国特色平民公共领域的具体措施。《浅谈2014年我国电视综艺节目的发展》(万钢)、《2014年电视综艺节目特点分析》(苗棣、毕啸南)、《2015年电视综艺节目的创新思考》(王晓红、姬蓓蕾)、《"极速前进"中的"极限挑战"——对2015年中国电视综艺节目的思考》(季静)、《2015年电视综艺节目竞争特征分析：繁荣与变局共生》(王莹)、《2016年中国综艺节目年度观察》(毕啸南)等文章以年度总结报告的形式对全年电视综艺节目发展现状予以观察、思考、总结，并对电视综艺的未来发展提供了建设性

意见。近年,慢综艺"异军突起",在以娱乐、搞笑、快节奏为主的电视综艺中,文化类综艺一直处于边缘地位,央视出品的《中国成语大会》《中国诗词大会》《中国汉字听写大会》等节目播出,深受观众喜爱。《文化原创力点亮民族文化未来——以央视几档综艺类节目为例》(李琳)、《陌生化理论视阈下的文化综艺节目创新》(喻江玲、黎藜)、《浅析原创大型文化综艺节目〈传承者〉的成功经验》(冷淞、张丽平)、《探析传统文化与电视综艺节目创新融合——以〈中华百家姓〉为例》(贾月)、《〈中华好故事〉:用综艺语言传承中华优秀传统文化》(隋津云)、《"慢综艺":电视综艺节目的模式创新》(殷俊、刘瑶)、《我国电视文化类综艺节目的媒介生态学审视》(李正良、田淼琪)等文章基于对热播文化类综艺电视节目的内容创意、传播效应、文化内涵的考察,讨论了文化类综艺电视节目文化魅力,指出它们创新了节目形态,有效搭建了公共文化交流传播平台。《网络综艺:互联网思维下的综艺新形态》(文卫华、楚亚菲)、《大数据背景下网络自制综艺节目的特征及趋势探析——以〈奇葩说〉为例》(唐英、尚冰靓)、《解析网络综艺节目中的"网感"》(吴位娜)、《当前我国网络综艺节目的发展现状及趋势》(刘翔云、曾一果)、《网络综艺节目过度娱乐化:问题、成因与对策》(张陆园等)、《形态创新:网络综艺节目特性与发展趋势——以〈明星大侦探〉为例》(邹欣、刘斌、吴闻博)等文章针对网络综艺节目的性质特点、生存现状、问题对策与未来发展形态等进行深入探讨。以"井喷"之势发展的网络综艺节目在数量与质量上实现了大跨步式的提升,内容生产力也不断增强,但在繁荣的表象之下,过度娱乐化的问题也不容忽视。随着对制作主体、播出平台进行网台监管标准的统一,网络综艺节目去芜存菁、去粗取精,专注于优质内容生产,坚守文化自觉。PC时代已经成为过去式,智能时代的网络综艺节目精准化、分众化、个性化的特征,使其更符合时代的逻辑需求,也为网络综艺节目革新发展指明了方向。

纪录片是艺术与文化高度集中的体现,相对于电影纪录片,电视纪录片拥有更广泛的受众群体,其从现实生活中选取典型,对信息与状态进行提炼、刻画,因此电视纪录片在内容选择、结构框架、叙事策略、文化视角等方面也更为直接。2012年，一部令全国观众"垂涎三尺"的纪录片《舌尖上的中国》，从中国饮食文化入手，深入观众内心深处的情感世界，继这部电视纪录片成功之后，《我在故宫修文物》《长征》《一带一路》等都引发了学界与业界的广泛关注。《镜头里的中国人——从〈话说长江〉到〈舌尖上的中国〉》（陈婷）、《基于新媒体语境下的电视纪录片融合创新之道——以江苏广播电视总台纪录片〈你所不知道的中国〉为例》（周凯）、《电视纪录片中语言和画面的关系——以纪录片〈梁思成 林徽因〉为例》（孟旭舒）、《浅析电视纪录片的价值——以央视〈舌尖上的中国〉为例》（杨议、王蕊）等文章，基于个案分析深入探究电视纪录片发展，分析纪录片的理念价值与形象塑造。电视纪录片是了解国民生活、体察国家国情、塑造国家形象的有效方式，《电视纪录片：塑造国家形象的有力武器》（王琦）、《电视纪录片塑造与传播国家形象现状分析》（武新宏）、《电视纪录片与国家形象"多元化"传播》（武新宏）、《"一带一路"语境下"丝绸之路"电视纪录片的跨文化传播》（张语洋、周星）等文章分析电视纪录片与传播国家形象、跨文化传播方面的关系，着重论述了电视纪录片对于塑造国家形象，传扬本土文化的重要性与可行性策略。"一带一路"为电视纪录片创作带来了新的发展与传播机遇，增强了电视纪录片的文化内涵，使其能够不断开拓市场，弘扬中华文化精神，进一步提升中国的国际影响力。此外，关于电视纪录片内容生产、叙事手法、发展态势的相关论文不胜枚举，《新媒体语境下电视纪录片话语方式衍变探析》（武新宏）、《历史记忆的再现政治：电视纪录片的"古村落"叙事分析》（季芳芳）、《电视纪录片故事化叙事手法研究》（王富祥）、《电视纪录片评论需要观照的几个维度》（中国电视艺术委员会评论员）、《借势登高：电视纪录片产业发展态势探析》（张凌霄）、《管窥当代电视纪录片创新发展中的"微"因素》（徐莹、倪祥保）、《地域文化对电视纪录片视听呈现的影响》（袁源洁）等文章，都从不同维度对电视纪录片进行观照，以期使艺术与产业更紧密地融合，不断激发电视纪录片在新语境下的生命活力，发出中国声音，传播中国价值。

三、新三网融合下电视产业的升级换代

社会进步、政策、体制、技术等诸多因素都可能影响电视产业的结构演变与调整，在新技术的出现与媒介融合的环境之下，电视产业的发展面临全新的格局调整与战略转型。我国传统电视产业主要包括电视剧产业、电视动画产业、纪录片产业、节目生产与交易产业、广播电视广告产业、传输网络产业、广播电视会展产业，随着媒介融合的不断深入，电视产业面临复杂且更加严峻的挑战。面对社会经济文化的快速发展，电视产业原有运营方式的经营管理停滞不前，资源开发有限，在互联网快速发展的环境中，电视产业不及时进行调整，会削弱其与其他媒体平台竞争的能力，减弱电视产业的创新能力。中国网络视听节目服务协会发布的《2018中国网络视听发展研究报告》指出，目前国内网络视频用户付费比例持续增长，在总用户中占比超过40%，观众愿意为网络内容买单，令网络剧成为观众娱乐刚需，这无异于分流了电视节目的观众。观众对电视的依赖性越来越低，电视节目的观众严重流失，某种程度上也使其电视广告收益大幅减少。电视产业对广告盈利模式的过度依赖严重禁锢了电视产业盈利模式的创新，阻碍了媒介融合的推进。相关从业者应创建电视产业健康良性发展的管理体系，顺应媒介融合的发展趋势，培养媒介融合型人才，优化广播电视经营模式，进而增强电视产业的创新性。

随着新媒体强势崛起，新旧媒体融合拓展了获取信息的渠道，革新了传播格局，增加了信息内容的丰富性，传统电视产业亟须借鉴新媒体的技术优势，在融合媒介的格局之下积极进行战略转型。《中国广播电影电视发展报告》（2015—2016）、《中国影视产业发展报告》（2017—2018）立足于整年度中国电视产业的整体结构，针对电视产业遭遇的市场、产业、舆论、风险防控等问题展开分析，并对未来电视产业的发展趋势进行研判。刘逸帆撰写的《中国广播电视产业资本运营制度研究》详细阐述中国广播电视产业资本运营制度的规制语境、发展阶段特征、困境问题与主要对策等，在经济全球化的风云变化之

下，深入中国电视产业媒介变革的深层问题，分析新媒体技术为电视产业发展带来的新机遇与新挑战，为电视产业研究开拓了思考空域。靳斌、罗弦合作撰写的《影视产业概论》从全产业链概述、制作环节、资本运作、发行放映与播出、衍生片与电影节、政策管理与行业规范、新技术引发的革命性变化七个方面解析了电视产业发展中的变化。此外，《集约 理性 多元 转型——2014年广播电视产业经营情况盘点》（李岚、黄田园）、《2015，中国电视产业的"四则运算"》《2016年电视产业新特点与新趋势》（陆地、靳戈）、《中国电视产业：危机中寻求转机》（李继东、赵京文）、《技术、资本与制度——中国电视产业数字转型的困局、条件与路径》（刘荃）、《广播电视产业发展的新格局和新趋势》（李岚）、《我国广电产业融合发展新问题与新着力点》（张允、董月婷、赵琴）、《供给侧改革：深化电视媒体产业改革的新路径》（刘红柳）等文章，都集中探讨与聚焦了体制改革、融合发展、市场竞争三大力量作用下电视产业的改革。有学者指出了电视产业供给侧结构性改革的路径：通过电视媒体产业结构转型优化供给侧结构性改革；通过向全媒体产业结构转型提供多元化的节目供给；通过挖掘自身的利他价值转变电视媒体的盈利模式，促成电视产业改革，促进电视产业服务水平的整体上升。中国电视产业改革已经取得一定的成就，电视产业规模稳步扩大、结构日趋合理；电视产业内容转型提质，专业化程度显著提高；媒体融合纵深发展，电视产业模式逐步形成。在未来，新形势、新任务将引导电视产业形成新动力、新消费、新业态，网络整合与智能化建设全面升级，也将使电视产业朝着产品化、精细化、精准化的方向发展，我们应继续打造智慧广电生态，促进电视产业转型升级，以形成新的发展格局。

电信网、广播电视网、互联网形成的三网融合打破了此前电视在内容输送与制作方面的传统方式，随着新媒体技术的广泛应用，三网融合在某种程度上发展为电视网、物联网和移动互联网的新三网融合。新三网融合之下的电视产业发展以大数据与云计算为基础，为受众提供个性化服务，从内容提供转型为数据管理，努力形成万物互联、云端互通的电视产业发展新格局。王斌在《电视产业大数据："能"与"不能"两面观》中提出电视产业可以利用大数据精准分析和预测受众喜好，让大数据参与制作，可以为电视剧锦上添花;及时精准地反馈以形成电视产业的"闭环";形成全新的盈利模式以提升节目商业价值,在海量信息中发掘有效的数据,向电视节目发展的各个环节提供建议性策略,实现对电视节目价值的深度开发。无疑,大数据只是一种工具,不能代替艺术创作,创作者更不能盲目跟风而形成思维定式。不仅如此,大数据的"不能"更体现在数据需要真实监督和数据应该协同共享上。大数据加速了电视产业的转型,积极合理运用大数据可以洞察用户需求,驱动电视产业链不断完善延伸。刘斌、邹欣在《大数据时代电视产业的价值网建构》中从大数据对传统电视产业价值链的冲击、由价值理论看电视价值链、电视价值网搭建三个方向出发进行了分析,最终得出电视产业应抛弃原有价值链模式,建立共享、合作和价值网的结论,并指出这将有利于电视产业的良性发展,为用户创造更高价值。在三网融合的环境下,数字技术、网络技术、显示技术的融合发展,多媒体智能终端尤其是互联网电视正以传统互联网和移动互联网为载体,迅速产业化、规模化发展,引发了电视产业在信息传送、内容生产、广告营销等方面的巨变。《我国互联网电视产业发展瓶颈分析》(孙江华、王晶、戴建华)、《互联网电视网络状产业链整合研究》(江虹、程琳)、《困局与变局——对互联网电视产业的思考与展望》(陈倩)等论文,分别阐述现阶段互联网电视产业的发展现状、发展之困、未来的发展趋势,提出促进互联网电视产业发展的建议,期冀借此促进中国互联网电视产业健康发展。面对纷繁复杂的发展环境,电视产业努力调整自身产业结构,以适应三网融合与数字技术发展所带来的剧烈影响。邬建中在《新三网融合背景下电视产业的转型之路》中从三网融合到新三网融合、从内容为王到平台为王、从人海战术到增加 ARPU 值、从经营城市到经营农村,探讨了电视产业的转型之路。刘荃在《技术、资本与制度——中国电视产业数字转型的困局、条件与路径》中提出,数字化引发的媒体革命改变了传统电视产业的发展模式,分析了电视产业的数字化努力、数字化困局以及数字化背景下音视频产业的生态变化,并据此提出宏观上电视产业各机构应树立大文化产业观念、中观上电视机构应克服传统产业模式的惯性、微观上每一位电视工作者都必须提高自己的全媒体素养三条数字化条件下电视产业发展的应对思路。随着新媒体的发展，电视产业亟待从管理体系、内容生产、经营模式、人才培养等方面及时做出调整，探索新兴业务，实现从内容到产品的转变。

媒介融合的发展终结了传统电视卫视"渠道霸权"的时代，电视内容产业获得了更广阔、相对独立的发展机遇。电视内容的制作模式有自产自销与节目外包，从业者应依托电视产业的传播优势，发挥电视内容的自主创新性，提升电视内容制作的水平，创作出具有明显标识和影响力强的节目品牌。沈华柱撰写的《发展与动因：中国体育电视产业研究》一书的研究对象为体育电视产业，对体育电视产业形成的历史和发展进行研究，并以CCTV-5体育频道为例，探究其发展的主要节点，寻找其形成和发展过程中的历史性动力，据此对体育电视产业发展规律做出了解释。王康在《互联网思维视域下的传媒产业变革——以电视节目产业为例》中指出，在网络社会中，生产成本、生产模式和产业链的变化对电视节目产业产生了深远的影响。从低边际成本到零边际成本、从一体化格局到网络状产业链、从封闭生产到大规模群体协作都为电视节目发展提供了有利条件，与传统电视节目相比，网络自制剧、网络综艺娱乐节目等具有更多样、更丰富的形态和互动分享功能；更符合广大观众的欣赏品位等重要优势。网络电视节目与传统电视节目分庭抗礼，相互竞争、共同进步并督促电视节目产业的整体进步。曹惠的《我国电视综艺节目产业链开发的优化路径》基于电视产业链角度，从内容为王、品牌运营、衍生片开发、版权运营、渠道拓展五个方面探讨电视综艺节目产业链开发的优化路径。刘琛在《电视节目创意产业发展路径研究》中分析了电视节目创意的产业价值、电视节目创意发展的产业环境与价值链构建，在此基础上提出了有效建设电视节目创意产业的发展路径：制定政策法规促进电视节目创意产业发展；完善市场机制推进电视节目创意产业运作；培养创意人才提升电视节目创意产业水平。近年来，以大投入、大制作、大营销、大市场为运营模式的高概念电视节目在中国电视产业中初露头角，战迪的《中国高概念电视节目的产业创新与文化博弈》以此为背景论述高概念电视节目在中国电视产业中历经模式引进、改编和本土创新三个阶段，并认为它正朝着模式输出的目标迈进。作者同时指出，高概念电视节目有助于电视产业的奇观化叙事，但高概念电视节目正处于起步阶段，在创新的道路上仍有许多不可规避的现实困惑与思想误区亟待在发展中去摸索突破。版权在电视内容产业发展中一直没有得到电视产业应有的重视，针对相关问题，邹举的《电视内容产业的版权战略》提出电视内容产业版权的三个具体实施途径：完善版权保护的制度安排、优化版权交易的市场机制、加强企业的版权经营管理。他认为："版权在电视内容产业的发展中有着重要的地位：版权保护是产业发展的法律前提，版权内容是产业经营的核心资源，版权交易是产业链的连接纽带。"① 在新技术发展冲击、管理模式不断革新、盈利渠道逐步拓宽、国家实施知识产权战略的背景之下，电视内容产业实施版权战略确实有极大的必要性。新三网融合环境为电视产业实现自身创新发展搭建了新平台，电视产业应积极采取针对性改善措施，提升自身运营能力与制作水平，以此推动电视产业健康持续发展。中国电视产业筚路蓝缕、蹒跚起步，力求在激烈竞争中求精、求细、求优，寻找突破，推进产业化改革，拓展新业务，优化产业链，于栉风沐雨中砥砺前行。

四、史论筑基：广播电视艺术学学科扫描与思考

中国电视事业自 1958 年起步到 2019 年已走过一个甲子，自 20 世纪 80 年代以来，中国的电视史学、电视理论研究和写作充满活力与使命感出现了前所未有的新局面。电视史论研究作为广播电视艺术学学科体系和学科建设的根基，中国电视史、电视理论研究取得的成绩为广播电视艺术学学科的全面性、持续性发展提供了新的思路和多元化的格局。随着电视产业全面健康的发展，广播电视艺术学学科建设也逐步完善，学界进一步对电视产业的相关问题进行了讨论和辨析，广播电视艺术学在研究领域、研究方法、研究水平上虽不断提升，但如何进一步完善学科建设，实现广播电视艺术学与当下的电视制作形成良性的互动关系还是值得我们进一步思考的。2015 年以来的中国电视史、电视

---

① 邹举. 电视内容产业的版权战略［M］. 北京：社会科学文献出版社，2015：摘要.

理论研究延续了多重视角并存的状况，以及分布与整体兼具的研究格局。史学观念的新变是电视史研究进步的不竭源泉，只有摆脱固有陈旧的史观的束缚，趋向多元化、多向度的电视史观的构建，电视史研究和广播电视艺术学教学才能稳步向前。学界应在史学观念更新、不断挖掘新史料的基础上，以全新的视野撰写更具客观性、科学性的电视史。理论研究作为电视艺术发展过程中的重要组成部分，需要学者以电视节目文本为中心，兼顾电视艺术活动和电视现象的理论评析、价值判断。电视理论研究是指导电视实践的先导，影响着电视节目的总体制作水平，决定着电视艺术在未来的发展前景与高度。电视理论与批评自身的多元化成为其显著特征，电视学术界的论坛和研讨会积极面对现实，针对当前电视产业发展中的新现象、新问题进行充分探讨，集思广益、深入开掘，使电视理论研究问题意识得到切实深化。互联网与媒介融合使电视产业的制作生产、传播方式发生了变化，在此基础上，学界坚持"百花齐放、百家争鸣"的文化创作方针，构建融汇多元化观念的电视理论交流平台，在坚守社会主义核心价值观和不断提高电视理论水平的基础上营造一种开放、宽松的学术气氛。

中国电视史研究不可避免地被纳入全球化文化视野，电视史研究如何挣脱传统的桎梏而另辟蹊径需要专业研究者夙兴夜寐，以其匠心独具的洞见不断开拓中国电视史学研究。"经典电视剧主创者口述历史及理论溯源"项目的理论成果是一套电视剧口述历史文丛，包含《蔡晓晴导演艺术研究》《张绍林导演艺术研究》《王扶林导演艺术研究》《潘小扬导演艺术研究》《仲呈祥影视理论研究》等，不局限于文本分析，具有一定的学术的史学价值与时代意义。历史研究有历史之机趣，既具有个体研究之"趣"又兼备整体探究之"机"，这是创新拓展影视学科和广播电视艺术学学科建设的重要方向。2015年，赵玉琦撰写的中国首部独著的中国电视批评史《镜像中国——20世纪中国电视批评史》问世，该书系统考察20世纪以来不同时期意识形态主管部门、学界、业界、商界、电视受众的话语演进及其对电视批评发展的影响。梳理电视批评话语权的流变史，厘清中国电视批评史的关键，穿越历史并还原20世纪中国电视批评生态景观，是有意义的。王彦霞所著的《中国电视剧创作史论》从马克思主义理论出发，以与美学历史相结合的"最高批评标准"对中国电视剧创作进行研究分析，从电视剧创作史论研究的理论平台、早期电视剧的一体化叙事模式、"文化大革命"后国产电视剧重振旗鼓、电视剧市场化的探索与管理四个方面关注国产电视剧的发展历程。王彦霞认为发现问题、总结教训、汲取经验是推动电视剧史研究，促进电视剧发展的前提与基础。2017年，罗姣姣以当下电视节目中最活跃的电视综艺为研究对象，撰写了《中国电视综艺发展史》一书。电视综艺的发展历史不长，但在电视产业中以急速发展、高收视率而引起关注与热议。该书通过梳理电视综艺的发展历史，分别从准备期、起步期、成长期、发展期、爆发期对电视综艺的每个发展阶段进行论述，同时，基于综艺电视发展的纵向历史变迁、横向分析探究，试图寻找综艺电视发展困境的成因与纾解策略。

中国电视理论逐渐摸索出自身发展规律，经历了向西方电视理论的学习和借鉴及本土化探索的阶段，虽然发展尚未成熟，但2015年以来在电视理论方面仍取得了令人瞩目的成就。近年的电视理论、艺术批评著作，显露了学者们直面电视发展中现实与挑战的责任和担当。电视理论相关著作选题涉及领域广泛、视角立意新颖，及时敏锐地反映了电视发展的全景。梁波撰写的《理论电视学》从重新认识电视、电视学及其历史沿革、西方电视相关理论图谱、中国电视理论研究概貌、理论电视学建构的路径、理论电视学建构的框架六个方面构建理论电视学的框架，并试图以此探讨电视的本质。张海涛主编的《广播影视行业组织的实践探索与理论思考》旨在改变广播影视行业理论成果数量少，质量不高，缺乏系统性，难以切实指导实践、发挥智力支持的现状。谭天的《融合与转型：重构中国电视》对媒介融合下电视发展以及重构进行深入研究，对融合方向、转型反思、未来重构加以详细论述，并提出新的理论观点：意义经济理论、媒介平台理论、节目空间理论、"体外循环"理论、网台理论以及"一体两翼"融合发展策略。该书描绘了未来电视产业发展的四种形态：新型电视、新兴电视、IP电视、生态电视，还总结了四项指导原则：融合原则、创新原则、发展原则、转型原则，期冀对电视产业的具体实践有所启发和帮助。在微观与具体研究上，关于电视产业、电视艺术等的探讨也成绩斐然。姜燕的《声音的力量——中国电视剧声音理论与创作研究》针对电视剧作品中声音的历史发展、理论发展、创作发展等问题加以分析，专业化水平颇高；朱荣清的《电视纪录片创作：理论、观念与方法》以扎实的理论功底、新颖的观念进行论述，对当前电视纪录片创作不无指导价值；张斌、王玉玮合著的《电视新闻生产：理论与实践》通过理论与实践结合的方式论述电视新闻生产；殷昭玖的《电视剧认同机制研究：基于精神分析与意识形态主体理论的考量》极具逻辑性、缜密性，在探讨电视剧认同机制的同时承认其具有两面性。电视学界对电视理论的关注的最终目的是指导实践，倡导不同类型的电视节目尽可能地运用电视的艺术形式和光影技巧，真实描绘社会生活中形形色色的人、五味杂陈的细腻情感，传递时代独有的最强音。

广播电视艺术是在20世纪伴随技术飞速发展而诞生的新兴学科，是艺术学学科下属的二级学科。进入21世纪以来，随着中国电视市场的不断扩大，电视产业快速发展，广播电视艺术学教学与研究也迎来其发展的黄金时期。当然，广播电视艺术学学科的迅速扩张在"浅阅读"的读图时代和"娱乐至上"的境遇下面临重大挑战，广袤的学域扩张并不等同于学科实现了伟岸学理的建构。20世纪80年代，自广播电视艺术学学科建设以来，中国电视史论建构仍存在许多沉疴亟待进一步研究改善，各地高校电视史论的研究存在发展不平衡、资源差异大、软硬件不到位等问题，建立完善的广播电视艺术学学科是一个逐步推进的过程，不是信手拈来的。电视具有大众传播媒介、影像语言、意识形态国家机器等多重属性，所以建立广播电视艺术学学科自有的理论范式是电视研究的必经之路，也是认识电视的"敲门砖"，更是确定广播电视艺术学学科研究的逻辑起点。电视理论来源于电视节目制作实践的升华，同时被用于对电视节目制作实践的指导。在过往的高等院校的教学工作中出现学生对理论知识的接受度与理解度远高于在实际实践中的操作能力的情况，学生拍摄作品无法达到课堂教学的预期成果，理论学习和实践能力脱节。高等院校在进行电视史论的传授时应当实现"研究—教学—实践"三位一体的教学理念，摆脱之前重理论、轻实践的局面，将研究与教学相结合，

彻底告别知识陈旧化、缺乏创新性、专业能力低下的尴尬局面。高等院校还应利用自身优势，为学生提供理论交流和实践的机会，加强理论学习的外延性和实践能力的创新性，在合理有序的教学工作中寻找理论教育与具体实践的平衡点，提倡优秀电视节目文本案例精读，扎扎实实地培育具有自觉创作理念的电视专业人才，以紧跟时代步伐的文化修养和造诣迎接全球化电视产业竞争带来的挑战。广播电视艺术学学科的教学工作现阶段主要以知识讲授为主，缺乏对学生个人自主性学习能力的发掘，广播电视艺术学研究方法需要知识系统完善的学者对其进行革新，也需要加强个性探索，勇于创新。教师在广播电视艺术学研究方法革新的过程中应注重提高科研能力与理论水平，更加深入、细致地投入电视史论研究，将谨慎的学术精神推广到更为全面的中国电视史论研究中，摒弃固有的定向思维，以客观性、包容性、建设性的态度，将中国电视史论研究推向全新高度。

进入 21 世纪以来，随着电视产业的改革，广播电视艺术学学科建设进入了跨越式发展阶段，2019 年有 218 所高等院校开设广播电视编导专业。专业人才是广播电视艺术学学科建设的主体，在专业人才培养的层次上分为学士、硕士研究生、博士研究生三个不同层次，广播电视艺术学教育须在优化整合电视教育资源的基础上针对三个层次的人才培养制定相应的培养方案，改变单一的教学方式和机械化的人才培养方式。首先，规范科学研究。广播电视艺术学学科要根据学科方向制定和设计专属培养目标和课程设置。由于高等院校的经费和投入不足，导致现阶段出现了教学同质化严重的情况，培养了越来越多的"雷同"人才，缺乏明确的学科界限。相关学科应树立"以人为本"的教育理念，真正将学生视为教育主体，充分尊重学生所学所选专业的差异性，陈旧教学应向点式教学转变。一方面，须在艺术学学科建设和本学科特色建设的基础上制定有据可循的规则，否则学科建设将缺少规范性和真实性；另一方面，学科知识的系统严谨、学科发展的明确目标、学科制度的规范条例成为广播电视艺术学学科建设的基本框架与建设方向。在这方面的建设应当主次分明，明确研究对象，严格划定研究范围，分清学科，从局部的不断健全发展促进广播电视艺术学学科的整体建设。其次，完善教学知识体系。"知识形成中发生的以获得和确立价值为核心的某种行为规则、模式得以确立和维持的过程。这一过程体现为学科知识生产和传播中的标准化、结构化和系统化。制度化的实质是对某种预期的价值通过一定的规则和模式加以确定和合法化的过程,也是把想象中的制度变成现实的制度的问题。"① 广播电视艺术学研究领域的日益宽广、电视研究和其他学科的不断融合促使广播电视艺术学科建立综合性专业体系,进行总体把握,构建适应社会发展需要和市场需求的学科体系。部分高等院校课程设计不合理,知识传授不系统,这成为其教学培养失败的重要原因。在互联网时代,信息获取的渠道不断拓展,史论教学应该成为一个战略性话题,硬件教学须向软件教学转化,根据教学对象积极改进教学方法。高等院校的广播电视艺术学教育应以学生获取完善、系统的知识为根本目的,但由于其中跨界学科较多,边缘化交叉学科的知识存在被弱化并最终导致广播电视艺术学教学与市场需求脱节的危险。高等院校在完善教学体系的同时应努力构建适应社会发展需要的学科体系,主动了解社会需求,作出具体的准确的定位,及时调整培养方案。最后,分层次定向培养。根据我国现阶段专业人才层次划分,高等院校必须调整其教育方式及内容,为本科生、硕士研究生、博士研究生制定不同的培养方案和培养计划,具体到研究生阶段的学科教育应按照学术型和专业型具体细分,不应合二为一。陈旭光教授曾提出史论教学中的三个重点——针对博士的学术型史论教学、针对本科和硕士的创意实践型史论教学、注重策划和创作的通俗评论型史论教学。在广播电视艺术学教育中,高校应改变传统教学方法,督促学生全身心参与教学过程,鼓励学生参加广播电视艺术学相关学术讲座和交流活动。高等院校有其他机构无可比拟的发现、研究、探索的学习环境,其教学责任就是充分利用现有资源培养人才,使广播电视艺术学人才通过对知识的探究和求索,培养并提高个人研究能力。

近年来,新语境下的中国电视的发展转型在当代中国的社会变动中产生

---

① 李政涛.教育学科发展中的"制度"与"制度化"问题[J].华东师范大学学报(教育科学版),2001(3):78.

了重要的影响。电视学术研究和理论批评在这之中也起到了显著的作用。电视理论与批评成为中国电视生产新力量、新机制的形成和塑造因素，推动着电视业各领域的全面更新，使中国电视人的知识、生产系统和思维方式发生根本改变，促进了中国电视生产和电视文化的拓展和深化，中国电视的存在状态和发展趋向由此变得截然不同，得以进入以新网络为中心的世界。2015年以来的中国电视研究"史""论"同力协契发展，电视史研究持续细化、深入，秉承"以史为鉴"为当下电视发展提供历史规律的参照与原则；电视理论多元化、跨学科发展为未来的电视产业前行提供理论支持；电视节目的国际化传播和国内创作成为学界的关注重点。广播电视艺术学学科的系统建构，需要国家相关部门、科研机构和高等院校的通力合作与持续努力。在中国经济崛起、经济文化全球化的时代背景下，广播电视艺术学学科和电视业的发展需要以一个长远的战略眼光整合目前的发展态势，了解并把握现状，进一步检讨得失，引领未来，以期中国电视发展能够在一个健康、持续的格局中稳步前进。

发掘大众传媒的文化与教育意义*

在媒介融合、电视传媒趋向发达和不断崛起的时代，大众传媒迎来了最绚丽的季节，其传播速度快、覆盖面相当大。笔者应《中国文化报》编者之邀，谈谈如何认识电视等现代传播媒介的文化与教育功能及内涵。

易帆：大众传媒越来越成为当今社会人们关注的热点。随着科学技术的迅速发展，现代传媒对人的思想与生活形态有着越来越大的影响与作用，但人们在离不开传媒，感到传媒的必要性的同时，对以声音和图像影响观众的现代传媒产生了困惑。请问，您如何看待大众传媒的价值作用？

丁亚平：人们一般说到的大众传媒，常常专指电视。广义的大众传媒，其实包含两种意思：一种指信息传播的管道方式，如无线广播、影视录像、电话传真、电脑网络、卫星系统等；另一种则指任何在人际交流活动中负载信息、含义的载体，包括报刊新闻、广播电视台网、影片、光碟、图书等。

电视作为现代媒介强力发展的代表，与近代世界的变迁和科技进步相同步。从某种意义上可以说，它已融进人们的生活，成了人类社会生存的组成部分；它改变了近现代世界，丰富了人类社会生活，拓宽了人们的视野，对社会文化与精神具有震击性的影响和强大的驱动力。

易帆：电视受众规模和传播的速度远非别的媒体可比，往往构成时尚、商业、意识形态的交汇，而直接导致大众追寻、效仿，对人们观察世界与解释生活发生模塑作用，因而准确把握与发掘它的文化意义很有必要。

---

* 本文原载于《中国文化报》1997 年 10 月 25 日。

丁亚平：电视使全球成为一个大村落，世界变得越来越小了。但是信息膨胀，电视节目平庸，从业者社会责任意识淡薄，对大众传媒的文化意义缺乏理解与自觉，是普遍存在、需要正视的问题。用文化的视点随时校正目前的问题尤显重要。

一方面，电视文本出现意识形态复杂化的局面，电视节目质量存在差异，部分电视工作者违反职业道德与工作纪律，对传媒正确的文化引导作用理解有偏差，以致造成非正常的舆论震荡；另一方面，图像与感官消费成为时尚，大众触目皆是被符号化的图像，使人们放弃了交流与对话的情感和深度，退到了一个"平面"上，成为一个个陌生而空洞的存在。这种现象的产生既与电视及其接受上的一些特性有关，也说明人们对电视之功能作用尚缺乏明确的文化意识，对电视传媒效果缺少正确的认识与有效施控手段。

易帆：针对上述问题，怎样才能全面树立电视传媒文化意识，形成一种良性的大众传媒生态环境？

丁亚平：大众传媒无疑应被视作当代文化建构活动不可分割的一部分。今天，我们重提电视传媒的文化性质，强调传播媒介和文化的关系，关键也是要努力解决大众传媒和当代社会文化活动的整合与矛盾，即要挖掘与强化电视传媒基于文化价值意义上的教育功能。

易帆：你说的电视传媒的教育功能有什么样的内涵？

丁亚平：电视已经成为社会文化生态环境的主导媒介，人们很自然地对它产生了种种评判与期望，这种评判与期望隐含着一种教育的全新视角与观念。我认为，首先，教育决定人的存在，教育使世界接近了人，也使人接近了人。教育决定着未来，决定着一个民族的历史与命运。因此，教育应该成为传媒文化的必然特征与内在要求。

其次，电视媒介的文化意义源自传播信息与作为受众的文化主体之间的互动与对话，其教育功能恰恰也正存在于这种互动与对话之中，因此，体现于传媒中的教育的含义是动态的、双向的、指涉一种文化关系的概念。电视观众看电视并非仅为消遣时间，也为增进知识、拓展视界，电视将观众带入人类优秀文化精神，促进观众对自身能动性的开发，并使之参与具有创新内容的历史传承。

最后，电视传媒面对公众与社会，需要认真负起自己的责任，而容不得粗制滥造、谋取私利等有悖职业道德的行为。在这里，没有敬业精神，没有全身心投入，没有虔敬之心与强烈的使命感，就谈不上自觉意识下的教育本质，谈不上努力去接续传统，满足青少年的文化与智慧的成长需要，谈不上让广大的电视受众求取发展，塑造文明，在完整的精神中生活、工作、对话与交往。

易帆：强调电视传媒的文化与教育的意义，可以帮助我们认识现代传播媒介的力量，从而使我们更有效地利用传播媒介影响与作用人们的价值观念和行为，克服缺失与偏差，勇敢地负起自身的责任。

丁亚平：是的。大众传媒的生存坐标需要建立于文化与教育的意义之上，这样方能寻得一个宽阔的现代价值观念体系，实现自己的最佳定位与结构选择。很显然，人们对电视传媒寄托热望，视其为一所学校，就是越来越自觉意识到它的文化、教育本质，而这无疑对世纪之交的大众传媒提出了更高的要求。现代大众传媒应不断提升自身素质，努力追寻人类生活的真实，着意对社会、自然环境和人的关系进行观察与表述，追蹑时代，弘扬传统，培养下一代"精神的成长"，努力构筑中国特色社会主义之大厦，其实都植根于对这种本质的理解。

国家话语、知识建构与学科共同体*
——论"戏剧与影视学"一流学科建设

在我国,"戏剧与影视学"学科建设历史传统悠长,学术积淀丰厚。在北京大学、北京师范大学和中国艺术研究院等综合高校与研究机构之外,不少艺术院校,像中国传媒大学、中央戏剧学院、北京电影学院,都师资阵容整齐、办学优势突出,在学科建设中发挥了艺术教学和研究的独特优势。

在"双一流"建设语境中,如何进一步加强"戏剧学"和"电影学""广播电视艺术学"整体性的学科建设,积极借鉴、吸收相关学科建设的特色成果和成功经验,加强认同,巩固"戏剧与影视学"学科科研、教学、创作的优势,不断创新,积极建构学科共同体,为创建国内一流、国际享誉的艺术学科提供思考及发展路径,值得我们进行思索。

一、整体性导向下的"戏剧与影视学"的一流学科建设

一流大学与一流学科的统筹发展相结合,使双一流建设与大学发展紧密结合,没有一流学科就没有一流大学,学科成为大学的细胞和载体,大学的内涵、特色、融合发展和学科的人才培养、科学研究和师资建设与制度保障构成了一致性。2017年9月,教育部公布了建设世界一流大学和一流学科的重点名单,即"双一流"建设名单,包括42所一流大学建设高校和95所一

---

* 本文原载于《戏剧(中央戏剧学院学报)》2018年第2期。

流学科建设高校，影响很大。国家重视学科建设，希望通过政策、经费支持，培养一批走在国际前列的学校和学科，为国家培养出更多人才，贡献更多的一流成果。

政府评价大学学科建设成效的内涵和方式逐渐形成了中国特色的综合性评价标准。教育部学位中心组织的一级学科评估，成为具有代表性的标准。这种评价标准包括师资队伍与资源、科学研究水平、人才培养质量、社会服务与学科声誉四个一级指标。但是，大学的功能与学科的功能并不是完全对应和一致的，由于学科性质不同、知识的分类与生产方式不同、学科功能的侧重点不同，大学发展和学科的评价标准和建设重点也有差异。

例如，中国传媒大学作为教育部直属的国家"211工程"重点建设大学，正式进入国家"985优势学科创新平台"项目重点建设高校行列，并居"双一流"建设中"戏剧与影视学"学科的首位。中国传媒大学在广播电视艺术学学科重点建设中国特色"戏剧与影视学"理论、数字创意与技术呈现、社会主义网络文艺创作与理论、中国学派影像创新实践、全球视野中的广播电视艺术学、未来戏剧与未来影像等6个方向。中国传媒大学的"戏剧与影视学"侧重于结合不同学科专业、不同类型和不同层次的本科和研究生培养以及新语境下艺术与技术的深度融合和交叉创新的特点，重视对本学科专业学生的政治思想、道德品质、身心健康等方面的具体要求以及在基础理论和专门知识方面应达到的广度和深度。

北京电影学院作为亚洲规模最大、世界著名的电影专业院校，也是北京市主管、国家电影局和教育部重点支持建设的艺术高校，曾被誉为"中国电影人才的摇篮"。北京电影学院虽然拥有"戏剧与影视学""美术学""艺术学理论"等3个一级学科，具有系统、科学的电影学科专业体系，却并未进入"双一流"学科前列。北京电影学院现有文学、导演、摄影、电影学和影视技术等5个系，表演学院、声音学院、美术学院、动画学院、管理学院、摄影学院、国际学院、数字媒体学院、视听传媒学院、高职学院和继续教育学院等11个分院及研究生院、人文学部、电影国际传播中心和培训中心，共计19个教学实施单位，涵盖了电影创作的每一个行当，囊括了电影创作的全部环节，是唯一能独立进行故事片创作的院校，其电影学学科重视内涵、特色，综合实力则领军全国，甚至可以位列世界前茅。

北京电影学院的前身中央电影局表演艺术研究所和中央电影学校成立于中华人民共和国建立之初。当时的创办者陈波儿等人倡议创办这样的一所电影学校，从教育的角度考虑，认为新的电影人应该知道老一辈电影工作者是怎么走过来的。她认识到，电影教育要进行启蒙教化必须使国家文化教育体制发挥长效，进而产生思想和政治作用。也就是，通过文化教育形成无产阶级的党性信仰，巩固无产阶级的意识形态领导权。这也延续了苏联的教育理念，"在人民教育方面……把学校由资产阶级统治的工具，变为……进行社会的共产主义改造的工具""为此目的，要利用国家政权的机关和资财"①。具体到电影领域而言，就对电影的教育及电影课程的教材编著提出了意识形态启蒙教化和国家话语的要求。陈波儿当年的助手程季华在1991年的《巾帼英豪四十春——追寻陈波儿银幕外的历史足迹》中，详细追溯了这一过程。1950年，时任电影局艺术处处长陈波儿负责协助时任局长袁牧之筹划创办中国自己的电影大学，做出了先建立表演艺术研究所，后经师资扩充形成高等院校的规划方案。陈波儿认为，中国电影教育的课程设置中应有"中国电影史"学科，在政治上对下一代进行"新中国来之不易"的爱国主义教育，在学术上让电影专业的学生受到"中国电影能够有今天的局面也来之不易"的教育。②可见，意识形态的国家话语与电影教育合一的启蒙教化要求从一开始就成为中华人民共和国建设的共性要求。

电影，特别是广义的电影（包括作为新闻传播载体的含义在内）渗透于社会、人类生活，成为人类知识的一部分。人类发明了电影，电影又改变着人类。电影甚至可以影响人的素质和人的性格。正是在这个意义上，从"新中国"时期到20世纪80年代的新时期再到新时代，人们把电影看作文化，赋予电影以教育的、宣传的、政治的诸多内涵，认为它具有无可置疑的政治

---

① 联共（布）关于宣传和鼓动的决议和文件[M].北京：人民出版社，1953：17-18.
② 程季华，刘小磊.病中答客问：有关《中国电影发展史》及其他[J].电影艺术，2009（5）：109.

意识形态的性质。学习电影，认识并探讨电影的历史，也是学习和探讨人类社会历史的一部分。电影学同任何一种学科一样，对于它的研究和教学都具有以史为鉴、从历史经验中汲取智慧的意义。虽然我们不能简单地将国家话语、意识形态与学科精神画等号，但是在"双一流"统筹发展中国家话语作为学科整体性联动提供必要的基础和前导，在新语境下是异常重要的。

在"戏剧与影视学"学科建设方面，各相关学校突出本学科的教学研究优势，一方面，着眼思想政治为本，重视自身的传统和对上一代老戏剧家电影家的资源开发；另一方面，着眼于老文史专家在中国传统文化、中国传统美学方面的资源。充分将戏剧与影视创作作为学生学习的第二课堂，同时加强学科建设。过去，老师和学生去外国学习，和外国学者交流的机会很少，所以在观念上十分落后，但是改革开放特别是进入21世纪以来，在戏剧和电影电视学学科建设方面，各高校首先突出政治、文化和艺术结合方面的优势和效能，在课程设置上注重对当下戏剧影视现象的关注是必然的。通过学科整合交流与学科整体建设增强自信心，促进"戏剧与影视学"专业培养，会使学生更上一层楼，国内学科建设也会得到进一步的发展。

当今中国"戏剧与影视学"学科多元化与结构化并重，戏剧与影视显现着自身很强的意识形态属性和整体性导向，对社会特别是年轻一代具有强烈的潜移默化的功能，在新时代的发展环境中，这种社会功能势必会不断增强。针对"戏剧与影视学"学科当下的发展，各高校提高认识，把传统的戏剧与电影电视学优势细化，在国家话语引领下成为一种极具差异性的选择，是必然的。加强科学思维，在跨学科方面有所建树，同时推动"戏剧与影视学"一流学科的整体建设，具有历史和现实的双重意义。

二、知识建构和"具有生长的可能性"

中国艺术研究院于1982年首次招收的电影历史及理论的硕士研究生，正如有人所说，"不论在中国教育学科建设上还是在电影学科的本科以上学校教育上，这都是中国第一批电影学硕士研究生"。①1993年，在时任北京电影学院院长沈嵩生的支持之下，中国艺术研究院在国内率先获得了电影学博士学位授予权，转年开始招收中国第一批电影学博士。谈到中国艺术研究院电影学科，不能不说到作为中国电影学科建设的奠基者和中国艺术研究院的电影研究生教育的拓荒者李少白先生。李少白以其认真严格的做事方式、扎实的专业功底、严谨求实的学风，先后开始了中国第一批电影学硕士和博士学位研究生的培养，其直接指导的电影学硕士、博士研究生及进修生等有20多名，为中国电影史研究培育了众多人才。

20世纪80年代，李少白为中国艺术研究院申请到了全国第一个电影学硕士点之后，录取了陈犀禾、钟大丰这样一批电影学硕士生，当时他所面对的教育对象，并不是年幼无知的孩童，或者仅限于受过一般性大学教育的学生，而是曾在一个极端化的年代中历练成长而具有丰富个体思想的成年人——陈犀禾当时已经三十出头了。在教育学理论中，个体发展是一个非常复杂的活动过程。无论是生理发展还是心理发展，都处于由低级到高级、由简单向复杂的不断的矛盾运动之中。②从这个角度来说，无论如何，有志于从事学术研究的年轻人都不可能是一张任人涂抹的白纸。对于学术型的学生，教学应注重学生科学研究能力的培养，这就要求教育者传授切实可行的研究方法。彼时，李少白在电影史写作和史学研究方面积累了较为丰富的经验，取得了许多成果，在转型为教育者之时，能够传授给学生的内容异常丰富，但是他并未采取传统的灌输式教学。经过深思熟虑，在教育方面"半路出家"的李少白深切地认识到，必须在充分考虑学生的个性、才能和自主性的基础上，因材施教。因此，虽然他一贯认真严谨，但仍采取启发式和发现法教学，积极引导学生，以达成教学的效果。这或许可被视作李少白史学教育的思想方法论的重要内容。

---

① 高小健. 中国电影学术：开拓、发展与建构：李少白先生电影理论再学习［M］//丁亚平. 电影史学的建构与现代化：李少白与影视所的中国电影史研究. 北京：中国电影出版社，2012：397.
② 王彦才，郭翠菊. 教育学［M］. 北京：北京师范大学出版社，2010：54.

启发式教学是指教师在教学过程中以学习过程的客观规律为依据，从学生的实际出发，通过充分调动学生的积极性和主动性，使其自觉地进行学习的教学指导思想。启发式教学是建立在对学生个体性的承认的基础之上的一种方法。每个学生都是独特的个体，世界著名教育心理学家霍华德·加德纳（Howard Gardner）教授认为："如果我们以多元智能的观点来看孩子，我们会发现，每个孩子都很有天赋，都有属于他自己的兴趣和学习方式。"面对这样千差万别、背景各异的教育对象，在具体的教学过程中，应从学生的实际情况出发，切实甄选所要传授的内容。美国人本主义心理学家卡尔·罗杰斯（Carl Rogers）认为，传统教学只重视传授一些陈旧过时的知识，不能适应当代急剧变化的社会需求，因此他提出了"非指导性教学"的主张。所谓"非指导性教学"，是指学生通过自我反省活动及情感体验，在融洽的心理气氛中自由地认识自我、表现自我，最后达到改变自我、实现自我的目标。罗杰斯强调，"非指导性"仅仅是对传统的指导性教学的否定，并不等于取消指导。非指导性教学重视作为个体的学生自己生长的可能性，在非指导性教学中，教师的角色由指导者变成了促进者。① 对孩子的教育尚且如此，对本身便具有一定的知识积累，并有志于进一步从事电影学研究的年轻人，更应如此。因此，尽管李少白并非科班教师出身，但丰富的人生阅历、充足的知识和经验赋予了他敏锐的洞察力，他将探寻的目光看向了自己的每一个学生，发现其优势和特长，并加以悉心引导。若干年后，游学美国多年并任大学影视学教授的鲍玉珩在回忆当年电影研究生学习生活时曾道："亏了少白恩师不弃，且时常鼓励；他好几次和我谈话，以及给我补课，开小灶，特别教我如何读书。他拿出自己的读书笔记让我看，说：'要想做到开卷有益，不但要多读书，而且要勤记笔记，写出心得体会，不要当书呆子。'"②

北京电影学院教授、博士生导师钟大丰提起当年的学习经历，也仍然满怀敬意："我喜欢启发式的教学，这一点是受我的导师——李少白老师的影

---

① 王彦才，郭翠菊.教育学［M］.北京：北京师范大学出版社，2010：279，433，265.
② 鲍玉珩.严师与诗人之心：少白老师教我做研究［M］//丁亚平.电影史学的建构与现代化：李少白与影视所的中国电影史研究.北京：中国电影出版社，2012：39.

响。李老师一直很支持我独立思考问题,他可能不同意我的思想方法和观点,但他会对我的观点提出一些质疑,从他的角度来提供帮助,并且告诉我还需要解决什么问题。这样的交流就提醒我,一定要想到可能的反面的意见,并且思考怎样才能驳倒这些意见。对我的学生,我也是这种教学方式,尽可能地把我的方法、角度提供给学生。学生觉得我的角度没有价值,可以不接受,也可以用别的方式来认识。但是我至少要告诉学生,看这个问题应该注意到哪些方面,这就是启发引导,而不是大包大揽。"正确、良好的教学方式是培养人才的前提,对于并非"显学"的中国电影研究来说,学科的发展更加依赖优秀的研究人才。教育学的发展早已证明,学习不是简单的学生被传授知识的过程,而是学生建构自己知识的过程,在这个过程中,学习者并不能等同于被动的信息接收者,而应当是主动地建构信息的意义的人,这种建构不可能由他人代替,只能由学习者自己完成。启发式教学将学生视为认识主体,让学生掌握学习的主动权,强调学生的积极性和主动性,以培养学生自主学习、独立思考的能力为根本目的。启发式教学不仅是李少白成功的史学教育的基础,也是切合我国电影史教育现状的可行之道。所谓发现法,则是指学生在教师的启发引导和帮助下,借助一定的学习材料主动去探索,自己去发现新的知识或独立寻求解决问题的方法。这种方法不把知识和结论直接告诉学生,而是通过给予学生一定的研究课题,让学生在研究过程中,自己去寻找、发现。20世纪90年代上半期,李少白申请到了电影学博士点,在对博士的培养过程中,他便采用了发现法。当时,笔者有幸成为国内首届电影博士生,师从李少白先生。刚入学,即被指定负责20世纪40年代的电影研究(1945—1949),笔者在当时难以理解这一分派,只能硬着头皮做下去,但经过一段时间的认真研究之后,收获颇丰。时隔多年,每每回忆起这段博士学习经历,笔者不禁感慨:对于老师这样的安排,当时觉得不感兴趣,只是服从安排,但是浸淫电影研究多年之后,愈加体会到老师当年的远见卓识——对于有志于电影史研究的年轻人来说,对自己适合研究的领域未必真正了解多少,尤其是跨专业学习的研究生在这方面会遇到更多问题,相应的,浪费的时间也就会更多,而作为一名经验丰富的研究人员和教育者,为了能够对学生有更为清晰的认知，因材施教，此举虽然有"强迫"之嫌，但在实际的操作中，却可以减少学生在自我认知中所花费的大量时间，不失为一种高效的教育方式。教师依据学生的性格、长短和能力指定课题，使学生在研究过程中掌握学术研究所需要的基本方法，培养其研究问题的能力。发现法从更加宽泛的意义上，为"因材施教"提供了别具一格的阐释，是李少白史学研究与教育方法论中的重要内容。"在所有影响学术绩效的因素当中，教师对学生的在校经历影响最大。"在中国艺术研究院这一特殊的研究与教育机构中，教与学、科研与教育都有着千丝万缕的联系，许多学生本身就是具有一定社会身份的科研人员，并在学习过程中承担着一些研究课题，这也使得学生与教师之间的关系尤为紧密。在科学研究中，思想方法或许种种多样，但严谨的态度始终是治学的必要前提。李少白治学严谨，甚至达到苛刻的程度。在其学术理念的引领下，电影学研究和教育中出现了教学相长的盛况："教"不敢轻易懈怠，"学"不得投机取巧，师与生都在下苦功夫，取彼之长，补己之短。由此，他培育出了一批扎扎实实做学术、认认真真搞科研的专业人才，使中国艺术研究院在电影学特别是电影史研究方面处于学术前沿地带。

李少白生前在一次与上海大学师生的座谈会上，特别向在座的研究生提出，要学会"自我设计、自我实现、自我超越"，不断追求知识建构的更高境界。事实上，中国艺术研究院的影视学科教育之所以在国内影视教育界独树一帜，富有先导性，与此存在关联，而影视学科教育发展的极具生长性与快速延拓的历程，也是这一口号的最佳注脚。

三、"想象性"建设、塑造身份与学科共同体发展

在一些学校，无论是本科教育还是研究生教育，在教育目标和具体的教育培养方面，既没有具体的分专业教育，也没有针对不同的学习阶段做到分阶段教育。这样的教学方式若不改革，培养人数再多，学科发展再快，也会缺少一角，不能算完整。中国艺术研究院在这方面有其传统建构的长项和优势。

自 1951 年起，中国艺术研究院（前身为中国戏曲研究院）戏剧戏曲学在

以著名戏曲理论家张庚为首的学者团队的带领下,形成了自己的研究特色和传统,建构了全方位的戏曲理论研究体系,将戏曲学术研究提升到了一个新的阶段。戏剧戏曲学专业是国务院学位委员会批准的中国第一批博士学位授予点,专业依托中国艺术研究院戏曲研究所、话剧研究所和曲艺研究所。兼容"话剧(戏剧)学"和"曲艺学"的学科内容与研究方向,戏剧戏曲学科结构更显丰富,特色鲜明。近年来,戏剧戏曲学科全面发展,研究和教学在传统史、论基础上调整和增加了20世纪戏曲学术史、戏曲美学、比较戏剧、少数民族戏剧、戏曲创作论、戏曲民俗学、中国曲艺史、曲艺理论、曲艺批评、曲艺学等教学方向,同时有戏曲表导演实践类专业教学与培养方向,研究生教育趋向全面。戏剧戏曲学有戏曲研究所、话剧研究所、曲艺研究所的专家及科研人员,其中有研究员(教授)11名,副研究员(副教授)13名,助理研究员(讲师)12名,除3名外其余全部具有博士学位。戏剧戏曲学学位授权点近年主持科研项目32项,其中国家社科基金项目及国家社科基金艺术学项目7项,省部级社科基金项目18项,参与其他科研项目7项,在该方向培养的师资数量满足了戏剧戏曲学研究生的培养需求,师资队伍梯队比较清晰,科研基础扎实。

中国艺术研究院图书馆(今名为艺术与文献馆)所藏戏剧戏曲资源丰富,为学科的研究和研究生培养提供了良好的条件。戏曲类收藏的各类戏曲文本,版本珍贵,藏书家傅惜华的戏曲、曲艺等藏书享誉海内外。另外戏曲音像丰富,涉及200多个戏曲剧种,藏有清末以来的戏曲唱片30,000余张,还藏有涉及64个剧种的1080盘戏曲地方录像等,其中有的戏曲已成为绝响。

中国艺术研究院影视学科学位授予点是中国电影学研究生教育的摇篮,是国务院学位委员会批准的中国第一批电影学硕博士学位授予点,专业依托中国艺术研究院电影电视艺术研究所。2005年,该学位授予点由电影学扩充至电影及广播电视艺术学。随着2011年"戏剧与影视学"被调整为一级学科,影视学进一步明确设立了电影学和广播电视艺术学两个二级学科方向。影视系的人才培养、学科专业建设方向准确地指向了艺术研究、艺术教育、艺术创作等方向,明确了构建艺术智库、服务社会的目标,形成了比较清晰、完整的教学体系。中国艺术研究院影视系业已发展为集影视教育、影视研究、影视创作于一体的教研阵地，在我国影视教育领域内确立了基础性的教研一体化的代表地位。中国艺术研究院电影学最强的是电影史研究与教学，在中国电影史的大框架体系下，下设史料学、电影史学等分支学科，使中国艺术研究院电影学建设成为一个庞大的学科体系，进而使其在电影美学、电影批评等学科方面获得特色化发展。

影视学科学位授权点截至2018年共有教师15名，其中研究员（教授）11人，副研究员（副教授）4人，具有博士学位的教师10人。师资队伍中年龄结构、学历构成和专业职称均趋于科学合理。教研团队已完成国家社科基金艺术学重大项目"中国电影海外市场竞争策略可行性研究"，集体项目还有国家社科基金重大项目"中国社会科学词条库（影视）"以及院级重点课题、多卷本《中国电影大典》《中国电视大典》，此外近年个人还承担过20余项国家及各类研究项目。

影视所所藏20世纪20—50年代的电影期刊约有2776册，其中有《联华画报》（1933—1937）、《电声》（1934—1938）、《良友》（1926—1935）、《青青电影》（1934—1951）等，还有《申报》《电影时报》等30年代报纸的索引。这些资料同时包括1949年之前及中华人民共和国建立初期的珍贵电影报刊。影视报刊文献是本专业学位授权点所独有的，也是专业教研与学习的重要的资料基础。

与有些学校"戏剧与影视学"学科的分类不明晰相反，长期以来，中国艺术研究院的专业培养目标明确，学科优势突出，针对学科自身规律和特点，以及中国艺术研究院学科发展格局和学术之长，确定研究方向，形成"史、论、评"相结合的学科结构。

在教学理念与培养目标方面，中国艺术研究院"戏剧与影视学"学科一贯较为注重对于基础理论的教研与学习，努力增进对戏剧影视本体方面的研究和培养，使学生的理论基础更为扎实，同时在研究和教学上加强对实践性的方向的专业培养，提高学生在戏剧导演、编剧、影视拍摄方面的学习能力以及在影视基地与剧组实地调研的能力，使对学生的学术理论水平和实践水

平的培养更为均衡，落实"硬件条件—科学基地和软件条件—人才队伍并举发展"的教学思路。

中国艺术研究院"戏剧与影视学"学科的专业方向及课程设置，有其持续的学科建设目标。目前戏剧戏曲学有"戏曲学""戏剧学"和"曲艺学"三个专业。2018年，戏曲学硕士点设中国古代戏曲史、近现代戏曲史、中国戏曲批评史、戏曲文学研究、戏曲人类学、戏曲创作演出研究、戏曲文化传播、戏曲文献整理与研究等方向。博士点设戏曲史学、戏曲文化学、戏曲社会学、戏曲表演艺术研究、戏曲剧种研究等方向。话剧硕士点设现代戏剧史论、中国当代话剧研究、编剧理论与技巧研究、东方戏剧艺术等方向。博士点设中国当代话剧研究、现代戏剧史学等专业方向。曲艺硕士点设中国曲艺史、曲艺理论、曲艺史论、曲艺批评等方向；博士点则设曲艺学（综合）的研究方向。电影学专业及课程主要情况为硕士点设电影理论、中国电影史研究、中外电影比较研究、港台电影研究、电影文学改编研究、电影影像叙事研究、电影批评、类型片剧作研究等方向；博士点设中国电影史研究、华语电影研究、表演艺术与导演理论研究等专业方向。广播电视艺术学硕士点设电视批评、当代电视剧研究、电视剧编剧研究、外国电视研究等方向；博士点设电视理论与批评研究、中国电视剧批评研究等方向。在这些基本专业及课程设置之外，中国艺术研究院进一步细化、拓展系外选修课的内容，同时增加数字媒体技术、摄影基础、剧本写作等实践创作方面的科目，着力培养学生的影视创作能力，并兼顾艺术门类的选修课，增设与其他艺术学科、人文社会学科的相关交叉学科的课程。此外，中国艺术研究院针对博士课程开展主题讲座，以讲座形式支持教学工作。

2018年时，增加并拓展实践方面的学习和研究是中国艺术研究院影视学科建设发展的"当务之急"。除应在课程设置、文献阅读方面增加相关内容之外，还可以与国内外的影视基地合作，给学生提供进行实地调研或实习的机会，这一方面能培养学生的实践操作能力，一方面也可增进学生对电影行业的了解，以提高他们的研究水平，使他们能够在电影电视学术研究和实践两方面更为均衡、全面地发展。另外，充分利用中国艺术研究院多学科门类艺术的特色,丰富学生们对于其他艺术门类的涉猎和研究,鼓励学生进行影视学与其他艺术门类的交叉研究,探究电影电视与其他艺术门类的联系与区别,就能形成中国艺术研究院更为鲜明的特色研究样态。

中国艺术研究院的"戏剧与影视学"的教育仅限于研究生教育。据调查,在不少高校存在对本科生的综合能力培养不够的情况。戏剧影视专业的学生,大部分情况都是因个人的兴趣而学习,学校没有做到统筹管理。课程设置也以借鉴其他学科为主,专业性不强,且师资力量缺乏、专业性不足。

一些学校资源分配不均匀,学科建设差距大。一流学校与普通学校的教学差距太明显。艺术学升格门类后,"戏剧与影视学"成为一级学科,有利于学科理论研究的发展,在出现一批原创基础的理论创新人才的同时贡献一流的成果,但需要通过反思、比较,取长补短,打造真正的学科共同体,在此基础上引领新时代中国艺术教育和戏剧影视科研的跃升。各高校应注重创新、开放、共享,扩大规模、加强交流,建立一流教研体系与合作机制,在支撑创新驱动发展战略的实施的同时,整体性地促进学科建设和学生培养更上一层楼。影视学的共同体建设,为确定学科规范、制定学术标准、引领学科创新、形成中国特色世界一流的"戏剧与影视学"中国学派开辟了道路。

四、教育的"神韵"与结构化

2015年8月,中央全面深化改革小组审议通过《统筹推进世界一流大学和一流学科建设总体方案》(以下简称《总体方案》)。这是我国继"211工程""985工程"之后的教育领域改革的重要文件之一,也是我国高等教育从国家层面推动大学发展的"顶层设计",体现了由中央政府直接主导并统筹实施的教育发展战略,旨在推动一批高水平大学和学科进入世界一流行列甚至前列。从我国大学发展的进程来看,《总体方案》不是"双一流"建设的"起点",而是一种"再出发"。

值得注意的是,《总体方案》中明确提出了"建设一流师资队伍""培养拔尖创新人才""提升科学研究水平""传承创新优秀文化""着力推进成果转化"五个方面的建设任务。广义的教育,泛指影响人们的知识、技能、身心健康、思想品德的形成和发展的各种活动。但是,在笔者看来,教育是一种公共性的活动,它离不开人的参与,又需要一定的社会空间。在根本方向和意义上,各高校要进一步加强对教育"神韵"的把握。这样的包含高质量反思的学科建设和根本意义上的教育结构化,指涉一种伟大的伦理精神,与学生个体成长发展的经验资源密切相关,在意识和潜意识中引导着教师的行动,代表着一种理想倾向,发出足以照亮人心的思想光芒。

教育是传递社会生活经验并培养人才的社会活动。教育兴则人立,教育强则国强,教育不是支票,不是迎合,而是强国之道,成功的教育是人类伟大的目标!

"双一流"并不是一种永远给定的特性。人们的认知、评价难免处在一种矛盾、反复和不确定的状态,人们一心想要定义的不是什么是"戏剧与影视学",不是何为富于创造力,不是如何从更高的层面看问题,而是什么是"一流"。国家的某些特殊管理方法与标准是既可以在"戏剧影视学科"中发现,也可以在学科之外的很多地方找到的。任何一个相信可以根据这类特殊的方法或标准来定义"一流"的人都必须面对下述问题:学科教育在拥抱人类共同文明价值观理念的前提下,应以何种形式来实现学科互动?这是一流学校并存、一流成果相通、一流教研交融的问题。保持头脑开放,目的是让更理性的决策头脑处于主导地位。"双一流"建设引发的热议不会很快褪去,它会影响到整个当代教育史的书写。

关于戏剧影视历史剧相关观念认识的问答[*]

历史剧创作是现当代戏剧与影视创作中一个很重要的类型。在此类型剧的创作过程中,创作者的创作观念和方法存在着许多相异乃至矛盾之处,由此,许多研究者对历史剧相关观念一直存在着争论。围绕着这些争论,《戏剧》杂志的编者进行了认真的梳理,将其中的一些主要问题归列出来,特邀丁亚平教授和胡志毅教授、赵建新教授以问答笔谈的方式进行论述,期望以此来呈现当下对历史剧多维度、多层面的认识,并积极促进历史剧创作与研究的发展。

一

关于"历史剧"的名称问题。这个名称沿用了很多年,对此的争论也有百余年。之所以争论不休,您认为是否因为这个名称自身存在着悖论?您觉得怎样命名更为合适妥帖?其实,这也牵涉到正本清源、如何为历史剧命名的问题。那么,进一步具体讲,您认为什么样的戏剧影视作品才能被称为"历史剧"?

胡志毅:历史剧,又名史剧,其名称约定俗成,似乎无可更改。

丁亚平:历史剧的名称之所以引起长期的争论,既因为它特定的概念内涵言人人殊,更因为它的边界有溢出效应。"历史剧"的命名是根据题材和内

---

[*] 本文原载于《戏剧》2022年第1期,与胡志毅、赵建新合作。

容将戏剧影视作品进行划分的一种方式。广义上来说，任何以某一时期的历史故事和人物为蓝本的戏剧影视作品都可以被划入历史剧的范畴。而从狭义上讲，"历史剧"中所表现的"历史"有其具体性，应该是客观真实地存在于过去的人类社会中的，有一定的时间、空间和条件的，所以只有尽可能还原历史真实的戏剧影视作品才可以被看作历史剧。这就要求，能被称为"历史剧"的戏剧影视作品必须是以客观而具体的历史事实为创作基础的。

胡志毅：戏剧中的历史剧称谓大致可行。影视剧中历史题材的作品，有一类大致可被称为历史剧，如莎士比亚的历史剧（chronicle play）实际上是编年史剧，《约翰王》《理查二世》《亨利四世》（上、下）、《亨利五世》《亨利六世》（上、中、下）、《理查三世》《亨利八世》等。中国历史剧是进入 20 世纪以后的一种现代性产物，郭沫若的《屈原》、田汉的《关汉卿》，戏曲中的《曹操与杨修》等可被称为历史剧。电影中，陈凯歌导演的《荆轲刺秦王》，谢晋导演的《鸦片战争》等，电视剧中的《大秦帝国》《汉武大帝》《努尔哈赤》《走向共和》等也是历史剧。戏说历史的一类不可被称为历史剧，如《戏说乾隆》《戏说慈禧》等戏说剧，或者像宫斗剧《甄嬛传》《芈月传》等，把一部帝王的历史看作一种传说中的宫斗史，拍成宫斗剧，似乎也不能被称为历史剧。

丁亚平：需要注意的是，历史剧本质上来说依然是一种艺术创作，因此在以具体、生动、可感的形象真实、客观地展现历史事件和人物的同时，应当因时代观念改变而改变，重视其溢出效应及其范围，注意运用鲜活的创造力和艺术化的表现方式，适当地对历史进行艺术加工，以此增强历史剧作品的时代性、艺术性和可看性。

赵建新：中国艺术家对历史题材格外情有独钟，这似乎和中国人对自己的历史格外重视有关，没有哪一个国家像中国有二十四史这样的正史典籍，更不用说历朝历代还留存下那么多野史和杂史。而且，历史书写自古以来就被我们当作一种非常严肃的政治行为，所谓"在齐太史简""在晋董狐笔"，这些为真实历史秉笔直书而不惜牺牲个人生命的行为，在几千年的中国传统社会中凝聚起了一种文人道统，充满了悲壮的殉道意味。到了太史公司马迁，更是把写史当成一种探究宇宙人生的哲学行为，正所谓"究天人之际，通古今之变，成一家之言"，使写史具有了一种形而上的色彩。中国历史的复杂性在某种程度上造成了历史剧创作和研究的复杂性。与话剧与影视相比，戏曲艺术中的历史题材最多，这和戏曲艺术产生和发展的社会历史环境有关。有学者认为，理论界之所以对"历史剧"问题争论不休，是因为"历史剧"这个名称，所以，就应该像哲学上的"奥卡姆剃刀"一样，把这个名字剔除，而冠以"古装剧"之名。没了"历史之名"，就没人再以"历史之实"要求剧作家了。这种说法看上去具有以简驭繁之功效，但实际上是一种避重就轻之举，换个名字，并不能一劳永逸地完全解决这一题材领域中出现的具体问题。

二

关于"历史剧"类型的问题，您认为历史剧的类型该如何划分？又该分为哪些类型？对迪伦马特的"非历史的历史剧"又该怎么看待？

丁亚平：关于"历史剧"的类型，一般按照广义上的"历史剧"的概念，大致可将历史剧划分为三种类型：第一种是尊重历史真实的"正剧"类，此类一般遵照主流或正统的历史叙述，用现实主义的创作手法，复现历史的一幕，对波澜壮阔、恢宏复杂的历史进行多重奏般的表现。无论是剧作之荦荦大端还是剧情之区区细节，几乎都有其历史根据，显示着历史的本来面目。第二种是"野史"类，这类历史剧择取的是非官方记载的历史文献中的故事，在真实的历史背景下，对于正史中没有涉及的历史和古人日常生活进行演绎，这类历史剧几乎可以无限自由地穿透任意空间场景，往往格外能引发观众的兴趣。第三种是注重艺术表现的"戏说"类，"戏说"类的戏剧影视作品，虽然有真实的历史依据，以历史事件和历史人物为切入点，但是在创作上，为了强调艺术性，洞察人性的幽深，剧中的主要故事情节和人物设置有其悬浮性，会在一定程度上脱离真实的历史。

胡志毅：历史剧的类型可被分为历史剧和历史故事剧；神话剧与历史剧；正剧和戏说剧。莎士比亚的历史剧是一种编年史剧类型，如《亨利五世》《理查二世》等 10 部剧，不仅塑造了福斯塔夫等生动的虚构形象，也和莎士比亚的悲剧有联系。马丁·艾斯林将《亨利五世》称为英国的"国家的仪式"。布莱希特的《伽利略传》是一种史诗剧（叙述剧）类型；中国的历史剧也有其类型，如郭沫若的六部抗战历史剧，《棠棣之花》《屈原》《虎符》《高渐离》《孔雀胆》《南冠草》也和悲剧相关。中华人民共和国成立后，电视剧行业推崇历史正剧，如郭沫若的《蔡文姬》《武则天》、田汉的《关汉卿》《文成公主》、曹禺的《胆剑篇》等。后来，曹禺的《王昭君》、陈白尘的《大风歌》、颜海平的《秦王李世民》、白桦的《吴王金戈越王剑》等也是历史正剧。20 世纪 90 年代以后，中国的电视历史剧中也不乏正剧，像电视剧《孔子》，甚至让人产生一种正襟危坐的仪式感。但在这之后，更盛行的是戏说历史剧，如电视剧《康熙微服私访记》《戏说乾隆》等。

丁亚平：如果把尊重历史真实作为某一作品是否该被看作历史剧的基本原则，那么，可以按照历史时期进行历史剧类型的划分，以辛亥革命为界线，中国社会在此之前主要是中央集权的政治体制，以农业发展为主要的经济模式，思想观念也相对固化、稳定且统一；而在辛亥革命后，中国的社会制度、经济模式、思想观念等都发生了巨大的变化，因此以辛亥革命前、后的历史故事为主要内容的历史剧，它们所表现的内容，呈现的思想观念，承载的精神内涵都有着明显的区别。依据这样一种划分标准，历史剧可被分为古装题材历史剧和革命题材历史剧两种类型。

赵建新：首先，历史剧的分类是基于理论研究的方便，剧作家可以不必理会。其次，对历史剧的划分也由来已久，五花八门。历史学家吴晗曾主张要把历史剧和故事剧分开，如包公戏就是历史剧，因为历史上有包拯这个人；而像《秦香莲》《探阴山》等没有历史记载，就应被划入故事剧之列。实际上，这种依据对历史改造和虚构的幅度来判定剧作是否是历史剧的标准，只是历史学家的一厢情愿而已，因为没有哪一部历史剧真正具有吴晗所谓的"历史根据"。与吴晗相对狭隘的历史剧观相比，茅盾则以相对开放的态度看待历史剧的创作。他认为，历史剧不等于历史书，因为历史剧中一切的人和事不一定都要有牢靠的历史根据。也就是说，可以采用不见于正史的传说、异说，乃至凭想象虚构一些人和事。由此，茅盾认为，历史剧可以有真人假事、假人真事乃至假人假事，即便是没有历史根据的事也不一定不是真实历史，因为"假人假事固然是那个特定历史时代的历史条件下所可能产生的人和事，而真人假事也应该是符合于这个历史人物的性格发展的逻辑而不是强加于他的思想和行动"①。在这里，茅盾所认为的历史真实类似于黑格尔在《美学》中写的"具有心灵和意志的较高的旨趣"的"历史实体性内容"，只要表现了这种实体性内容，"所产生的艺术作品就会是绝对客观的，不管它是否符合外在的历史细节"②。无论是茅盾的"历史真实"还是黑格尔的"历史的实体性内容"，都是从艺术本体的角度，对历史逻辑和历史可能性的深层考虑。这种"历史真实"观和吴晗拘泥于"历史根据"的"历史真实"观是截然不同的。

胡志毅：迪伦马特的"非历史的历史剧"，则可被定为另类，如《罗慕路斯大帝》。

丁亚平：迪伦马特所提出的"非历史的历史剧"，并不将历史剧看作对于历史完全的再现，而是借用历史中的事件和人物，通过空间位置的飘浮与悬搁，来表现创作者的思想和观念。如果按照上述的分类标准，似乎可以将其与"戏说"类历史剧并列，但"非历史的历史剧"所要表现的，并不是一种历史的视点，而是某些现代人的意绪精神，历史只是一种表现的方式和手段，通过历史故事及其精湛的艺术形式所表现的现代性的精神和观念，才是这类"非历史的历史剧"的内涵。

赵建新：西方虽然也有很多取材于历史题材的戏剧作品，但并不存在"历史剧"这样的严格题材类型划分，很少有剧作家声明自己的作品是"历史剧"——反倒是对中国戏剧界影响至深的瑞士剧作家弗里德恩希·迪伦马特（Friedrich Dürrenmatt），专门标明其著名的历史剧《罗慕路斯大帝》是一出"非历史的四幕历史喜剧"。《罗慕路斯大帝》作为一出"怪诞剧"，在故事逻

---

① 茅盾.关于历史和历史剧[J].文学评论，1961（6）：33.
② 黑格尔.美学：第1卷[M].朱光潜，译.北京：商务印书馆，1978：354.

辑上似乎并不符合我们惯常认定的历史剧范畴，但正因为它"具有心灵和意志的较高的旨趣"的"历史实体性内容"，我反倒认为，它是一部极其伟大和深刻的历史剧。

三

如果以世界不同民族文化个性为经，以人类戏剧艺术历史共性为纬，那么历史剧创作的成功与失败的规律与特征是什么？以此来审视当下的历史剧观念及其创作和评价，我们又有哪些经验遇到了哪些问题，又应该如何认识解决这些问题？

胡志毅：因为文化不同，世界不同民族的历史剧呈现的规律和特征也不同。莎士比亚的历史剧，席勒的《奥尔良的姑娘》、布莱希特的《伽利略传》，雨果的《克伦威尔》，都有英、德、法国家民族文化的个性。当然，马克思提出要将文学"莎士比亚化"，而不是"席勒化"，也适用于历史剧。中国的历史剧，以郭沫若的历史剧《屈原》等为代表，在抗日战争时期达到高峰。中华人民共和国成立后，历史剧一度呈现为正剧，出现了一些问题，如郭沫若《蔡文姬》的前后转换问题。

丁亚平：历史剧的评判，或者说衡量某一部历史剧是否成功的标准，其实主要还是集中于其能否把握好历史真实与艺术虚构的关系。真实的历史是历史剧能够获得成功的基础，从观众的角度来看，通过历史剧来认识历史是他们选择观看历史剧的主要目的之一，而只有尊重史实的历史剧才能帮助观众更好地了解历史，背离、歪曲历史的创作不仅不会触动观众的心绪、受到观众喜爱，可能还会误导观众。

胡志毅：历史剧成功与失败的规律是：剧作家不能根据政治意识形态的主题来先行进行创作，要在历史的真实中塑造历史的人物，构筑历史的情节。当下的历史剧，有一种主题先行的观念，如《大秦帝国》，首先设置一个秦国统一中国是历史的必然观念，然后秦国所做的一切就都变成合理的了。话剧《商鞅》也是如此，在秦国统一中国的前提下，其没有表现商鞅推行的这种变法最终将自己也设计进去了的历史悖论，而是一味表现他的悲壮。历史剧有广义和狭义之分，如果说，《汉宫秋》不能被看作严格意义上的历史剧，那么，根据春秋时期晋国历史故事改编的《赵氏孤儿》就亦不是历史剧。和莎士比亚的《哈姆雷特》一样，这部剧更多是一种复仇悲剧。此剧出现了不同的改编版本，如林兆华和田沁鑫的版本，孤儿没有复仇或自我和解了，这就不是一部复仇剧了。英国皇家莎士比亚剧团的改编本，则从程婴献出自己的儿子开始就思考人性的问题，这和法国伏尔泰在 18 世纪的改编大异其趣。

丁亚平：历史剧和历史不是要画等号，更不意味着只要单纯地强调历史真实就能制作出一部成功的历史剧作品，历史剧也需要想象和虚构，需要鲜活的创造力，艺术虚构也是有必要的。俯仰凡尘的超越性与艺术性虚构能够拓展观众的想象力，引发观众观看的兴趣；多种多样的富有艺术性的表现手法，也是历史剧与一般历史文献的重要区别。剧作家们通过艺术的方式，展现历史中的事件和人物，同时传递相应的历史精神，让观众在了解历史的基础上能够感受到那个时代的思想观念和精神内涵，同时观照当下，产生积极的现实意义。

赵建新：对一般戏剧作品的要求同样适用于历史剧，唯一的不同就是历史剧取材于历史生活而已。成功的历史剧创作，并不在于其故事情节与历史记载有极大相似度，而在于剧作家能在一个具体的历史环境中，描摹出历史人性的深刻性和复杂性。元杂剧《赵氏孤儿大报仇》取材于《春秋》《国语》和《史记》等正史，但相关记载前后矛盾，漏洞百出。纪君祥就是在这样一个语焉不详的历史故事基础上，"敷衍"出了一出伟大的悲剧。可以设想，如果纪君祥严格地按《春秋》《史纪·晋世家》这样相对真实的历史来写，就会把这个故事写成一个宫斗闹剧；如果按《史纪·韩世家》和《史纪·赵世家》来写，程婴就会用别人的孩子代替赵孤，而非自己舍子代孤。虽然主人公身上仍保留着慷慨牺牲和忍辱负重的精神，但悲剧的力量就会大打折扣；纪君祥几乎完全挣脱了所谓历史真实的束缚，不同凡响地创作出了"舍子"这个核心情节，才使《赵氏孤儿》成为真正伟大的悲剧。

四

回首我们还不算长的历史剧发展史就会发现，经常引起争议的历史剧作品大多是所谓的"翻案性""正剧"作品，也就是以剧、以小说来写史，借剧、小说来重新构建与大多史书所述不同的历史人物与事件，进而表达不同的历史观，您认为这样的创作是否符合历史剧创作的规律？又应该如何科学地认识、评价这样的创作呢？

丁亚平：艺术的真实并非历史的真实。在一定程度上来说，艺术创作是创作者主观意志的产物，其中必然体现了创作者的思想观念。

胡志毅：历史剧应该是对历史的质疑和设问，"翻案剧"也在其中。但是"翻案剧"是对历史已有观念的颠覆，更主要的是，"翻案剧"是一种意识形态的产物，如对曹操的翻案。在中国传统戏曲中，曹操是一个白脸的奸相，但是在郭沫若的《蔡文姬》中，曹操则成为一个具有文治武功的杰出人物。这并非剧作者自己独特的观念和发现，而是某一时期的对历史人物的评价所致。因此，这并不符合历史剧的创作规律。

丁亚平：以剧、以小说来写史，一方面为历史增添了趣味性；另一方面将某些现代的思想观念融入对于历史的表现，这样的形式在一定意义上更加符合现代观众的思维方式和欣赏习惯，更容易为他们所接受。但是，这样的创作方式也要避免因为过度追求艺术性和趣味性，而失去了历史的真实性。将不符合历史精神的所谓现代观念加入历史剧，可能会违背历史剧的时代背景，使观众感受到剧中的人物和事件与历史背景脱节，从而产生一种不真实感。恩格斯说过："我们要求把历史的内容还给历史。"作为历史题材的作品，即便望向天空，表现一种根基性的想象，也应是从历史出发，"扎根历史"的。

胡志毅：应该遵循历史的、美学的观念去认识历史，评价古人。同样是写曹操，郑怀兴创作的京剧《曹操与杨修》，就写出了君臣关系的微妙和算计，体现了黑格尔的"两种伦理实体的冲突"。最后不一定是"永恒正义胜利"，但能让人思考"历史的正义"。

赵建新：如果剧作家创作一部历史题材剧的目的是"翻案"，很可能会陷入一种危险的境地。历史剧创作要从具体的历史环境出发，从具体的人物形象和人物关系出发，而非从"翻案"出发。郭沫若先生早期的历史剧都是在为历史人物"翻案"，说白了，就是让历史人物代替剧作家去说话、行动，结果这些作品少有成功。

五

关于"历史剧"评价标准的问题，我们通常认可历史剧创作及评价的三原则，即历史真实、艺术真实与现实倾向性三原则的统一。对此标准，您认为具体应该怎么去认识、把握？比如，剧作家的历史观是否应该与历史学家的历史观相一致？历史真实的客观规定性及其可能性与艺术及艺术家的独立性与主观性之间的关系是怎样的？对于艺术家来说，如何看待历史主体，又应该以怎样的一种形态在创作中呈现它？

胡志毅：关于历史剧的评价标准，历史真实、艺术真实和现实倾向性的三原则，应该说基本上没有问题。对于剧作家来说，历史真实和艺术真实，类似于生活真实和艺术真实，剧作家的历史观和历史学家的历史观应该不同。因为历史学家的历史观也各有各的不同，哪一种观点能说是绝对正确的呢？

丁亚平：从本质上来说，历史剧的创作是一种艺术创作，艺术的真实非历史上的真实，历史剧原是艺术，观众不能苛求作者。因此，在尊重历史真实的基础上，进行一定程度的艺术加工，是有必要的。关于历史真实和艺术真实的关系问题，一直是历史剧讨论的主要问题之一。亚里士多德的《诗学》中这样描述历史学家和诗人的区别："历史学家和诗人的区别不在于是否用格律文写作，而在于前者记叙已经发生的事，后者描述可能发生的事。"[1]"记叙"和"描写"最重要的区别就是表达方式的不同。历史学家要尽可能通过对于史料的研究、选择，来展现历史的原貌，尽管这种展现也会带有一定的主观

---

[1] 亚里士多德.诗学[M].陈中梅,译.北京：商务印书馆,1996：81.

色彩，但是通过史料和论证的结合而展现的历史是相对客观和真实的。作为一种艺术创作，剧作家在进行历史剧的创作时，虽然着重考虑还原历史，但是如何还原也是剧作家应当考虑的主要问题之一。历史剧并不是书写历史，而是表现和描述历史，在尊重客观历史事实的基础上，体现艺术创作的个性和独立性，这是剧作家与历史学家的重要区别之一。

胡志毅：剧作家应该有自己的历史观，但和历史学家的历史观的侧重面不同，因为历史学家只重视历史的真实，从而提供自己对历史的理性解释，而剧作家则要通过自己对历史事实的感性认识，将历史诗化。但是，像郭沫若的"失是求似"的历史诗化浪漫有余，但对历史主体的沉淀不足。因此，其历史剧在当时非常有影响，而在后来的发展中渐渐体现了其不足。

赵建新：在"历史真实与艺术真实的统一"成为衡量历史剧艺术水准制胜法宝的同时，历史剧作家们似乎坠入了更大的理论迷雾：历史真实的本质有无清晰之界定？历史真实的尺度有无量化之标准？历史真实的范围有无人物和事件之区分？如果无法解决诸如此类的问题，那么大家在面对具体作品时仍旧会自说自话。实际上，在历史研究的视野中，"历史真实"只不过是一种想象，它从来不是纯然客观、静止不动的，而是具有多种属性的复杂存在。从研究对象上讲，历史真实是历史实在与历史文献的双重建构；从研究主体上讲，历史真实具有主观与客观的双重维度；从研究本质上讲，历史真实是不断否定的"过程"而非静止不动的"结果"。概而言之，历史真实就是通过文献手段不断去蔽澄明，让历史实在渐次出场和敞开的过程；因为它尚未完成，所以它永远开放，不断更新才是它的本质。既然"历史真实"如此，那么让"艺术真实"去"贴合""历史真实"，并被"历史真实"纳入麾下，就显得有些霸道和勉为其难了。

六

关于历史剧创作中虚构的问题。几乎所有人都承认不能简单地把"历史真实"视作具体历史事实，总是强调"大事不虚、小事不拘"这一原则，但这一原则是否已经过时？实际上，很多历史剧都超越了这个原则，如《大明王朝1566》前30集中的"改稻为桑"皆出于虚构。这个问题也是艺术真实和历史真实的根本关系的问题，实际上，它还是艺术思维和历史思维的关系问题。我们通常都会认为，历史剧的发展逻辑遵循的是历史逻辑和历史的可能性，那么，"历史逻辑"（或曰"历史可能性""历史趋势""历史真实"）的范围、内涵和外延在哪里？

胡志毅：关于历史剧的虚构问题，应该说，剧作家在局部的细节上有这样的自由。

丁亚平：不可否认的是，历史剧创作中的艺术虚构是必要的。即使历史剧应该以表现历史真实为基本原则，但是在这个过程中它也应当有选择性地展现历史，将那些适合通过剧的方式表现的历史真实地呈现；同时，将那些不适于直接表现的历史以艺术化的方式处理，艺术虚构乃达到艺术真实的常用手段之一，艺术虚构不等同于悖逆历史。

胡志毅：郭沫若所谓"失是求似"的观念被用于婵娟的虚构，是有道理的，而"曹操棉被的补丁"就会令人诟病。近年来历史剧创作又强调所谓"大事不虚、小事不拘"。"历史逻辑"（或曰"历史的可能性""历史趋势""历史真实"）的意思是历史的可能的范围，我们要在这个范围内来想象。比如，浙江昆剧团的昆曲《大将军韩信》，表现了刘邦战胜项羽是统一战胜封建的历史的必然，刘邦消除异姓王韩信，也是消除封建制的一种方式，这是对历史的一种新的理解，但也因此消除了历史的悲剧性。

丁亚平：如果说历史真实是"骨"，是历史剧创作的基本准则，那么，艺术真实就是历史剧创作的"血"。通过艺术真实，历史剧作家才得以将历史的细节丰满，使历史剧中表现的人物和事件更加立体和全面。艺术虚构也要有一定的边界，要有正确的理念和方法，基于艺术真实的虚构在保证历史真实的基础上，充分发挥创作者的艺术想象力，营造一种符合历史的真实情感，同时能够增加历史故事的生动性，塑造更加真实的人物形象，从而来打动观众。

赵建新：历史逻辑强调的不是所谓的历史真实或历史事实，而是历史的

可能性。历史可能性使历史故事的假设具备了基本的逻辑结构和范式。我认为，评价历史剧与评价现实剧都可以用一个标准，那就是艺术真实。艺术真实对历史剧的要求不是实有其人、实有其事，而是要有历史可能性，即要弄清楚人物的动机、行为以及人物关系，在那个具体的历史情境中是不是可能的。如果是可能的，即使没有其人其事也可以写；如果是不可能的，即便历史上真有其人其事也不一定有戏剧表达的必要。历史可能性的主要表现是文化背景和社会思潮，是一个民族背后的集体无意识。《三国志》是历史，《三国演义》是小说，但并不能就此断定《三国志》一定比《三国演义》更真实。

七

关于历史剧功能认识的问题。创作历史剧是"认识历史""比附现实"还是"审美活动"？黑格尔说，以历史为题材的艺术作品的真正客观性正是我们自己内心生活的内容和实现，因为题材在外表上虽取自久已过去的时代，但这种作品长存的基础是人类心灵所共有的东西，是真正长存且具有力量的东西。但实际上，有很多历史剧作品是借古喻今和以古促今的，其现实指向性和实用功利性很强。那么，如何认识历史剧所拥有的长远与现实的功利性价值？又如何恰当地将其应用于历史剧创作之中？

胡志毅：正像克罗齐所说的"一切历史都是当代史"，"借古喻今""以古促今"是正常的，也是必要的。关于历史剧功能的认识问题，在创作历史剧过程中应该将表达与审美活动相统一，不能"简单比附"现实。

丁亚平：历史剧首先是艺术作品，因此必须具有可看性，或者说观赏性，这是其作为艺术作品最基本的功能特性。可看性高的历史剧作品才会吸引观众，观众通过巧妙的情节设置和复杂的人物关系，感受到历史剧的趣味性，在其中获得欣赏艺术作品的快感，从而产生一种特殊的情感体验，这是历史剧能够吸引观众的最直接的因素。在这种功能之下，观众才会被历史剧的巨大魔力及意义唤醒，愿意接受其深层次的意蕴和精神。

胡志毅：很多历史剧作品是借古喻今和以古促今的，如京剧《贞观盛事》、电视剧《大秦帝国》《大秦赋》《汉武大帝》，甚至二月河的《康熙王朝》《雍正王朝》等也有"借古喻今""以古促今"的意味。但是，如果"借古喻今""以古促今"发展为"以古媚今"就有问题了，如郭沫若的《蔡文姬》对曹操的美化。还有历史剧的"影射"会将历史剧政治化，如将吴晗的《海瑞罢官》当作对彭德怀的"影射"，就会出现政治问题。历史剧创作采用"影射"的方式，总会被人诟病，即使陈白尘先生否认《大风歌》影射"四人帮"，但也有"影射"之嫌。当然，在所谓的"三年困难时期"中出现的越王勾践"卧薪尝胆"的一大批历史剧中，有些剧作直接要求历史人物大炼钢铁，那就有点反历史主义了。历史剧应该超越一般意义上的"借古喻今"和"以古促今"，应该寻找更为深层"古今同梦"的"寓言原型"。例如，莎士比亚的《理查三世》中的"一匹马"的象征，就具有"寓言原型"的意味。

丁亚平：不筑起围垣，让历史剧深入意义和内涵的层面，承载人类社会在不断地发展过程中所形成的精神，不仅可以为当今的人们提供了解过去的机会，也可以成为当今甚至未来的人们的参考依据。记得狄德罗曾对友人说过这么一句话：历史往往是一部坏小说，而你的小说却是一部好历史。好的历史剧可以起到为公众普及历史知识、提高其审美能力的作用；同时，每一部能够映照到当下的历史剧都是具有现实价值的，它能够帮助人们观察世界、看清现实的问题，同时为如何解决这些问题给出一些提示。从这种层面上看，一部经典的历史剧作品是可以让其所希望言说的真理昭然若揭，从而具有更为深远的价值意义的。

赵建新：历史剧创作要蕴含时代精神，时代精神使历史剧创作具备现实活力和理想旨归。创作历史剧的目的是借用历史的躯壳，通过美学的逻辑，为当下的现实人生探索人性和情感的广度和深度。在历史剧创作中，历史对创作者而言是一个可借助的东西，但创作者表达的一定不是历史本身。正如福柯所言：重要的是讲述神话的年代，而非神话所讲述的年代。但历史剧创作不是比附现实，如在写到王昭君时，前一场她还是一个刚有生命意识的寂寞宫女，后一场马上就变成胸怀国家大业、要主动和亲的和平使者，这就是典型的用现实指向性和实用功利性来强行嫁接人物的行为。"借古喻今"指的是历史剧功能层面的问题。

"借古喻今"是个中性词,在良性的艺术层面上,它指的是历史精神与现实关怀的美学沟通;而在教条的政治层面上,其目的就是借用历史内容影射社会现实。当代的史剧创作与批评之所以与历次政治运动有如此密切的关系,正是源于创作者或批评者有意无意地在历史内容与现实政治之间作意识形态化的比附。这种源自庸俗社会学的"影射"和"比附"观念,在20世纪50年代初以杨绍萱的历史剧创作为代表,到了20世纪60年代初,则以对勾践卧薪尝胆故事的重新演绎为代表。据当时文化部《艺术研究通讯》的不完全统计,在半年多的时间中,全国出现的以卧薪尝胆为题材的剧本共有71个之多!戏剧界之所以如此钟爱此题材,自然和20世纪60年代初国家遭遇经济困难这一社会背景有关。茅盾曾指出,剧作家这种影射之风、比附之作,实为"以今变古的笨事"。

八

历史剧取材的问题也是牵涉剧作家如何观照历史的视野问题,如"二十四史"基本上都是政治史,我们的历史观在一定程度上也变成了以政治历史为主"政治史观"。按照这种历史观,能进入历史的都是帝王将相和政治人物,要写历史剧的话就要取材于国家的政治生活。(因此,在很多历史剧中,我们经常能看到剧作家自觉不自觉地把丰富多彩的历史生活过滤成单一的政治生活,把人的有价值的行为仅归结为单一的政治行为。)所以,传统历史剧创作一定要以离合之情写"兴亡之感",否则就会被认为是不合正统的。从这种意义上说,野史、民间历史未必不是真历史,或许它们比正史更真实。对此,您是怎么看待这种观念和方法的?

丁亚平:在传统的历史剧创作中,政治史一直都是表现的重要内容,帝王将相或者是在历史上起到关键作用的重要人物,也一直是历史剧中主要表现的人物。

胡志毅:"二十四史"基本上都是政治史,也就是所谓的正史。历史剧取材过分地强调政治史，历史剧也会变成帝王将相和政治人物的历史。

丁亚平：但是，套用宫崎骏导演的影片《天空之城》中的歌谣，"扎根于历史，与风儿共生"，能使对政治史的表现独具魅力。历史不仅是由政治史组成的，如同史学研究经历了从政治史到文化史研究的转向，历史剧的创作也由单一的对政治生活的表现，转向对某一特定历史时期更为丰富的社会文化的展现。这种转变就必然要求那些未被官方历史文献所记载的野史、民间史的内容，也被纳入历史剧的创作。一方面，这些流传于民间的历史比正史所包含的范围更广，涉及了更广阔的社会生活；另一方面，这些内容往往因为其平民视角而更具有趣味性，更能吸引普通观众。

胡志毅：从新历史主义和新文化史观来看，应该看到历史人物和历史事件本身就是文本，因为历史剧也需要对历史人物和历史事件进行阐释。以离合之情写"兴亡之感"，像孔尚任的《桃花扇》，只是其中的一个典型。历史剧可以采用野史、民间历史，这样才能丰富历史剧的取材。中国明清时期就有历史演义的传统，如《三国演义》《隋唐演义》等，《水浒》则是另一种类型的历史演义。鲁迅的历史小说《故事新编》，也采用野史、民间历史来进行创作。

丁亚平：将正史与野史、民间史相结合的历史剧创作，能够较为多面地展现特定历史时期的社会全貌，其中包括了政治、经济、文化、生活等多个方面。这样看来，认为野史与民间史比正史更加真实的这种说法，也有些过于片面。或许可以认为，它们叙述历史的角度和方式不同，分别展示了不同方面的历史事实或历史实在。因此，如果将它们结合起来，展现无限的历史的多个侧面，那么历史剧所呈现的历史就会在一种充满艺术性且具有趣味性和娱乐色彩的氛围中，发人省、启人思，让更多的人亲身感受历史之风的吹拂。

赵建新："政治史观"是什么？就是认为对历史起决定性作用的是国家的政治行为。按照这个历史观，能进入历史的都是帝王将相和政治人物，要写历史剧的话就要取材于国家的政治生活，人物的行为动机也都是政治性的。这是我们写历史剧的惯常思路。历史剧创作的最大局限就是"政治史观"，其对创作者有不小的影响，如前面提到的王昭君这一人物形象就是如此。在很多历史剧中，我们经常能看到，剧作家自觉不自觉地把丰富多彩的历史生活过滤成单一的政治生活，把人的有价值的行为仅归结为单一的政治行为。实际上，作品、人物的格局、气魄的大小与题材的选择没有必然关系。相反，历史上那些伟大的作品，内容往往不乏儿女情长和家长里短。黑格尔在谈到悲剧时说，悲剧情节的真正内容意蕴，就是决定悲剧人物去追求什么目的的出发点，是那些在人类意志领域中具有实体性的、本身就有理由的一系列的力量。在这一系列的力量中，黑格尔认为最重要的就是"夫妻，父母，儿女，兄弟姊妹之间的亲属爱"。其次才是"国家政治生活、公民的爱国心以及统治者的意志"。[①] 从政治生活和政治斗争的角度构置情节、塑造人物，当然是历史剧创作的一种可能性，但肯定不是唯一的可能性。在对人的本体认识已经获得不断突破的当代社会，我们的剧作家理应具备观照历史的新视野。只有这样，剧作家才能从新的历史层面发掘新的历史生活和历史主题，把历史剧的创作推向新的深度和广度。

---

① 黑格尔.美学：第1卷［M］.朱光潜，译.北京：商务印书馆，1978：284.

艺术：守正创新与扩展界域的探索*

周星教授在《艺术教育》杂志陆续推出"高端对高端"系列对话访谈文章。此文系该系列对谈之一。周星教授在该文中做了如下题注："这一次的访谈对象和之前对话者大都为高校中的院校长有所区别，这是一位在研究机构中担任重要职务并且取得丰硕成果的影视研究大家。丁亚平研究员是中国首届电影学博士，人们公认其谦和和低调，但其实他在影视史论研究领域取得了独具特色的丰硕成果，多部洋洋洒洒的中国电影史著作，被许多高校作为最重要的参考资料。毫无疑问，他是研究中国的优秀学者，是中国电影史论以及电影通史、断代史等方面卓有成就的高端研究者。"

一、阅历所透露的求学秘密

周星：大家很感兴趣的是您的研究经历，以及您置身的学术环境。首先希望您能谈谈学习、研究经历，和您所在的中国艺术研究院是一个怎样的机构、其学术承传和学术特色是什么？

丁亚平：感谢您和《艺术教育》杂志的邀约。这样的系列性访谈是特别有意义的重要对话。就比较而言，个人以为，效果一定比抽象的理论或高冷的学术要更好、更有价值。

我在大学和硕士阶段学的是文学，后来率先读了电影学博士，是中国国

---

* 本文原载于《艺术教育》2022年第3期，与周星合作。

内培养的首届电影学博士。我这一代的电影学者大部分都是跨界来的,像钟大丰是学历史的,尹鸿、王一川、饶曙光、李道新,包括您,都是学文学出身。

1977年恢复高考,那年我也参加了考试。上大学对我个人而言是找到了希望所在,是一个改写人生的突破。我觉得终于能有机会走出家乡看世界,能念书,那个感觉特别好。上大学后,生活条件和阅读环境的提升使我如鱼得水。这样好的条件驱使着我用功,我特别花力气,也格外珍惜时间。学校的藏书很丰富,我喜欢理论,当时我在图书馆把能借到、能找到的哲学、社会科学类的书籍,中外文艺理论、美学著作,特别是古代的文论、诗论、词话、画论,外国理论名家的经典著作、最新译介的理论著作等,全看完了。一开始可能觉得难看,看多了、读多了就觉得理论很有意思,越读越愿意读,越来越觉得明朗,感觉有味道。当时我和两个要好的同学,我们三个人做伴,每天三点一线,从宿舍到食堂再到教室,看书、讨论问题、相互传阅评改文章。他们对我的帮助很大,我从他们那里拓宽了视野,获得格外多的鼓励,也不觉得孤单。

毕业后,我被分配到江苏省盐城中学做语文教师。后来还想读书,就选择了考研。我硕士就读于北京广播学院(中国传媒大学),先是学习和研究现代文学,后来跟随调入电视系工作的导师肖凤老师也转入电视系,自此和影视结了缘。这对我来说是最重大的人生改变。此后我跟着导演专业的同学,每周有机会到当时的中国广播电视音像资料馆观摩当时属于"内参片"的影片。以前电影对我来说是兴趣爱好,我只是作为单纯的观众,但后来在这样的氛围中,有了观影和讨论,又不一样了。看电影对我来讲是重要的专业启蒙和学习。

研究生毕业后,我被分配到中国艺术研究院从事研究工作,最重要的改变,是我有幸认识了电影史学家李少白先生,有机会在他的引领、激励和教导下做电影研究。1993年,中国艺术研究院率先在国内拿到电影学博士点,李少白先生为此花了很多精力。有一次我在中国艺术研究院旧址——恭王府院内一条被同事称为"中轴路"的小道上,偶遇李少白先生。我迎上去和他打招呼，做简短交谈时，他热切动员和鼓励我报考他的电影学博士研究生。这让我很意外。开始我有点犹豫，学习电影对我来说是很大的跨越和挑战。但是，李少白先生十分热情，十分支持我读书。我的内心也受到很大的激励和推动，于是选择踏实专注地备考，后来就跨界考上了国内首届电影学博士研究生。我很感激李少白先生的信任和鼓励。他很重视第一届博士研究生的教学，把对我们的教学与他的"中国电影艺术史"的课题写作联系起来，电影史学习和电影史研究、写作同时起步。我沉入其中，由一窍不通变得稍通门径甚至迷恋起来，而且自觉不自觉地学到了一种严谨、科学、实事求是的治学态度，使我对中国艺术研究院的学术血脉、传统有了深湛的体认。

中国艺术研究院是我国唯一一所集艺术研究、艺术教育、艺术创作于一体的国家级综合性学术机构。中国艺术研究院是由新中国初期建立的中国戏曲研究院、中国音乐研究所、中国美术研究所三家学术机构发展而来的。截至2022年，它拥有14个艺术文化研究机构；具有艺术学科建制最为齐全的艺术类研究生教育机构。70年来，中国艺术研究院汇集了一大批在各学科领域卓有建树的专家学者，如张庚、王朝闻、蔡若虹、杨荫浏、缪天瑞、葛一虹、郭汉城、周汝昌、冯其庸、李希凡等，他们在国内外学术界具有重要的影响。

我跟随李少白先生学习电影、后来又来工作的中国艺术研究院，在当时可谓大师云集。但院里年轻一代学者也各自在做着自己的事情。同龄人常常挤在一起闲聊。同事、朋友中个个热爱学术，钟情于阅读和研究，忠于自我。这也是我在中国艺术研究院时深受影响并为之激励之处。我在中国艺术研究院度过了30多年的生涯，我格外感念这持续的相遇——一路走来遇到的人和中国艺术研究院蕴含的一种创造的力量。李少白、郑雪来、邢祖文、章柏青等老师的电影通识和学术研究的成功，让我看到了术与道的区别。我以为，自己在电影方面做的学问并无奇贵之处，就是向李少白老师这样的前辈学习，踏实地做着自己愿意做的事情，安于读书写文章，传承着中国艺术研究院的传统。

中国艺术研究院的中国电影学科建设和电影学术研究，在长期的发展中

有了质的飞跃。影视研究所在近年来，可以说表现着一定意义上的创造性，特别是在电影通史研究、影视理论批评方面，成绩卓著。《中国电影发展史》《中国电影通史》《中国当代电影发展史》《中国当代电影艺术史》《中国电影历史图志》《香港电影艺术史》《中国电影史学》等数十部电影史著作持续推出，在电影界和理论批评界产生了重要影响，体现了学者个体的创造、清晰的视野和学术共同体的共识。我将中国艺术研究院的这样一个学者群体称为中国艺术研究院"电影通史学派"。在我看来，它是一条学术的河流，意味着一个传统、一种传承、一个生命共同体，或者就代表着生命的意义整体、意义共同体。所学、所得，分享、创造，我收获了值得依赖的目光和长时间的精神涤荡，我们沉浸在中国艺术研究院这样多变而四通八达的场域和共同体中，为学术的血缘、持久的信仰和相对独立的场域的低语与协奏而骄傲。

周星：听丁亚平教授回顾学习研究的历程，感慨万千。您年轻时候执着于读书学习的经历，也会给后来的年轻人以启发。从爱好者到学者，直到跟随名家学习、成为学者，您始终好学、诚恳和不断进取的精神令人感佩。丁亚平教授已经成为一名出色的电影史论家和主持三个国家重大项目的首席专家。扎实的理论基础使您在著名的研究学府之中，在名家大师的耳濡目染之下成就出色的研究成果。其实还不止于此，您身上的勤奋、谦逊和对人谦和的态度，也一定是您做人、做学问的映射，我们在日常中对于丁亚平教授的人格和学养的认识，是和您的个人经历相吻合的。

二、电影史研究守正创新的秘密

周星：您和您长期工作的艺术研究院影视所的许多同仁的研究，最重要的是聚焦在中国电影史、电影史论和中国电影的发展研究上。您认为当下中国电影史的研究处在什么样的状态？您如何评价研究界的状况？同时您自身的研究特色和重点在哪里？您认为中国电影史的研究在整个中国电影研究之中具有什么样的作用和价值？目前的中国电影研究需要注意什么样的问题？您个人对于中国电影的研究有何特别的经验和期望？

丁亚平：李少白先生和程季华先生、邢祖文先生在20世纪五六十年代编撰了新中国第一部电影史《中国电影发展史》。它的研究和书写有重大的开创之功，1963年的年代标识是一个自然的存在，它在历史语境中体现着时代发展的特点和环境制约。对我们来讲，电影史研究应该反思、探索它和我们的对话关系，以及我们所处的位置与使命是什么，从这个方向进行电影史的创新性的思考。过去30余年，电影史学界对电影史料的发掘、观念探讨和史著写作实践有许多贡献，与其说是重写电影史，不如说是在《中国电影发展史》的基础上进行电影史的再述和重述。在近十几年来电影史学的热潮中，门类史、微观史得到拓展和深化，而通史研究也被前所未有地激活。我所著的《中国电影通史》一书在此基础上有所承续，同时尝试一种重新出发和书写的可能，试图从百余年电影史学的持续研究发展中总结经验，梳理并补充历史研究的方法、历史研究的细节，探索新的历史叙事方法，灌注一种新的历史眼光。

电影史研究想要言之有物，就要去除先验性的幻象和框架。进行中国电影通史的研究，面对新的问题，发现新的史料，探求新的答案，呈现于具体实践，无疑贯穿着相应的路径、原则和方法论意识。《中国电影通史》的写作尝试用以下的史学原则与方法贯穿：一是对电影史要谦卑而审慎地去对待，言必有据，同时展现一种建构的、解构的、编码的及解码的性质。电影史研究不是简单的重复，电影史一方面是重现、再现，另一方面是表述，是因时代的变化而以新的观点和方式来传播电影史知识。二是认识及尊重历史。电影史研究对象本身的丰富和复杂，使我们不能不意识到电影史的发展不是单向性的。电影史的发展很难排除所有通向客观的参照物。电影既受社会发展的影响，又受技术与美学发展的影响、电影工业发展的影响。三是电影史学是处于历史、社会具体位置中的电影史作者、生产者和接受者之间一种语境化的对话艺术，不可能把电影从社会和历史的所有语境关系中抽离出来。四是电影史是以复述形式被讲述与解释的历史，令人兴味无穷。电影在发展中，变化是常态，我努力对电影史学实践进行了重新思考。

我曾提出电影史研究中的"大电影史观"和"电影历史纵深线"等观点，

在电影研究中,宏观的思维、视角和方法确实比较重要。电影史研究,可以写一个比较具体的议题,可以研究很小的个案或者一部作品、一个公司、一种现象等,但是大的史观视域、大的方法论非常重要。"大电影史观",是自上而下与自下而上两种思路的结合。自下而上,我理解的是对文本的比较扎实、具体、微观的研究与分析,和宏观的电影史写作相比,我觉得这可能是以史论研究书写电影史的一个重要基础。所以,我在做电影史的撰写、编写,在做很多学术工作的时候,通常在这两种思路的结合上有比较自觉的意识。我觉得,这样一个视野、方法和自我意识,会带给我们活力,带来新的扩展、引领我们前进。

学术传统和学术文化是宝贵的,我们再怎么强调它们也不为过,而在这种传承中,也需要学者的内心能够投射进时代的历史方向,不断地萌发崭新而又与众不同的素质、活力和构想。每一个时代的电影史都寻求改变,应把过去和当前结合起来,站在当下回顾、重审以前的电影历史,无论是做文本、个案研究,还是做更全面的历史考量,融入作者新的眼光、历史分寸感和基本的立场都是必需的。如果说电影史研究蕴含范式、学派,那在不同的语境下一种范式或学派有什么样的活力和创造力,有哪些代表性的成果,这应该是相关电影史研究者要自觉考察、思考的事情。创新是学科发展的灵魂,是电影学术、电影史学观念方法的核心内容,也是推动学术发展的关键。怎样将新的电影史写作作为一种进一步提高学界理论反思能力的宝贵实践,是许多学者思考的重心。电影史研究更崇尚的是行动。在电影史研究和写作中,具备"滴水穿石"的韧性和长期不懈的努力是一个重要的前提。在具体工作中,电影史的意识、撰写的标准是不是过严是需要我们反思的,在这个意义上,更加大胆的电影史书写体例及新意的捕捉,为已成为几十年的"固体"的电影通史这个难题开了一扇能吹进新风的窗子。

周星:在丁亚平教授阐释学术历史和重心所在的时候,我脑子中闪过的就是"守正创新"这四个字。您认为对于电影史——这一必须由史料所支撑起来的学科研究,学者自然必须把握史料的真实性和理解认知的正确性。所以在这一守正基础上,从您的研究来看,您没有止步不前而是思辨前行,您不断在电影史写作研究之中展示着自己的创新与独特。特别是在关于大电影史的认知上，您提出了一种宏观性的时代所需要的史论把握的观点，我一直以为这一宏观式的认知在学术界还没有得到很好的关注，但我相信您一直在践行着这样一个大的历史观而凸显您的研究的特色价值。您在历史写作中所谓更加大胆的电影史书写体例以及对新意的捕捉，也给我们提示：电影史家需要有一种开创性的守正创新意识。这种创新不是无中生有，而是需要在视野上、观念上，还有对历史的认知上，独特地甚至是个性化地去观照历史的一种态度。

三、现实观照研究的秘密

周星：事实上，您的研究不局限于中国电影史，在不少研究领域您都有自己很独特的成就。您洋洋大观的《中国电影通史》成为许多学者参考的对象，艺术批评中的历史研究同样需要对史料的观察和经年累月的探索，您有何心得与秘诀？同时，您在中国电影艺术发展领域，特别是在中国电影现状研究领域时常发表相当有见地的文章，对于当下的中国电影处在何种阶段，您有什么样的观点或者说有怎样的判断？

丁亚平：这些年来，电影学发展很快，电影史研究成为热点。但是，电影史研究相较于电影理论、电影批评研究，我觉得还是有挑战的。通常来讲，做历史研究是一个坐冷板凳的工作，需要持续辛苦的投入，得花几年、十几年甚至几十年的时间去做这个工作。因为相对于电影评论、电影批评来讲，它要有所选择，有独立的史学梳理，需要靠长时间的积累才能有更多的体验并取得成绩。研究电影史，资料是前提，就本质而言，史料即研究。电影历史研究的原典实证是学术观点会通融合的重要组成部分。李少白、邢祖文那一代学者，致力于电影学术与研究，一辈子从事这样艰苦孤寂的工作，持之以恒，做了几十年却从不夸耀和宣扬自己的功劳与贡献。我在读博士的那几年，以及毕业之后的时间里，不只是在为人处世方面受益、受他们影响，认认真真做事、踏踏实实做选择；他们老老实实的严谨治学的态度和史料为先

的科学实证方法，给我的影响也很大，这体现在我的大量研究中。资料为先，成为我们的基本功课。臧否历史，盘点人物，观照当下，要有史料以及贯通的意识与史识支撑，有学术的论证和历史分寸感，这是最重要的。

中国电影走过了百余年的历史，在不同的历史境遇中形态各异、特色各别，有多种变化，更有不同的视角的选择、对话的磨砺。百年来，中国电影扬帆起航，有波折，有颠覆，更洋溢着激情，展现着民族电影的青春、电影历史的骄傲。近年来，中国电影在新的历史境遇中进入高速发展与重新起航的重要阶段。当代中国电影的发展具有鲜明的时代气息，与社会经济融合紧密。电影作品内涵及艺术风格反映着特定的时代际遇和特定时代的人的美学选择。中国电影创作聚焦中国社会与历史主题，激发创作灵感，取得了令人引以为傲的成绩，特别是在重大主题电影中，不少作品备受瞩目，选取新的角度，为主题创作注入当代话题，展现了优秀电影作品的生产创作能力，推动了中国电影的发展。进入新时代以来，中国电影以中国意识、中国叙事突破"西方中心主义"，逐渐形成独立的文化话语体系，重新确立自身在全球化进程中的身份定位。在中国电影创作演变和转型过程中，电影与国情、时代、民族心态、共同价值及传统紧密相关联，实现着东西、新旧的对话与融合和主流价值观的建构。与此同时，围绕市场运作而建构的产业机制激发出电影产业的巨大活力，特别是数字视效技术的迅猛发展，为主题电影叙事、艺术创作带来革命性的强大支持。在这种情况下，遒劲而有韵的文化自信，就成为中国电影在更大范围获取更广泛观众的强大动力。中国已成为世界第二大电影市场，近两年更是跃居全球电影市场的中心位置，在世界电影版图中的重要意义可见一斑。中国电影一方面要继续讲好中国故事，展示国家形象，体现文化自信；另一方面也要从建构民族国家电影话语，走向拥有更广阔的世界视野的电影强国新秩序和新高度，这可以说是一条新的必由之路。

周星：丁亚平教授的经验谈深深根植于一种历史观念、价值观，体现了您在中国电影认知基础上的深度。这也是您近年的研究从电影史研究延展到史论批评的原因，您对于现实研究所坚持的重要的观点促发了您学术研究的不断深入。

四、探索动画电影研究的奥秘

周星：最近这些年，我发现您的研究领域不断拓展，除了影视研究，您对中国的动画也有很深入的研究。请问，您为什么会在电影之外，去做影视理论、中国动画的研究，这是否偏离了电影史和中国电影的主流研究？在中国影视、中国动画电影的研究之中，您又看到了什么，并且从中能得出一些怎样的认识和判断？

丁亚平：影视学科作为一个意义广泛和底蕴深厚的学科，它涵盖的内容是十分广泛、厚重和深远的，无论是剧情片、动画，还是电视剧、新媒介等都是我们无法忽略的所在。随着媒介社会、信息社会的发展，大众传媒时代的电影形态和传播方式日趋多样化，传统电影和新兴影像的形式更趋向于互相融合，参照我此前提出的"大电影"概念。我持续主持出版的七种关于"大电影"理论研究的著作，就是以一种比较新鲜的宏观的思维来看待新的时代语境下的各种影像形式发展和其发展趋向，以及它的基本面貌和特色所在。大电影是一个开放的系统，以无所不在的各种影像形式广为流布，指涉着影视剧、动漫、新媒体和其他日渐取代现实摄影的影像形式，发展快速、形态多样，除了电影这样的主体类型，电视剧、动漫、电视电影、MTV、游戏、进口影视剧、电视专题片、预告片、宣传片等共同构成了丰富多样的视觉艺术生态群落。这些不断拓展的内容形态、内容体验和观赏经验带来了电影美学和电影文化的重大改变。近年来，电影理论界提出电影的中国学派、共同体美学、电影工业美学等的构想，成为值得探究的问题，这些也与我的"大电影"理论研究不无重要的因缘与关联。

中国动画是其中极富特色和非常重要的一环。2021年，我在《美术观察》上发表了《观念变革对国产动画本体的重构及影响》，在《当代动画》上发表了《〈最可爱的人〉：中国动画红色经典的建构及对视觉政治的新探索》，探讨了动画电影的观念变革及其如何在全球化背景下，用动画形式对本土文化资源进行挖掘和表达的问题。"中国动画学派"在近些年越来越受到关注。"中国学派"的称谓,出现于20世纪80年代,主要来自对以20世纪50—80年代上海美术电影制片厂为主体的动画创作者及其作品的总结。20世纪50—70年代,上海美术电影制片厂拍摄了300多部动画影片,享誉中外。在新中国电影发展及当下中国电影发展中,中国的美术片成为国际上获奖最多的一个品种。从电影史和动画史上看,"中国动画学派"可以追溯至20世纪二三十年代万氏兄弟的创作,到50年代上海美术电影制片厂的建立,再到90年代,中国动画从绘画、年画、民间工艺、地方戏曲、折纸等传统艺术中汲取了丰富的营养,形成了独具民族风格的"中国学派"。21世纪以来,随着国家政策的扶持与市场的进一步发展,中国动画电影产业强力复苏,呈现了蓬勃生机。《西游记之大圣归来》《白蛇:缘起》《风语咒》《大护法》《大鱼海棠》《哪吒之魔童降世》《姜子牙》《雄狮少年》等动画电影适应市场需求,取得了市场佳绩,同时广泛汲取中国文化的营养,以强有力的文化和美学精神的元素,呈现了与西方动画电影迥然不同的"东方神韵",为国产动画在新时代的拓展提供了更大的可能性。"中国学派"作为中国电影中最具有代表性的民族化实践,对当下中国电影的借鉴意义深远。中国动画,或者说辉煌时期的中国动画和动画发展史上的"中国学派",对于它的历史经验,对于经典文本作品和其中创新性的意识以及存在的问题,都需要学者作一个积极意义上和学理上的研究和总结。这种用新的眼光来思考并形成一种新的认识的方式,是中国动画和中国电影在当下及未来发展的重要借鉴和驱动力。

周星:事实上,如丁亚平教授所提到的"大电影"的视野,的确包括了远比单一指向的影像研究更丰富的内容,正因如此,您的研究表面上跨越了不同的影像对象,但实际上都是围绕着中国的影像历史和现状进行的深入研究。对于中国影像而言,动画电影曾经形成过中国动画学派,我们也一直期待中国动画在当今的环境下,能够重新振作,能出现新的中国动漫学院派或者是适应互联网时代的中国动画新的创造性的生机。我想有您这样出色的史论研究者,从历史的角度来看待中国的动画研究,一定会对中国动画研究和创作新的发展起到重要的推动作用。

五、介入高校影视教育的观念认识

周星：您长期以来在中国艺术研究院这个艺术研究殿堂从事研究并且硕果累累，同时担负着对学生的培养任务，最近您又成为已经有30余年历史、汇聚数千名高校影视高端研究者的中国高校影视学会的新任会长，这具有不同凡响的意义。中国的影视教育在高校之中已经蔚然成风，相当多的学子投入影视教育事业学习和研究，汇集成了中国较大的一级学会教学研究的集体力量。基于此，您对于中国的影视教育和影视学科发展有什么样的认识？作为会长，您认为中国高等院校影视学会在其中应发挥什么样的作用？

丁亚平：艺术学升格门类后，"戏剧与影视学"成为一级学科，有利于学科理论研究的发展，在出现一批原创基础的理论创新人才的同时，做出了一流的成果，但我们需要通过反思、比较，取长补短，真正实现学科共同体的打造和培育，并在此基础上引领新时代中国艺术教育、推动戏剧影视科研的跃升。学界应推进创新、开放、共享的规模化与对话性，建立一流教研体系与合作机制，在支撑创新驱动发展战略实施的同时，整体促进学科建设和学生培养更上一层楼。

影视学科教育和建设，从整体上看，就是我们必须在一个类似学派和学派集群这样的学科共同体和"空间"中保持开放，持续深入理论研究。因为只有这样的开放，才可能显示前所未有的立体。也因此，影视教育学科所收获的巨大成果、所获得的多样性的成就，才可能各展风华，有更新的、更大的发展。影视学科学派建构，学术与教学相结合，打好广阔、扎实的基础，必不可少。我们既需要悠久的历史、坚实的传统和基础，又需要一个非常好的时代机遇。影视学的共同体建设，为确定学科规范、制定学术标准、引领学科创新、形成中国特色世界一流的"戏剧与影视学"中国学派开辟了道路。对于重要的综合专业进行与各专业的联动，展现艺术学科教育和学术发展上多重的复数的形态，这确实是一个可以在学派建构上进行不断拓展的空间。

影视学科的发展，还包括组织建设与平台建设。有一种比较坚实的传统，有论述和平台作为"元类型",我们才可能有不同学派和"学派集群",才可能有进一步的想象的空间,才可能在事实上进一步影响影视学科发展的现实与未来。中国高校影视学会作为影视学科的重要组织与平台,致力于引领影视学术研究,打造高端交流平台。学会的前身是1983年在夏衍先生的倡导下成立的"中国高等院校电影学会",1995年为适应新形势更改为现名。几十年来,学会实现了从电影到影视、从影视教育到影视学术、从学术研究到学术平台的三次跨越。学会积极开展学术论坛、作品研讨、影视竞赛及相关活动,在影视学科建设中有相当大的影响。长期以来,学会发展很快,这是中国高校影视学会这些年来最鲜明的特征,北京电影学院常务副院长胡智锋教授曾作为会长,包括您和一些资深学者长期担任学会的领导,为学会的发展作出了重要而出色的贡献。2021年,中国高等院校影视学会召开了主题为"面向文化强国:中国影视的新理念与新格局"的第21届年会暨第14届中国影视高层论坛,有在北京和杭州两地的线下会场以及腾讯会议的线上平台。来自各高校的专家学者齐聚于此,其亮点之一是规模大,年会参会人数创造了历史新高,设置了1个主题论坛、20个分会场专题论坛,学会的1000人超级腾讯会议会场面向全体会员、全国高校师生开放,论文投稿数量创历年之最,论坛论文发表人数也创历年新高。学术作品与影视作品推优和颁奖活动,激励青年学者踊跃加入,2021年的学会会员规模也创历史新高。中国高校影视学会聚沙成塔、汇流成河,持续进行愉快而生生不息的对话,指引中国影视学科和学术的未来,为中国高校影视学术乃至整个中国影视的现代实践及发展搭建了重要的平台。

周星:作为中国高校影视学会新的会长,您对影视教育的历史和现状,以及对中国高校影视学会作为一个学术群体所发挥的作用作了很好的阐释。发展越来越好的中国高校影视学会的确已成为联络全国高校较重要的影视研究的人才聚集地。根据我们的研究,在艺术行业之中,影视研究已经成为显学,每一年度在学术研究论文的排行榜上占据前列的大多是影视方面的专家。因此,这一个团体所汇集的包括电影、电视、广播以及新媒体传播研究的专家,一定会在新的学会领导机构的引领下,为中国影视在智能时代的发展起到重要的推动作用。

以理性思想的持久力量照亮晦暗的角落*

丁亚平先生在电影研究方面硕果累累。除了历经多年组织编写《中国大百科全书·影视卷》以及自撰著作二十余种以外,最近在文化艺术出版社出版了他主编的《中国电影大典》,该书共计20册,2200余万字,十年磨一剑,最终成就了这套备受瞩目的集大成的巨著。

那么,丁亚平是如何取得如此不凡的成就的呢?他的探索为学术研究提供了怎样的范式?其治学之道,为今天的青年学者们指引了怎样的门径与态度?

一、跨学科思维的创新

李明刚(广州体育学院体育传媒学院副教授,以下简称"李"):我们透过这一连串的书名,即可初步领略您治学领域之广博。在电影学领域的学者之中,先生以宏阔的视野,广博的知识和在诸领域的令人瞩目的成就卓然独立、堪为代表。

丁亚平(以下简称"丁"):从事学术研究这些年来,我是努力把自己的创新能力,投放在不断开拓学科边界上。从早期研究中国现当代文学,出了《一个批评家的心路历程》《中国现代文学批评史论》《浪漫的执著》等专题著作,到研究艺术理论,推出国内第一部综合性的艺术文化学理论专著《艺术

---

* 此文发表于《电影画刊》2024年第3期,第8–13页,与李明刚合作。

文化学》，再到较多地把心力放到研究电影上，我可以说是身体力行，无论是研究文学、艺术理论还是在电影领域研究影人、影片，抑或编写电影史，皆能尽力秉笔直书，探索对传统观念的革命性突破。我出版的著作中有断代史、专史，更有通史，从时间上看，从近代直到新世纪都有涉猎；从学科来看，横跨文学、历史学、电影学、文化学等领域。如果再细分，就电影来说，则涉及电影史学、电影艺术学、电影产业学等方向。从文学到影视，从文字到图像，从微观到宏观，这些成果不仅呈现了我这些年来研究的范畴，更彰显了一种研究视野、方法与观念。

李：您是如何形成自己的治学之道的呢？是不是您比其他人拥有更优厚的条件？

丁：当然不是，在我看来，这一方面源于勤奋，自己比较能吃苦，当然这还与我起初的"跨界"经历有着深层的关系。早年我痴迷哲学和文学理论，专门研究过鲁迅、茅盾、郭沫若、周作人、巴金、李健吾和萧乾等文学家，这一方面助我形成了独特的历史观与方法论；另一方面，我的治学之道或内化为了一种人格精神。特别是对鲁迅、胡适、陈独秀和茅盾、萧乾等人的深入研究，或许让我对于历史、文化以及社会风云中知识分子的命运遭际有着较一般人更为深切的体悟。《水底的火焰：知识分子萧乾：1949—1999》一书，相信是能够让人读之生叹之作，它呈现了一种历史感和悲悯之心以及作者对于理性精神的灌注，读过此书的人都能体会到。如此跨学科的背景和对于历史的兴趣，赋予了我逐渐清晰的史学思维，我的历史书写，能够在时间的维度中努力融入理性思辨、现实关怀与文化反思，并在此基础上形成个性化的表达，实乃得益于此。我早年撰写并出版的《艺术文化学》可谓"总体性"构建的最初尝试，《心中的风景》《在历史的边际》《一个批评家的心路历程》展示了贯通文学、美学、影视、历史诸多维度的较大的"雄心"。这种多元的文化视野、开放的史学观念，以及对于新的话语体系的构建的努力在《中国电影通史》等著作中也有一定的呈现。

李：您的研究真正开拓了中国电影史研究的新气象。我仔细寻绎您的治学之道，深感您始终葆有不倦的追求，几十年如一日，不断观察、思考、重写和改写，不断探索新的路径，为学科注入了源源不断的活力，推动着中国电影史学研究不断迈向新的高度。在您的回忆文章中，谈得最多的人，是您的导师——老一辈电影史学家李少白先生，请您谈谈李先生对您治学的影响。

丁：我对业师的指导、帮助和影响，念念不忘，这里头固然有传统的情谊，更有一种学术精神的牵引。中国艺术研究院是电影学研究的重镇，作为中国电影史学界先行者的李少白先生，其纯粹的学者气质，以及由他奠定的追求实证的学术传统一直延续至今。

电影史的写作，是一个不断实践的范畴。多年以前，李少白先生曾有意解构《中国电影发展史》，组织编写《中国电影艺术史》，意在尊重历史，回归学术。李少白先生的宏愿也促使我的治学从此多了一重使命感。从事电影史研究之初，我就想到，相较前辈，年轻一代做电影史研究的意义究竟是什么？毕竟，前人的电影史是他们在电影史学领域留下的自己的印迹，我们年轻些的后来者当然也会生出不满足的意识，以至于又会有意识、主动地去做新的修正，认真考量、打磨新的电影史，使之变得清晰化或更具有时代气息。只有在这样的意识和努力之下，我们和他们才真正算是勾连着过去与未来共同"书写"电影的历史。我们靠着自己这样的书写行为，才让过去的电影史学得以被重思和创造。这也是我们的位置感、历史感和使命感之所在[①]。

李：先生曾说，"适应一时的口味，或者继续沿袭主流电影史学，或者将冷饭一炒再炒，不符合史学研究者心中的理想和原则，这样的电影史不值得我们为它浪费时间"[②]。这些话听起来很平实，但实则提出了一个发人深省又立意高远的学术目标。

丁：多年以前，我是想身体力行、率先探索，尝试将中国电影史研究从政治史中解放出来，并走向一种开放多元的史学研究。具体地说，是要实现"三个突破"与"两个重建"，"三个突破"即"突破电影史写作的意识形态保守性、突破传统概念和方法、突破相对小众性的写作与接受路径"；"两个重

[①] 丁亚平，郝蕊.创新是电影史学发展的终极源泉[M]//丁亚平.丁亚平影视史学文选：第1册.北京：文化艺术出版社，2020：94.

[②] 丁亚平.有关中国电影通史研究的几个问题[J].民族艺术研究，2019，32（1）：92.

建"包括"开辟一个全新的天地,扩大它的研究领域,使它的前景更加非凡恢宏、丰富多彩"以及"重建作为电影史学形式的总体的电影史,跨越电影史研究与书写领域的主观性界限和危机,使有各自特色的多样型而不是单一型的自由的电影史写作成为可能"①。

构建新的电影史叙述的路径之一,便是重返实证的传统。当然,走向实证的研究的必要性,还在于其与走向观念和理论的研究相比显得更为稳固。人文领域以往过于倚重观念和理论的创新来推动学科研究的进步,这一定程度上造成了对热点的追逐和学术泡沫的产生,特别是当曾经轰动一时的理论过时或被证明存在各种问题后,建立在此基础上的研究很容易烟消云散,成为思想的废墟。20世纪八九十年代以来,包括电影学在内的整个人文领域,皆经历了一场"叙述"的危机。一个标志性的事件就是"重写"口号的提出,而"重写"的一个出路或者说集体的选择就是走向"历史化",电影史学研究也由此迎来了学术的"春天"。当然,电影史研究的重新活跃,与电影史料建设以及电影学的历史化、经典化密不可分,更与电影史研究深化的需要息息相关。同时,电影史料被重新重视,在今天还有着鲜明的时代场域色彩。

二、实证与建构:《中国电影大典》的诞生

李:在先生个人的研究工作中,非常重视史料和实证的作用。

丁:史料的整理与研究,本身就是极富挑战性的,里面大有学问。以《中国影戏大观》(1926年)和《中华影业年鉴》(1927年)为代表的电影史研究,在起步阶段便有着乾嘉学派的治学风格。作为新中国第一部电影史著作——《中国电影发展史》更是以注重材料的翔实著称。进入21世纪以来,一批立足史料的电影通史、图志和专题化、区域化的史料阐释性成果相继推出,实证研究有蔚然成风之势。2015年,我编写的120余万字的《中国电影历史图志1896—2015》,仅图片就有逾2000幅,在史料挖掘的质与量方面皆

---

① 丁亚平.中国当代电影史[M].北京:中国电影出版社,2011:4.

有比较大的突破。

李：作为一部大型的标志性成果，《中国电影大典》的问世更是将这种实证学风推向了新的高潮。

丁：《中国电影大典》虽为皇皇巨著，但全书内容不作蹈空之论，这自然与作为主编的我的思考和学术追求密不可分。在我看来"电影研究，需要重视历史主义的原则和方法。要做到'言之有物'，就要在去除先验性的幻象和概念的同时，面对新的问题，运用并发掘充分而丰富的史料与历史细节，提出新的疑问，在已知和未知之间、规则和变化之间、不可避免和难以预料之间探求新的答案。"[①] 对文献的极致追求，构成了我的史著较为重要的基础。当然，其价值不限于此，此项成果在诸多方面实现了理论创新，为研究者提供中国电影发生、发展的历史现场的另一种观照，昭示和启迪着中国电影的新的建构。

李：您的研究，在实证与创新的结合上，做了很大的努力。

丁：我的治学带有朴学色彩，却明显突破了"乾嘉学派"的考据藩篱。我追求的是一种反思性的实证，以探骊得珠，博而返约。可能大家在我的身上，看不到丝毫的史料气息，更多的是文人的率真之气和比较执着、朴实的一面。我是想经我个人之手的学术材料能达到文献溯源与学理原创并重、史料发掘与史学反思兼具，从而将中国电影史研究推向一个高度的学术水准。

李：众所周知，史学文章要写得"好看"又不失分寸谈何容易。

丁：我出身于文学，希望文章既"有料"，又能兼具思想的锋芒，力图使这些文字稳重大气，从容舒展，甚至让它们可以被当作"美文"来品读。这样融会贯通、积极自觉去努力，就在一定意义上有可能妙手生春，这样做在当前学术分工日趋细密的体制下是并不多见的。我的《中国电影图志》，篇幅很大，分上下两大册，之所以能够做到举重若轻，也和我的写作具有很强的趣味性预设有关，我是想做一种探索、尝试和实验。

中国电影史研究价值的日益彰显，乃至一跃成为近年来的"显学"，实有

---

① 丁亚平.有关中国电影通史研究的几个问题[J].民族艺术研究，2019，32（1）：90.

赖于几代学人的不懈努力。我对于李少白、程季华、邢祖文在20世纪60年代共同编撰的《中国电影发展史》给予过很高的评价,并将三位前辈史家称之为"史官派""实证派"和"建构派",这样的分类,是想说他们对我、对不少人产生过多方面的影响,在内心深处更吸引我的,是李少白、邢祖文两位先生作为学者的纯粹气质。像《中国电影大典》这样的大工程,没有比较强有力的组织能力和设计理念,是不可能取得成功的。

李:先生著述丰富,且以方法的创新著称,以实干家的开拓精神赋予每一部著作以新的气息,不断填补电影史研究的空白。您的研究既是积累性的成果,也蕴含着新的学科生长点。作为实干家,既勇于开路,又俯身搭桥;既进行理论的构建,亦注重学科的奠基工作。

丁:作为史料和工具书大全的《中国电影大典》成于众人之手,然从体系设计、发起凡例、到审定全稿,无不缘于一种组织、设计和思想。这样的大工程,对于一个学科的发展来说其意义是不言而喻的。从专史到通史,再到大百科,乃至大典,逐步拓展学科的边界,走向开放,不断探寻新的可能性,是一个过程,这也是我孜孜以求、倾力去推动的。

《中国电影大典》力图把百余年中国历史视为一个体系,在大时段的背景下,在对话性的结构中展开阐释,并通过体系内部的重要影人、影片、机构、期刊等密切相关且彼此作用所形成的结构与功能,再现处于动态过程中的中国电影并探究其间纷纭复杂的联系,最终形成整体性的把握。如此对于"形式"的追求,与我对于总体性的认识有关。在我的总体性思想中,"呈现"和"孕育"是两个关键词,前者通过"实证"得以实现,后者则更多体现了对于"意义"的思考和追求。我的电影史研究也是对话性的。我治电影史,是把电影视为一个开放的多元的系统。这样的研究,突破了传统的条条框框,因而显得更具生机与活力。我认为:"充满主体性的现代气息的灌注,代表了一种总体的电影史治学方向。它既应有扎实的历史书写,打开广阔的视野,又应有哲学、史学的反思和理论更新,这是一种必然的选择。"[①] 皇皇巨著之

[①] 丁亚平.何谓电影史[J].读书,2015(11):87.

《中国电影大典》也并不仅仅是一个资料汇编,其同时被赋予了"呈现"与"对话"的价值的双重期待。在这里,"电影大典"被视作"一个建构的概念与表述甚至想象的共同体"①,它是对电影和历史研究的一次尝试性的超越与瞻望。

三、直面"总体史"的挑战:《中国电影通史》等著述的重建

李:历史的图景本身是纷纭复杂、丰富深广的。探究历史的本质,客观上需要对研究对象有一种总体性的把握,需要形成一种纵横的贯通,也就是司马迁所谓"通古今之变,成一家之言"。重返历史的目的,就在于重建中国电影史叙述的丰富性。如果说"实证"的选择是一种"点"的关注和方法论的选择,那么直面"总体性"挑战,则是一种基于"面"上的"宏大叙事"的考量。中国电影史的叙述,在摆脱了以往"强历史主义"的僵硬之后,如何体现对历史的尊重?如何通过有效的形式呈现和揭示历史的复杂性?特别是,如何在总体与微观之间真正建构起一种新的总体性,使电影史研究不失为"史"之一种?这些问题成为我们这个时代的学者所面对的深刻挑战,回答好它们也越来越成为有识见的学者的共同愿望。

丁:摆脱总体性,并非必然走向历史的虚无,而是需要超越"总体"与"个体"的二元对立,重构一种"内"与"外"、普遍与具体,重塑历史与逻辑相统一的新的总体性。从《中国当代电影史》到《中国电影通史》,再到《中国电影大典》,都是对于电影史的总体性问题的探索,我曾经这样写道:"我们回应日新月异的时代新命题,描述电影运动的历史发展,尝试建立甚至强化这样一种新的广义化的历史意识与观念,我以为,正好可以为思考全球化视野下的民族电影的文化认同及其发展,开辟更为广阔的道路。以开放与联系为基础的历史观点,表现着电影研究的基本概念和核心范畴的变革,有助于我们在观察、研究社会空间的交互主体性的确证的过程中,描述、讨论

---

① 丁亚平.中国电影大典[M].北京:文化艺术出版社,2023:13.

并进而探索中国电影运动的时代话语,拓展中国电影未来发展的新篇章。"①

李:在先生的学术实践中,曾反复探询这样的问题:"怎样在追踪、梳理百余年的中国电影历史的过程中,找到我们研判中国电影问题所用的艺术的、文化的、学术的范式标准和框架?能否在电影史的总体性探索与'纵深线'描绘过程中超越狭隘的意识形态的话语和道德话语?如何写出一部有自己特点的电影史,以丰富人们对中国电影的认识?"②您以《中国电影通史》这部著作回答了上述思考。

丁:这部《中国电影通史》在体例上融入社会文化发展背景叙述,以影片为坐标,梳理中国电影历史发展的基本线索,重新发掘、整理、解读电影史料,将其放在更大的历史脉络里观察,并由此展开大叙事。《中国电影通史》和《中国电影大典》一样,都是一个"大工程",都是将中国电影与中国社会变迁的互动视为一体,但这种宏大的叙事是以具体的有代表性的影人、影片以及机构、期刊为根基,并力求融合为一,使读者获得总体性的把握。叙述话语方面,《中国电影通史》采用了"旧瓶装新酒"的做法,如书中对于抗战电影、"文化大革命"电影、主流电影、商业电影等术语的阐释通过新的分析法替代旧的叙事法,以获得更富有逻辑性和时代感的理解。在整体上,我认为《中国电影通史》等系列成果,其贡献不仅在于重新激活了沉睡已久的史料文献,更在于由此形成的对话与思考的张力。这样的"总体史"著述是基于对历史之理解的,是在此基础上展开的对重要现象的深入探究。无论是在史识、史学,还是史笔上,《中国电影通史》等都意在探索,其中提出的问题都召唤着更多的思考。

与其他人文学科一样,中国电影研究与批评同样面临着学科发展的瓶颈问题。在研究与写作过程中,我不断探索电影研究的新方法,以构建新的学术话语。以《中国电影历史图志》为例,该书叙述从1896年电影由海外引入至2015年的百年电影发展史,它往往从一张不起眼的图片的解读开始,洞悉

---

① 丁亚平.中国电影史学[M].北京:中国广播电视出版社,2018:23.
② 丁亚平.有关中国电影通史研究的几个问题[J].民族艺术研究,2019,32(1):94.

和梳理电影各阶段的鲜为人知的历史与特征,揭示其背后隐藏的政治、经济、文化和社会问题,呈现电影现象背后的原生态的历史现场与细节。原本平面刻板的史学知识因为这种以小见大的手法就可能由此变得立体生动,原本晦涩深奥的理论著作因为这种以图证史的方法变得鲜活耐看,这样的处理历史的形式与内容的方法,或可概括为:大处着眼,小处落笔,这样的研究方法,可能也是比较有意义的。

李:先生在身体力行一种参与的史学,也由此展现着您开放的历史视野。您的当代史研究"从作为现实空间的时代政治经济力量、作为真实空间的社会及市场文化精神和作为理想空间的多元性的个性呈现及其全球化趋向这三个方面着眼"①。能讲讲您的心得吗?

丁:我曾提出"大电影"理论,并做了较为系统的研究,还进行了系列性的组织与策划,出了几本相关的书。我认为,在电影史研究中使用"大电影"概念和结构分析是有意义的,"大电影""并不和'影院电影''大银幕电影'直接画等号,而是指数字化转型和网络化新语境下电影形态、电影叙事、电影本体和电影业态及生态的改变,涉及影响日趋重要的技术、影像本体、传播的多重维度"②。无疑,此类理论的构建,不仅重新打开了研究者的视野,促发了比较多的学术思考,更为电影研究的创新与发展提供了新的可能。

从简史到通史,从文史结合到以图说史,我不断拓展着电影史学研究的疆域,作为一种方法论,它的意义在于,不仅关注"庙堂之事",也呈现"庶黎野史"的独特价值。它不是从单一的电影维度研究电影史,而是采用多点透视的实证手法,呈现社会文化的方方面面,同时并不拘泥于以往研究的框范,而是积极关注那些以往被遮蔽、被改写甚至被遗忘的人与事。最终通过跨越时代的观照与审视,展现历史本身的逻辑,展现其丰富与驳杂。如此积极尝试和全力以赴的电影史研究,不仅是对历史的回顾和对精神的彰显,更是对思考与想象的召唤。

---

① 丁亚平.中国当代电影史[M].北京:中国电影出版社,2011:4.
② 丁亚平.有关中国电影通史研究的几个问题[J].民族艺术研究,2019,32(1):95.

四、为共同的文化命运铺路

李：以前读过您写的一篇文章，其中说："既具个性意识又蕴含开放精神的文化选择意识，正在变成现实。历史已然表明并将继续表明理性如何逐步克服前行道路上的坎坷与障碍，实现自己的真正命运。"① 今天我们重温这段话，依然能够感受到一种警醒的力量。

丁：文化命运的进程不都是被预先确定的，而是由我们在进步之路上迈出的每一步所造就的。理性思想的持久力量，可以照亮无知和晦暗的角落，为共同的文化命运铺平道路。我的研究，努力感悟和高扬这种理性的精神与信念。"写中国电影史，要能干净独立，贯穿秉笔直书的勇气和传统，以学者鲜明的治史立场进行分析。选择用更真实的方式去把握电影史的本质，而不是其他。"② 衡文著史，在某种意义上需要一种超越世俗的境界，学术研究、影史研究也要始终追求历史的品格与学术的尊严。我对于以往由意识形态主导的"宏大叙事"，总是保持着一种自觉疏离，作为职业学者，"清理"和"修复""两手抓"是非常重要的。所谓"清理"，就是剔除以往叙述中的权力印迹和过时的话语，对过去的研究进行"去魅化处理"，"需要鼓励一种开放式的研究，不断结合新的材料和观念，以一种反思性的实证精神，重新发掘和解释历史证据，努力使理论研究假说中的结论与已知的世界协调一致"③。我是看到电影史书写中的一些个案在专业性方面的薄弱，有感于电影史书写的碎片化和电影史教材的浅薄化和电影批评的模式化，当年才答应了中国电影出版社的约稿，并以一己之力撰写这部《中国电影通史》的，我倡导、坚持的

---

① 丁亚平.历史的探寻与跋涉：由萧乾《未带地图的旅人》看一代知识分子的选择心态［J］.当代作家评论，1990（1）：19.
② 丁亚平.有关中国电影通史研究的几个问题［J］.民族艺术研究，2019，32（1）：96.
③ 丁亚平.史学意识、实证理性及其自我确证的要求：论60年新中国电影史学话语的演进［J］.文化艺术研究，2009，2（3）：188.

是"属于自己的梳理、分析和阐释"①。

李：重返历史的难度，在于如何发现并还原那些从前被遮蔽的历史，您是如何超越学术意识形态，构建电影史学研究的合理格局的？

丁：在《中国电影历史图志1896—2015》和《中国电影通史》这两部著作中，我以一手的史料和细密的寻绎，去还原许多历史上鲜为人知或被曲解和遮蔽的事实。这样的著作，就可能带有一种历史的温度。我对于刘呐鸥等人的电影活动的关注；对于被遮蔽的人物和异见，持以历史的同情，我肯定刘呐鸥、穆时英等人的先锋意识和形式主义的另一种价值，对其指涉电影美学和形式的观点进行辩证的分析，就是想做一点历史恢复的工作。"换一种角度，反观电影史上影戏论、影像论、梦幻论、娱乐论等理论文本价值趋向，社会派、人文派、浪漫派和商业派等电影话语趋向，认识到它们对中国电影发展的重要性，发现差异与共性，对立与转化，都有代表性和独特性以及值得比较的价值，就能在更深刻的层面建立开放的联系，使电影话语有一条新路可走。"②这样的研究，前提当然是不应对电影话语知识设置人为的禁忌。

李：《百年中国电影理论文选》《中国电影通史》和《中国电影大典》等，皆是对这种理性精神的体现，独立的品格让这些成果成了既有学术厚度又闪耀学术创见的电影学新经典。您的电影史书写之所以别具特色，不仅在于其告别了以往电影史著作的僵化和教程的浅显化，更在于其为电影史研究打开了全新的视野和空间，带领我们深入历史的内部，看见更多元的电影世界和更深层的真实，重现历史的丰富与复杂。

丁：在《中国电影通史》中，如何处理台湾和香港电影是电影史的通史研究与写作不得不面对的一大挑战。我从新的视野和多元的角度追溯区域电影发生的渊源，探讨中国电影整体发展系统从三足鼎立到融合市场的共同建构，努力突破以往单一维度的叙述，以体现历史书写的创新性和开放性。我一直坚持认为，"要打破的不只是一种单一价值取向。电影史既提供电影知

---

① 丁亚平.有关中国电影通史研究的几个问题[J].民族艺术研究，2019，32（1）：92.
② 丁亚平.论中国电影理论中的中国学派的形态及其意义[J].电影新作，2018（1）：10.

识,更提供一种电影标准。对不能产生直接经济回报的电影艺术行为如此,对不兼容于主流或标准电影的影片亦如是,对主流电影之外的电影,应该给它们另一种活的衡量和评论"①。对于观众面和影响力都不甚广泛的中国独立电影,是否应被纳入电影史的范畴?在我看来,中国独立电影的创作仍然是不可忽视的中国电影发展的"构成部分"。随着数字电影和AI时代的到来,这类电影会越来越常见,其价值也会不断显现,从这个意义上说,《中国电影通史》的处理方式具有一种前瞻性。

"治学不为媚时语,独寻真知启后人。"这是一代宗师戴震的治学信仰。丁亚平先生的研究生涯,是对于"真"的高度体认与追寻,这注定了是一条孤独之旅。丁亚平学术的意义不仅在于范式与方法的创新,还在于去拓展研究的视野与格局,为治学积累重要的经验。他不仅是一位一心向学、执着前行的学人,更是一位不无组织才干的真正的实干家。他的卓然独立与堪留后世的学术精品都是宝贵的精神资源。纵观学术史,唯有那些孜孜不倦,勤奋不懈而又独具学者品格、探真求实的学术精神的耕耘者,方能永葆学术之青春。

---

① 丁亚平.有关中国电影通史研究的几个问题[J].民族艺术研究,2019,32(1):96.

后 记

电视是 20 世纪非常重要的文化艺术现象之一,它的出现一方面受惠于现代科学技术的发展与进步,另一方面也得益于思想文化、社会空间、时代话语及公众审美趋向的多重形塑。作为深受人民群众喜爱的文艺形式和国家文化软实力的重要标识之一,电视的观念始终伴随着文化、经济、技术与艺术的演进而变化,并显示着与百余年来人类社会生活的各方面发生联系与对话的表征。电视学是关于电视艺术的科学,其研究范围很广,以电视的本体、观念、性质、功能、制作、管理、经营、创作者、受众及社会影响等为主要研究对象。20 世纪 60 年代,西方主流人文社会科学领域率先对电视艺术予以关注和探究,至 20 世纪 80 年代,电视学已逐渐成长为一个被专门研究的学科领域,并在借鉴经典大众传播学、媒介社会学与文化研究等理论架构和话语逻辑的基础上,形成了一门较为成熟的学科体系。

随着数字影像采集、处理与传输技术的提升,数字技术与互联网日益紧密的结合,再加上虚拟现实、人工智能、元宇宙等新兴事物的出现,当代电视的生态环境早已不再局限于方寸荧屏,而是以多元的融合方式、多样的传导路径和多维的媒介逻辑,开启了"大视听"时代的崭新格局。鉴于视听交互方式和社会话语结构的全面升级,电视研究的方法与视域也拥有了前所未有的拓宽和延展。近年来，学术界围绕电视研究的文章与书籍日渐丰富，这些研究大致呈现三种研究向度：一是本体论视野，即从电视作为媒介的特性着手，考察电视的制作方式、运作路径及发展规律，论述电视艺术作为大众传播手段的特殊性及复杂性。电视是大众传播媒介的一种，它以声画结合的影像语言进行信息传播，借助叙事的丰富性甚至可以跨越国别、地域、文化和语言等隔阂实现对话交流。二是文化研究视野，即基于社会结构的宏观历史语境，研究电视作为一种文化现象的话语功能与社会价值。这一向度的研究成果体现出对跨学科和历史语境发展的观照，通过研究电视审美的能动变化，探索电视艺术的特定历史内涵。三是评论批评视野，即以电视文本为研究对象，探索创作实践与理论阐释之间的桥梁，通过分析图像、叙事及声音等视听话题，探讨电视如何传达故事内容，反映认知思想，输出情感表达。这三种向度既包括宏观话语体系层面的归纳研究，也有从微观研究机制及介入路径着手的细致梳理，蕴含着广大电视研究工作者深厚的文化自信和丰硕的经验积累，体现着严谨切实的学术品格，为中国电视研究构筑起相对系统完整的学术文化格局。

尽管电视在中国的发展历史不算太长，但也显示了不同历史境遇里的多种变化。新时代以来，电视创作继续积极聚焦中国社会、人民与历史主体，显示着带有鲜明时代气息和审美趋向的创作表征。在电视剧方面，从主旋律到各类型题材的剧集创作均有不同程度的突破与革新，强调以故事感人、以真情动人、以巧思化人，展现了优秀电视剧集的生产创作能力。在电视节目方面，无论是新闻资讯还是文艺娱乐等节目类型，均体现着贴近社会生活、选取新角度和坚持多样化的制作特点，并越来越呈现中国历史文化和民族审美眼光孕育下的深厚底蕴。当前，中国电视已进入高速发展的重要阶段，在新的历史机遇下，如何继续为电视创作注入新活力与拓展新视野，如何坚持以中国叙事在全球化进程中确立身份定位与价值趋求，如何基于现有的市场运作和电视产业生态环境激发出更大的创作活力和生产动能，仍是值得我们持续思考和关注的问题。

本书辑录了作者30余篇有关电视研究的学术文章，涵括影视学学科发展、电视史、电视理论、电视评论及电视产业总体发展等问题的系统性研究。收入本书时，对这些文章分别进行了修订。文集共分为4部分，包括"学术视野：意义和价值""视与听：复杂而开放的交响""作品：世界的共生""言说：理念生产"，内容涵盖从历史到当下、从理论到创作等多维研究角度，以及从本土到全球、从艺术到市场等多元研究视野。这些文章一方面试图通过提出新命题，来探讨和发现中国电视的历史发展特点、理论建构脉络、行业前沿动向以及文本表意深度；另一方面则意在直面电视艺术在变动不居的发展过程中所遇到的挑战与困难，并尝试提供推动电视艺术继续向新征程迈进的可行性方案及路径。对于电视研究而言，与之相关的学术成果往往不仅是一场理性的思辨，更是融有研究者主观的、感性的个体认知与表达。无论是作为一种学术传统，还是一种深度的文化思考，电视学研究始终要求研究者将内心投射进社会与时代的精神宝库，以全面性的历史考量、专业性的影视学识积累、正确积极的基本立场和有创见的个性视角来灌注和阐释，只有这样才能切实展现中国电视历史、理论批评及评论发展的多样可能性，使电视研究葆有新意与诗性。

四十年前，我从江苏来到北京广播学院读书，使自己的平凡人生变得充盈，随着岁月的流逝，我有了越来越丰富的生活经历，特别是近年有机会参与、见证学校在各个领域飞速发展的繁盛的景观，备感幸运，更让我有一言难尽之慨。《视听的诗学》一书荣列皇皇80卷的"中传学者文库"。虽然成就不能托显出与之相匹配的学术大观，但是于我而言，仍感殊荣，是我在中国传媒大学建校70华诞之际奉献给亲爱的母校的一份崇高敬意和祝福。在此，我要特别感

谢廖祥忠书记、张树庭校长和蔺海波副书记给予的信任、鼓励和帮助！感谢中国传媒大学出版社张毓强社长、赵均总编辑、张国涛副社长和本书特约编辑张斯琪老师及其他编辑老师、校对团队的支持和付出！同时，期待读者和同行们的指正。

丁亚平

2024 年 6 月